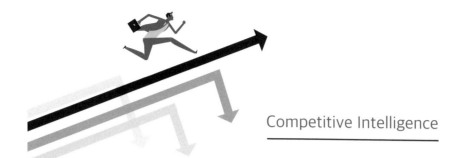

Competitive Intelligence

기업경쟁정보

엄태윤

박영사

글로벌 시장에서 경쟁사에 승리하는, 미래 산업변화에 앞장서는,
CEO의 전략적 의사결정을 도와주는 지침서

기업경쟁정보
(Competitive Intelligence)

머리말

저자는 미국 University of Wisconsin-Whitewater에서 MBA(전공: 국제경영) 과정을 수학한 이후 뉴욕시에 소재한 Pace University에서 경영학 박사학위(전공: 국제경영)를 취득하였다. 그 후 공직에 입문하였으며 오랜 세월 동안 국가안보와 경제안보 문제 등을 다루었던 국제문제 전문가이다. 지난 2019년부터 한양대 국제학대학원 글로벌전략·정보학과에서 국내 처음으로 경쟁정보(Competitive Intelligence) 과목들을 대학원생들에게 가르치고 있다.

경쟁정보는 1980년대 일본 기업의 국제경쟁력이 강화되면서 미국 기업들이 일본 기업의 경쟁력을 뛰어넘기 위한 방법을 모색하다가, CIA 등 미국 정보기관에서 활용해오던 국가정보(National Intelligence) 시스템을 민간기업에 도입하여 경쟁정보라는 이름으로 기업들의 경쟁력 강화를 위해 활용하고 있는 독특한 기업전략이다. 경쟁정보는 국내에서 아직 생소하지만, 미국·유럽에서는 기업들에 잘 알려져 있다.

저자는 대학원에서 CEO Profiling, Target 설정, War Room 테크닉, Business War Game, Trend, 시나리오 분석, Red Teaming 등 경쟁정보와 관련된 다양한 수집·분석 방법을 강의하면서 석·박사 대학원생들의 경쟁정보 능력을 배양시켜 왔다. 또한, 경쟁정보 개념을 4차 산업혁명시대의 핵심산업인 인공지능, 로봇, 전기차, 자율주행 자동차는 물론 플랫폼 비즈니스 모델 기업들에 적용해 왔으며, 알리바바, 텐센트, 바이두 등 중국의 대표적인 기업들의 경쟁력에 대해서도 강의와 연구 활동을 활발히 해오고 있다.

한편, 저자는 한국외국어대 대학원 국제관계학과에서 석·박사 대학원생들에게 국제경영 과목을 강의하면서, 미·중 간의 기술패권경쟁과 바이든 정부의 경제안보 및 글로벌공급망 재구축 이슈를 학습시키고 있다.

바이든 정부가 출범한 이후 미국과 중국 간 기술패권경쟁의 초점이 글로벌

공급망 재구축에 맞춰지고 있으며, 세계 각국에서도 경제안보의 중요성이 급부상하고 있는 것이 현실이다. 미·중 간의 갈등 국면으로 인해 애플, 페이스북, 아마존, 구글 등 미국의 대표적인 IT 기업들과 BAT, 화웨이 등 중국의 간판 기업들 간에 경쟁이 더욱 치열하게 전개되고 있다.

삼성전자, SK하이닉스, 현대자동차 등 국내기업들도 글로벌공급망 재구축 문제를 둘러싼 미·중 간의 기술경쟁 속에서 큰 영향을 받고 있으며, 네이버·카카오 등 국내 대표적인 IT 기업들은 세계시장에서 경쟁사들과 치열한 경쟁을 벌이고 있다. 국내기업들이 국제무대에서 생존하고 선두주자가 되기 위해서는 빠르게 변화하고 있는 산업환경과 경쟁사들의 움직임을 정확하게 파악해야 한다.

저자는 국내기업 CEO들과 현장 실무자들에게 필요한 내용을 책에 수록하였다. 많은 참고 바란다. 이 책에 담고 있는 경쟁정보와 관련한 각종 수집·분석 방법을 활용하여 기업의 전략적 의사결정을 내리는 데 활용할 것을 권한다.

이 책은 오랜 세월 동안 공직생활 경험, 국제문제·경제 전문가로서의 통찰력, 학문적인 배경 등을 토대로 하여 저자가 대학원에서 대학원생들을 가르치는 과정에서 쌓인 경쟁정보 지식을 담은 내용이다. 석·박사 대학원생들은 물론 민간기업과 정부기관의 실무자들도 경쟁정보 및 경제안보 업무에 활용하기를 기대한다. 이 책을 작성할 수 있도록 힘을 주신 하나님께 영광을 돌리며 집필에 전념할 수 있도록 배려해준 아내 의향 집사에게도 감사의 마음을 전한다.

2023년 9월, 엄태윤

책 구성 및 사용방법

그림 1 , 책 구성

기업경쟁정보(CI)

경쟁정보 개념	경쟁정보 수집	경쟁정보 분석	디지털 트랜스포메이션

경쟁정보 개요
한국 및 글로벌 기업들의
경쟁정보 활동(1장)
 	
미·중 기술패권
경쟁과 4차
산업혁명시대
 	
경제안보
글로벌공급망 개념과
경제안보 사례와
대책방안(5장)
	경쟁정보 수집(2장)
	경쟁정보 Cycle과 출처
	경쟁정보 수집 테크닉
	- HUMINT
	- Source Profiling
	- CEO Profiling
	- Human Network
	  구축
	- Target 설정
	- War Room 테크닉과
	  경쟁정보 수집활동
	- 협상전략과 보디랭
	  귀지
	
	경쟁정보형 비즈니스맨
	M&A 경쟁정보
	특허전쟁
	기업의 위기관리 전략
		경쟁정보 분석 개념(3장)
		경쟁정보 분석 테크닉
		- 거시환경리스크
		  분석(PEST, STEEP)
		- SWOT 분석
		- Five Forces 산업
		  분석
		- Trend 분석
		- Scenario 분석
		- Business War Game
		- 조기경보(Early
		  Warning) 분석
		- Red Teaming
		  분석
		
		경쟁정보 조직 구축
			디지털 트랜스포메이션
			과 경쟁정보(4장)
			
			비즈니스 모델과 플랫
			폼 기업의 경쟁력
			
			중국 IT산업과 디지털
			Innovation 전략
			
			Startup과 경쟁정보
			
			미래사회의 혁신 아이
			콘과 경쟁정보

Case Study 및 실전과제	Case Study 및 실전과제	실전과제	Case Study 및 실전과제

저자는 지난 2019년부터 한양대 국제학대학원에서 석·박사 대학원생들을 대상으로 경쟁정보(CI)와 관련된 다양한 과목들을 가르치고 있다. 지난 5년간의 강의내용을 책으로 출판하게 되었으며 대학원생들은 물론 기업 CEO·실무자들을 대상으로 집필하였다.

그림 2 ▸ 책 단계별 핵심 포인트

1단계 경쟁정보 개념	2단계 경쟁정보 수집	3단계 경쟁정보 분석	4단계 디지털 트랜스포메이션

경쟁정보 정의
경쟁정보 유통경로
(국내 사례)
경쟁정보팀 운영
(국내외 사례)
 	
경제안보 개념
글로벌공급망 이슈
(미·중패권경쟁,
반도체)
경제안보 사례 및
대책방안
(경제안보 관련 조기
경보를 위한 정부 조직)
	경쟁정보 Cycle
	경쟁정보 출처 개발
	경쟁정보 수집계획서
	작성
	
	경쟁정보 수집 테크닉
	- HUMINT
	- Source 및 CEO
	  Profiling
	- Key Source와 휴먼
	  네트워크 구축
	- Source와의 대화소재
	- Target 설정
	- War Room 테크닉
	  (경쟁정보 수집활동)
	- 협상전략과 보디랭
	  귀지
	
	경쟁정보형 비즈니스맨
	M&A 및 특허전쟁
	기업의 위기관리 전략
		경쟁정보 분석 개념
		경쟁정보 분석 테크닉
		- 거시환경리스크 분석
		  (PEST, STEEP)
		- SWOT 분석
		- Five Forces 산업분석
		- Trend Watching
		- Scenario 분석
		- Business War Game
		- Early Warning 분석
		- Red Teaming 분석
		  (악마의 대변인)
		
		경쟁정보 조직 구축
		(국내외 기업 사례)
			디지털 트랜스포메이션
			과 경쟁정보(국내외 기업
			사례)
			
			비즈니스 모델과 플랫폼
			기업의 경쟁력(비즈니스
			모델 캔버스)
			
			중국 IT산업과 디지털
			Innovation 전략
			(중국 7개 IT 기업들의
			핵심 전략과 경쟁관계)
			
			Startup과 경쟁정보
			
			미래사회의 혁신 아이콘
			과 경쟁정보(전기차, 무
			인시대, 인공지능, 자율주
			행기술, 메타버스, NFT,
			챗GPT)

이 책을 쉽게 활용하기 위해 총 5장으로 구분해 놓았다. 1장에서는 경쟁정보의 개념과 국내외 기업들의 경쟁정보 활동사례 등을 기술하였다. 2장과 3장에서는 이 책의 핵심인 경쟁정보 수집 및 분석방법 등에 대해 집중적으로 설명하고 있다. 글로벌 기업들이 경쟁정보 활동과정에서 다양한 기법을 사용하기 때문에, 2장, 3장에 집중하여 학습하기 바란다.

4장의 주제는 디지털 트랜스포메이션과 경쟁정보이다. 다양한 비즈니스 모델과 중국의 대표적인 IT 및 플랫폼 기업(7개)들의 경쟁력에 관해 기술하였다. 여러분이 중국 기업들의 전략을 이해하는 데 도움이 될 것이다. 최근 우리가 일상생활에서 가장 많이 접하는 기업들은 플랫폼 비즈니스 모델 기업이다. 전통적인 기업들이 미래 시장에 적응하고 승리하기 위해서는 발 빠르게 디지털 트랜스포메이션 해야 한다.

5장에서는 경제안보와 글로벌공급망 재구축에 관해 기술하였다. 최근 미·중 간의 패권경쟁이 심각해지고 있는 데다 러시아와 우크라이나 간의 전쟁도 계속되고 있어 동북아 지역뿐만 아니라 전 세계적으로도 경제안보와 글로벌공급망 문제가 큰 주목을 받고 있다. 경제안보와 관련된 각종 사례를 설명하였으며, 경제안보 문제를 총괄하는 컨트롤타워로 경제안보위원회(가칭) 설치를 주장하였다.

여러분이 이 책을 1단계에서 4단계까지 단계별로 학습하면 경쟁정보를 이해하는 데 상당히 도움이 될 것이다.

그림 3 ▸ 책 단계별 Case Study

1단계 경쟁정보 개념	2단계 경쟁정보 수집	4단계 디지털 트랜스포메이션	
한국 및 글로벌 기업들의 경쟁정보 활동 (1장 2.) – Case Study: 삼성그룹의 경쟁정보 부서 변천사	경쟁정보 Cycle과 출처 (2장 2.) – Case Study: 경쟁사 CEO들의 주요발언 사례 경쟁정보 수집 테크닉 (2장 3.) – Case Study: 휴머노이드 로봇 개발 경쟁	비즈니스 모델과 플랫폼 기업의 경쟁력(4장 2.) – Case Study: 네이버 웹툰의 글로벌 전략 중국 IT산업과 디지털 이노베이션 전략(4장 3.) – Case Study: 중국 7개 IT 기업 창업자 Profiling과 비즈니스 경쟁력 · 알리바바 마윈 · 디디추싱 청웨이 · 텐센트 마화텅 · 바이두 리옌훙 · 바이트댄스 장이밍 · 메이투완 디앤핑 왕싱 · 샤오미 레이쥔	Case Study(4장 3.) · 알리바바 닷컴 vs eBay 경쟁관계 · 디디추싱 vs 우버차이나 경쟁관계 · 바이두 vs 구글차이나 경쟁관계 · 중국 공유자전거 산업 · 인도 음식배달앱 산업

그림 4 ▸ 책 단계별 실전과제(Training)

1단계 경쟁정보 개념	2단계 경쟁정보 수집	3단계 경쟁정보 분석	4단계 디지털 트랜스포메이션
1. Red Teaming: 악마의 변호인 Tool 활용하기 (경제안보 관련 미래 시나리오)	1. 경쟁정보(CI) 개념 배우기 2. 경쟁정보(CI) 업무 하루일과 3. 신문 경제면 정독 결심 4. CI 수집계획서 작성 5. Source Profiling 작성 6. Target 설정 훈련 7. War Room 테크닉 배우기 8. 국제전자 전시회에 참가 9. 위기상황 대응 매뉴얼 작성 10. 꼭 필요한 인물, 협조인맥으로 만들기 11. 미국 첨단기술 도시에 출장	1. 경쟁정보(CI) 부서 만들기 2. 경쟁사 CEO Profiling 작성 3. 유통업계 환경리스크 분석 4. 소니, 전기차 산업 분석 5. 소주시장 Trend 분석 6. 미래 국내 자동차 시장 시나리오 작성 7. 맹점과 산업불일치 설명 8. Business War Game(스마트폰 시장) 9. 넷플릭스 vs 블록버스터(Red Teaming 분석) 10. 애플 Red Team, '악마의 대변인' 역할 11. 성공하는 CI 조직 만들기	1. 디지털 트랜스포메이션 전략 수립 2. Business Model Canvas 분석(네이버 웹툰) 3. Value Proposition Design 작성 4. 플랫폼 산업분석 (e커머스 등) 5. 중국 플랫폼 기업 CEO Profiling 6. MZ세대 플랫폼기업 분석 7. 인공지능 전문가 스카우팅하기 8. Startup 만들기 (Business Model Game) 9. Emerging Issue 발견 10. 로봇과 인간: 미래사회 토론

저자는 이 책에서 경쟁정보 수집·분석 활동과 디지털 트랜스포메이션에 대해 설명하면서 독자들의 이해를 돕기 위해 각 장에서 경쟁정보와 관련된 기업 사례연구(Case Study)를 기술하였다. 사례연구를 통해 글로벌 기업들의 경쟁정보 활동을 경험해 보길 바란다.

이 책의 가장 큰 장점은 독자들이 1장에서부터 5장까지 경쟁정보와 관련된 내용을 숙지한 이후, 실전과 같은 기업환경 속에서 실습과제 훈련(Training)을 할 수 있도록 구성되었다는 점이다. 실제로 저자는 지난 5년간 한양대 국제학대학원에서 수강하는 석·박사 대학원생들을 대상으로 실전과 같은 실습과제를 제공하고 피드백해 줌으로써 학생들의 경쟁정보 능력을 배양시킨 효과를 보았다. 여러분도 다양한 실전과제에 도전해 보길 바란다.

기업경쟁정보(CI) 전문가 만들기: Check Point 33단계

그림 5 경쟁정보 수집: Step 1-11(11단계)

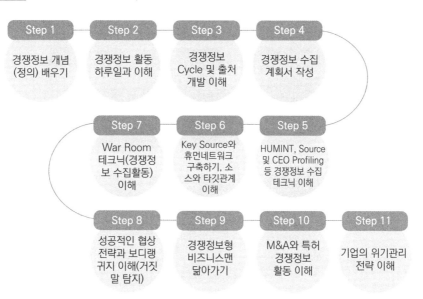

그림 6 경쟁정보 분석: Step 12-23(12단계)

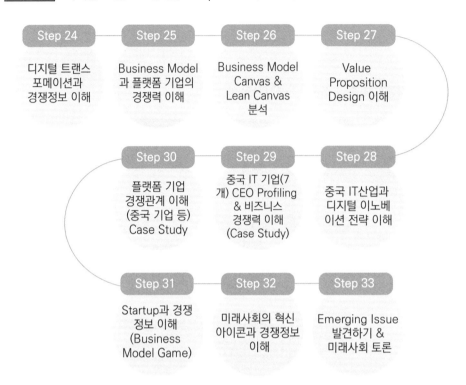

그림 7 디지털 트랜스포메이션: Step 24-33(10단계)

Step 24 디지털 트랜스 포메이션과 경쟁정보 이해	**Step 25** Business Model 과 플랫폼 기업의 경쟁력 이해	**Step 26** Business Model Canvas & Lean Canvas 분석	**Step 27** Value Proposition Design 이해
Step 30 플랫폼 기업 경쟁관계 이해 (중국 기업 등) Case Study	**Step 29** 중국 IT 기업(7 개) CEO Profiling & 비즈니스 경쟁력 이해 (Case Study)	**Step 28** 중국 IT산업과 디지털 이노베 이션 전략 이해	
Step 31 Startup과 경쟁 정보 이해 (Business Model Game)	**Step 32** 미래사회의 혁신 아이콘과 경쟁정보 이해	**Step 33** Emerging Issue 발견하기 & 미래사회 토론	

　　저자는 지난 5년간 한양대 국제학대학원에서 경쟁정보(CI)와 관련된 연구와 강의를 통해 "기업경쟁정보(CI) 전문가 만들기: Check Point 33단계"라는 프로그램을 개발하였다. 이 프로그램은 그동안 한양대에서 강의해온 경쟁정보와 관련된 다양한 강의과목 내용을 토대로 만들어졌다. 대학원생들이 저자의 경쟁정보 강의 과정을 이수하려면 4학기를 투자해야 한다. 글로벌 기업에서도 경쟁정보 전문가를 양성하기 위해 오랜 시간 동안 많은 투자를 해왔다.

　　"기업경쟁정보(CI) 전문가 만들기" 프로그램은 경쟁정보 수집과정(11단계), 경쟁정보 분석과정(12단계), 디지털 트랜스포메이션 과정(10단계) 등 총 33단계로 구성되어 있다. 그동안 대학원생들은 이러한 교육과정을 마치고 경쟁정보 전문가로 양성되어왔다.

　　그동안 우리나라 경제가 비약적으로 발전해왔으며, 삼성전자, LG전자, 현대자동차, SK하이닉스 등 국내 대기업들이 반도체, 스마트폰, 자동차, 가전제품 등 다양한 산업에서 세계 최고의 기업이 되었다. 네이버·카카오 등 스타트업 출신 IT 기업들도 글로벌 시장을 상대로 성장하고 있으며, 중소기업들도 세계 무대로 뛰고 있다.

미국·유럽에서 글로벌 기업들은 오래전부터 경쟁정보(CI) 조직을 설치하고 기업의 경쟁력을 강화해왔다. 경쟁정보(CI)는 아직 국내에서 생소한 개념이지만, 우리 기업들이 글로벌 시장에서 경쟁력을 높이는 데 필요한 수단이다.

국내 대기업, 중소기업, 스타트업 등에서 "기업경쟁정보(CI) 전문가 만들기: Check Point 33단계" 프로그램에 많은 관심을 보여주길 바란다. 기업 실무 담당자들의 경쟁력을 제고시키기 위한 좋은 방법이다.

차례

01 글로벌 경쟁정보 역사

1. 경쟁정보 개요   2

- 경쟁정보 개념   2
- 국가정보 vs 경쟁정보 차이점   6
- 경쟁정보 활동사례   8

2. 한국 및 글로벌 기업들의 경쟁정보 활동   16

- 정보유통 경로   19
- 국내기업 정보팀 활동   20
  - * Case Study: 삼성그룹의 경쟁정보 부서 변천사   23
- 글로벌 기업의 경쟁정보 활동   25

3. 미·중 기술패권경쟁과 4차 산업혁명시대   28

- 코로나19와 언택트 경제 파장   29
- 미국의 대중국 압박과 경쟁정보   33

02 경쟁정보 수집

1. 경쟁정보 수집   48

2. 경쟁정보 Cycle과 출처   52

- 경쟁정보 생산 절차   52
- 경쟁정보(CI) 수집계획서 작성   54
- 경쟁정보 출처 개발   55
  - * Case Study: 경쟁사 CEO들의 주요발언 사례   61

3. 경쟁정보 수집 테크닉   74

- HUMINT   74
- Source Profiling   76
- CEO Profiling   78
- * Case Study: 휴머노이드 로봇개발 경쟁   83
- Human Network 구축   85
- Target 설정   89
- War Room 테크닉과 경쟁정보 수집 활동   90
- 성공적인 협상전략과 보디랭귀지   94

4. 경쟁정보형 비즈니스맨   99

5. 성공적인 인수합병(M&A)을 위한 경쟁정보   102

6. 글로벌 기업의 특허전쟁   109

7. 기업의 위기관리 전략   113

〈 실전과제 Training 1-11 〉   116

03 경쟁정보 분석

1. 경쟁정보 분석 개념   126

2. 경쟁정보 분석 테크닉   127

- 거시환경리스크 분석   127
- SWOT 분석   130
- Five Forces 산업분석   131
- Trend 분석   133
- Scenario 분석   140
- Business War Game   145
- 조기경보(Early Warning) 분석   147
- Red Teaming 분석   149

3. 경쟁정보 조직 구축   153

〈 실전과제 Training 1-11 〉   157

04 디지털 트랜스포메이션과 경쟁정보

1. 디지털 트랜스포메이션과 경쟁정보   164

- 4차 산업혁명시대 물결   164
- 혁신 기업   166
- 공룡기업과 중소기업   167
- 몰스킨, Apple vs Spotify   169
- 넷플릭스 vs 블록버스터   171
- 네이버와 웹툰 플랫폼   172
- 스타트업 출신 글로벌 기업의 생존과 도전   174
- 구글의 안드로이드   174
- 쿠팡과 e커머스   177
- 버버리, 존 디어   178

2. 비즈니스 모델과 플랫폼 기업의 경쟁력   179

  * Case Study: 네이버 웹툰의 글로벌 전략   183

3. 중국 IT산업과 디지털 이노베이션 전략   186

- 중국 정부의 디지털 혁신정책과 IT 기업   186
- 중국 IT 기업의 핵심 전략과 경쟁관계   189
  * Case Study: 중국 7개 IT 기업 창업자 Profiling과
    비즈니스 경쟁력   191
- 알리바바 비즈니스와 경쟁력   192
  * Case Study: 알리바바 닷컴 vs eBay 경쟁관계   194
- 디디추싱 비즈니스와 경쟁력   196
  * Case Study: 디디추싱 vs 우버차이나 경쟁관계   198
- 텐센트 비즈니스와 경쟁력   201

• 바이두 비즈니스와 경쟁력 204
  * Case Study: 바이두 vs 구글차이나 경쟁관계 207
• 바이트댄스 비즈니스와 경쟁력 209
• 메이투안 디엔핑 비즈니스와 경쟁력 211
• 샤오미 비즈니스와 경쟁력 214
  * Case Study: 중국 공유자전거 산업 217
  * Case Study: 인도 음식배달앱 산업 220

4. Startup과 경쟁정보 222

5. 미래사회의 혁신 아이콘과 경쟁정보 225

• 로봇과 인간사회 225
• 인공지능 전문가 확보 경쟁 226
• 자율주행기술 229
• 전기차 생산 230
• 무인차 + 승차공유 자동차 시대 230
• 무인시대 도래 231
• 이머징 산업: 메타버스와 NFT 233
• 챗GPT 235
〈 실전과제 Training 1–10 〉 236

05 경제안보와 글로벌공급망 재구축

1. 경제안보 개념과 글로벌공급망 244

• 경제안보 개념 246
• 중국의 부상, 대국굴기 248
• 미·중 간의 기술패권경쟁 251
• 바이든 정부의 글로벌공급망 재구축과 경제안보 254
• 동북아 지역에서의 군사협력과 경제안보 258
• 러시아의 우크라이나 침공과 경제안보 260

2. 경제안보 사례와 대책 방안   264

  • 경제안보 사례   264

  • 대책 방안   269

  〈 실전과제 Training 1 〉   272

참고 문헌   273

미주   276

COMPETITIVE
INTELLIGENCE

Chapter **01**

글로벌 경쟁정보 역사

1 경쟁정보 개요

2 한국 및 글로벌 기업들의 경쟁정보 활동

3 미·중 기술패권경쟁과 4차 산업혁명시대

1. 경쟁정보 개요

경쟁정보 개념

경쟁정보(Competitive Intelligence)란 용어는 아직 국내에서 생소하다. 그렇지만, 1990년대 이후 미국의 글로벌 기업들에 널리 알려져 왔으며, 대기업들이 경쟁정보 부서를 회사 내에 설치하고 체계적으로 경쟁정보 활동을 전개하고 있다. 미국에서 기업들이 경쟁정보에 본격적으로 관심을 두게 된 계기는 1980년대 세계 경제를 주름잡았던 일본 기업들의 활약 때문이었다.

당시 미국에 이어 경제 대국 2위 자리를 누렸던 일본 기업들이 미국에 현지 투자를 늘리면서, 경쟁력 우위를 보여주기 시작하였다. 도요타, 혼다, 닛산 등 일본의 주요 자동차 기업들이 미국 시장에서 미국의 대표기업이었던 GM, 포드, 크라이슬러 등과 대결하여 소비자들의 관심을 끌었다. 일본 자동차 기업들은 미국 자동차 제조업체와의 경쟁을 뛰어넘어 최고급 자동차인 벤츠, BMW 등과 경쟁하기 위해 인피니티, 아큐라, 렉서스 등 고급 자동차브랜드를 출시하는 차별화 전략을 선보였다. 일본 기업들은 전자, 자동차, 기계, 반도체, 조선 등 산업 전반에 걸쳐 우월한 경쟁력을 보였다.

미국 기업들은 경제 대국 2위로 부상한 일본 기업들의 경쟁력에 대응하기 위한 해법이 절실했다. 1980년대 중반부터 구소련에서 개혁개방의 바람이 불기 시작하여 결국 1991년 사회주의 종주국이었던 소련이 몰락하고, 러시아라는 국가로 다시 태어났다. 동구권 국가들도 민주화되어 소련과 미국 간의 냉전 시대 경쟁체제는 종식하였다. CIA 같은 미국의 정보기관들도 냉전 시대의 군사경쟁이 아닌 우방국 간의 경제전쟁에 더 많은 관심을 두기 시작했다. 미국의 우방국도 미국의 첨단기술에 관심을 가지고 산업정보에 대한 수집 활동을 하게 되었으며, CIA도 경제 및 산업정보 수집에 적극적으로 대응하기 시작했다.

Jan P. Herring과 같은 미국의 정보기관 출신 관료들이 국가정보 분석시스템을 미국 기업에 적용하여 미국 기업 내에 경쟁정보 부서가 활성화되고 체계적으로 정착되기 시작했다. 국가정보 시스템에 관심을 보였던 모토로라 CEO 로버트 캘빈이 1980년대 중반 해링을 스카우트하여 경쟁정보 시스템을 구축하였으며, 이를 계기로 미국의 글로벌 기업들에 경쟁정보 시스템이 체계적으로 퍼지기 시작하였다.[1] 당시 미국 기업들은 국가정보 시스템처럼 기업정보를 수집·분석하는 체계적인 시스템이 없어 기업의 경쟁력을 제고시키기 위한 좋은 수단으로 평가받았다.

1986년 경쟁정보 전문가들이 모여 SCIP(Society of Competitive Intelligence Professionals)라는 민간조직이 구성되었으며, 현재는 전 세계에 지부를 가진 거대한 조직으로 발전되었다.[2] 최근에는 명칭을 Strategic and Competitive Intelligence Professionals로 개명하였다.

전통적으로 미국 경영대학원에서는 경쟁정보라는 과목이 없으며 대신 전략경영 및 사례연구 등을 가르치고 있다. 미국 학계에서는 피츠버그대학 John E. Prescott 교수가 대학원에서 경쟁정보를 가르쳐 왔으며, 머시 대학교 대학원에서 경쟁정보를 가르치고 있을 뿐이다. 국내에서는 한양대학교 국제학대학원에서 경쟁정보 과목을 처음 개설해서 가르치고 있다.

경쟁정보 전문가들은 경쟁정보 개념을 표 1과 같이 정의하고 있다. 전문가들이 다양한 관점에서 바라본 경쟁정보의 정의를 이해한다면 경쟁정보 업무를 수행하는 데 많은 도움이 될 것이다. 경쟁정보 전문가들이 경쟁정보에 대한 정의를 제각기 다르게 표현하고 있으나, 공통된 점은 분명하게 산업스파이 활동과 차별화를 두고 있으며 경쟁사의 장·단점과 산업환경 변화를 수집·분석하여 경쟁사와의 경쟁 관계에서 승리하는 데 그 목적을 두고 있다.

경쟁정보 활동에서 가장 중요한 점은 수집·분석된 정보를 최고경영자(CEO)에 지원하여 기업의 핵심 안건에 대한 전략적 판단에 활용되어야 한다는 것이다. 경쟁정보 담당자들은 경쟁정보를 수집하고 가공하는 데 상당한 시간과 노력을 들여야 하며, 다양한 출처(소스)로부터 정보를 수집하여 마치 퍼즐을 맞추듯이 수집된 정보를 분석 도구로 가공하여 최종적인 고급정보를 만든다.

경쟁정보 활동은 수집·분석이라는 체계적인 시스템 아래에서 공개자료를 활용하거나, 휴민트(HUMINT) 활동을 통해 경쟁사의 숨겨진 정보를 파악하는 행위이다. 경쟁정보 담당자는 경쟁정보를 수집하는 과정에서 산업스파이와 같은 불법적인 행위를 해서는 안 된다. 경쟁정보 활동이 산업스파이와 다르다는 점을 분명하게 인식해야 한다. 경쟁정보 담당자가 다양한 수집·분석 활동을 활용한다면, 경쟁사의 숨겨진 의도와 기업전략 방향을 파악할 수 있다. 이것이 경쟁정보 활동이 지닌 가장 강력한 무기이다.

표 1 경쟁정보 정의

저자	경쟁정보 개념
Steven M. Shaker, Mark P. Gembicki	경쟁정보는 고객, 경쟁자, 적, 직원, 기술 그리고 전반적인 기업환경 등과 같은 정보 타깃에 대해 도덕과 법의 테두리 안에서 정보를 수집하는 체계적인 비즈니스 과정이다.[3]
John E. Prescott	경쟁정보 전문가의 주된 임무는 경쟁역학에 관련된 실행을 옮길 수 있는 통찰력을 제시함으로써 의사결정의 스피드와 수준을 향상하는 것이다. 경쟁정보를 국가안보를 위한 첩보, 즉 스파이 활동과 동일시하는 경향이 있다. 그러나 경쟁정보는 윤리적인 방법을 통해 정보를 수집하고 또한 그 정보를 분석하며 그것을 경영진에게 전달하는 전 과정을 포함하는 것이다.[4]
Liam Fahey	경쟁정보의 목적은 기업이 현재의 경쟁사, 새로이 등장하고 있는 경쟁사, 잠재적인 경쟁사보다 한 수 앞서고, 약점을 공격하여 승리할 수 있도록 지원하고, 자사의 경쟁우위 요소를 파악하는 것이다.[5]
Stephen H. Miller	공개된 소스를 통해 경쟁사의 의도와 마켓 플레이스의 변화감시, 인터넷과 대중매체 모니터링, 고객·공급자·파트너·종업원·산업전문가·기타 전문가와의 휴먼네트워크 구축, 최고 의사결정권자들의 심리 프로파일 구축, 정보수집을 위해 사전에 철저하게 계획된 무역박람회와 콘퍼런스 참석 등이 경쟁정보 활동이다. 또한, 수집된 정보를 요약 및 분석하여 경쟁사의 현재 상황과 미래의 목적을 파악하고 이것을 자사의 전략과 비교하는 것, 언제 어디서 등장할지 모르는 신규 경쟁자를 파악해 내는 것이다.[6]

미국생산성 협회 (APQC)	조직적 학습, 개선, 차별화, 산업·시장·고객에게서의 경쟁사 targeting을 용이하게 하기 위하여, 공개적으로 입수할 수 있는 경쟁사 정보를 획득하고 분석하는 체계적인 프로세스이다.[7]

경쟁정보의 개념을 또 다른 측면에서 바라본다면 아래 같이 표현할 수도 있다.

경쟁정보 활동은 기업 비즈니스와 관련된 다양한 형태의 정보를 수집하고 분석해 나가는 과정이다. 의사결정을 할 수 있는 정보, 경쟁우위와 통찰력을 줄 수 있는 경쟁정보 생산을 위해서 분산된 정보 조각들을 분석과정을 통해 작성하는 것이다.

여기서 다양한 정보 조각은

- 인터넷 정보, 고객, 공급사, 기술전문가, 산업전문가, 규제전문가 등 업계 인맥 네트워크를 통한 정보
- 전시회, 콘퍼런스 참석 등을 통해 확보한 산업 동향정보, 정부문서 공개청구를 통해 수집된 각종 비즈니스 정보
- 기술논문, 특허 분석을 통해 도출된 경쟁사 연구·개발 정보
- 최고 의사결정권자들의 심리 프로파일 구축 등을 말한다.

기업은 미래에 직면할 수 있는 위기를 사전에 인식하여 대처하고 남들보다 한발 앞서서 기회를 선점함으로써 경쟁력을 유지할 수 있다.[8]

국가정보 vs 경쟁정보 차이점

표 2 국가정보와 경쟁정보 차이점

CIA (정보기관)		민간기업들
다른 나라나 국제문제에 관한 정보를 공작만이 아니라 각종 자산, 첨단기술, 뉴스 보도 등을 통해 수집	← 수집 →	시장정보를 고객, 잠재고객, 업계 박람회에서 업계관찰, 보도자료 등을 통해 수집
고객(미국 대통령)에게 가장 유익한 정보, 올바른 의사결정에 도움이 되는 정보를 제공하기 위해 첩보를 분석	← 분석 →	기업에 경쟁우위를 제공하거나, 고객의 필요에 부응하는 제품이나 서비스를 생산할 목적으로 첩보를 평가
대통령을 비롯한 핵심 정책 입안자들에게 정보 전파	← 배포 →	관련 부서나 CEO에게 정보를 보고하고 제품이나 서비스를 출시

출처: 피터 어니스트 등, 박웅희 옮김, 『비즈니스 컨피덴셜』(들녘, 2013), p. 143.

경쟁정보를 이해하기 위해서는 먼저 국가정보 시스템이 어떻게 작동되는지 알아야 한다. 그 이유는 경쟁정보 활동의 뿌리가 국가정보를 기반으로 하고 있기 때문이다. 국가정보(National Intelligence)와 경쟁정보(Competitive Intelligence)는 유사하면서도 분명한 차이점이 있다.

국가정보와 민간분야의 경쟁정보가 어떻게 다른지 살펴보자. 전통적으로 스파이 영화를 생각하면 스파이 영화의 전설인 〈007 제임스 본드 시리즈〉를 떠올린다. 영국 정보기관 요원인 제임스 본드는 목적을 달성하기 위해 수단·방법을 가리지 않고 임무를 수행한다. 인기 시리즈 영화 〈미션 임파서블〉에서도 미국 정보기관 요원인 주인공 톰 크루즈와 동료들의 활약상을 보여주고 있다. 영화에서 이들의 공통점은 국가운명을 걸고 중요한 임무를 수행하는 과정에서 합법적인 활동뿐 아니라 때때로 첨단무기로 적들을 공격하거나, 도청·잠입 등의 불법적인 수단까지 사용하면서 임무를 수행하는 과정을 보게 된다.

그러나 기업의 경쟁정보 활동에서는 007 영화나 미션 임파서블에서 펼쳐지는 각종 불법적인 행동이 허용되지 않는다. 경쟁정보 활동에서는 산업스파이 활동이 근본적으로 용납되지 않는다. 글로벌 기업들은 경쟁정보 부서 직원들의 불법적인 행동을 사전에 방지하기 위해 경쟁정보 윤리지침을 만들어 놓고 있다. 영화 속의 세계와 달리 현실에서는 영화의 주인공처럼 늘 화려하고 멋있지는 않다. 직원들의 불법적인 행동으로 인해 글로벌 기업들이 감당해야 하는 대가는 정말 크다. 글로벌 기업 CEO들은 자사 직원들의 비도덕적인 행동이 소비자들에게 부정적인 영향을 주기 때문에 상당히 예민한 반응을 보인다.

일부 글로벌 기업들은 경쟁정보 활동을 산업스파이 활동으로 오해하여 경쟁정보 부서 설립에 대해 부정적인 견해도 피력한다. 경쟁정보는 미국 정보기관의 정보분석 기법을 벤치마킹하였다. 앞서 언급한 것처럼 전직 CIA 요원이 민간기업에 들어와서 정보기관의 수집·분석 시스템을 전수한 것이다. 국가정보의 정보분석 과정은 기획, 수집, 분석, 보고(배포)라는 4단계가 반복된다.

국가정보와 경쟁정보의 차이점을 사례를 들어 살펴보자. 2018년 평창동계올림픽을 계기로 해서 남북관계가 급속하게 개선되었고 같은 해 4월, 5월, 9월 판문점과 평양에서 남북정상회담이 세 차례 개최되었으며, 미국과 북한 간에도 2018년 6월 싱가포르와 2019년 2월 베트남 하노이에서 미북 정상회담이 개최되었다. 이에 대비하여 CIA는 2017년부터 북한 문제를 전담하는 부서인 Korea Mission Center를 설립하고 북한 전반에 걸쳐 각종 첩보를 수집·분석하여 트럼프 대통령에게 보고하였다.[9] 이것이 일종의 국가정보 사례라고 볼 수 있다. 세계 각국에서는 외교·안보 부처나 정보기관이 국가의 중요한 외교·안보 사안을 수집하여 최고 통수권자에게 보고하고 있다.

한편 미국의 대표적인 자동차 기업인 GM의 경우를 생각해보자. 메리 바라(Mary Barra) 회장은 2014년부터 현재까지 CEO로 재직하고 있다. 지난 2008년 금융위기 이후 GM은 도산 직전에 직면하여 구제금융을 신청했던 뼈아픈 경험이 있다. 이후 GM은 경쟁력 강화를 위해 전기차 생산업체로 변신하고 있으며, 2016년에 크루즈를 인수하여 향후 다가올 자율주행 자동차 시장에도 대비하고 있다. GM은 미국 시장 내에서 시장 점유율을 지키기 위해 도요타, 현대자동차 등 경쟁사들과 관련된 각종 움직임에 대해 면밀하게 파악하고 분석한 보고서를 메리 바라 회장에게 보고할 것이다. 기업의 경쟁정보 부서는 반드시 경쟁사 동향 및 산업환경 변화를 수시로 수집·분석하여 CEO에게 보고하고 대책을 마련해야 한다. 그래야만 치열한 경쟁에서 생존할 수 있다. 우리 주변에서 조금만 신경을 쓰고 관심을 가지고 살펴본다면, 신문이나 뉴스 등 일상생활에서도 경쟁정보와 관련된 사례들을 파악할 수 있다.

경쟁정보 활동사례

다양한 기업환경 속에서 기업들이 경쟁정보 활동을 전개하고 있다. 경쟁정보가 어떤 때에 필요한지에 대해 알아보자.

첫째, 기업들은 변화하는 산업환경을 신속하게 파악하여 CEO에게 보고해야 한다. CEO는 이러한 보고서를 토대로 변화하는 산업환경 또는 시장 상황을 예측하고 신속한 의사결정을 내려 대응해야 한다. 우리는 4차 산업혁명시대에 이미 진입했다. 산업 전반에 걸쳐 새로운 기술혁명이 일어나고 있다. 최근 자동차산업에서는 내연기관 자동차 시대에서 전기자동차 시대로 급속히 변화되고 있는 모습을 보인다. 조만간 자율주행 자동차 시대가 도래할 것이다.

세계적으로 승차공유 기업들이 사업영역을 확장하며 자율주행 자동차 기술개발에 박차를 가하고 있다. 전기자동차를 생산하는 테슬라는 몇 년 전 세계 자동차업계에서 시가총액 1위를 달성했다. 내연기관 자동차는 물론이고 전기자동차 회사와 우버 같은 승차공유 기업들도 자율주행 자동차 개발에 심혈을 기울이고 있다. 과거 산업혁명 시절에 동참하지 못했던 기업들이 조용히 사라졌듯이 현재 자동차산업에서 다가오는 시장변화 물결에 능동적으로 대응하지 못한다면, 기존 내연기관 자동차회사들도 큰 타격을 입고 문을 닫을 수 있다.

우리는 과거 유사한 사례들을 보았다.

1960년대 진공관에서 트랜지스터로 전환하는 과정에서 많은 진공관 회사들이 사라졌으며, 필름산업을 주도했던 코닥도 디지털 시대에 맞는 기업 구조조정을 재빠르게 하지 못해 파산했다. 스마트폰 산업에서도 좋은 교훈을 얻을 수 있다. 2007년 애플이 스마트폰을 전격적으로 출시함에 따라 새로운 정보통신혁명 시대를 맞이하였는데, 세계 휴대폰 시장을 석권하고 있었던 노키아는 이러한 산업환경 변화를 따라잡지 못하여 휴대폰 사업을 마이크로소프트에 매각하는 운명을 맞게 되었다. CEO는 과거 실패사례가 현재에도, 앞으로도 반복될 수 있다는 사실을 잘 인식해야 한다. 경쟁정보 활동에서 CEO와 경쟁정보 담당자들은 시장환경 변화에 촉각을 세워야 한다.

2020년 7월 현대자동차에 워터 펌프와 실리콘 헤드를 납품하는 1차 협력회사인 지코가 누적된 적자를 견디지 못하고 법정관리를 신청했다.[10] 그 이유는 자동차산업이 기존 내연기관 생산체제에서 전기자동차 생산체제로 전환하는 산업환경의 변화 속에 놓여 있기 때문이다. 자동차가 전기자동차로 전환되면 부품의 절반 정도는 줄어들게 되어 기존 부품 공급업체들이 큰 타격을 입게 된다. 우리나라 100대 자동차 부품회사 중 과반수는 적자를 면치 못하고 있는데, 국내 자동차회사들이 완전히 전기자동차로 전환될 경우, 국내 부품회사 상당수는 심각한 상황에 빠진다. 국내 자동차 부품제조사들도 전기차 시대에 발빠르게 트랜스포메이션 하지 못할 경우, 큰 타격을 입을 것이다.

둘째, 마켓에서 경쟁사들의 움직임을 파악하고, 새로운 잠재 경쟁자들도 집어내야 한다. 현재 종사하고 있는 산업에서 승리하기 위해서는 경쟁사의 전략을 파악하고, 앞으로 나타날 새로운 경쟁상대에 대해서도 주목해야 한다. 삼성전자가 스마트폰 산업에서 1등을 고수하고 있다. 애플의 스마트폰이 출시된 이후, 삼성전자는 발 빠르게 환경에 적응하여 애플을 따라잡았다. 중국 시장에 진출하여 2014년에는 시장 점유율 1위(20%)를 차지하는 성과를 거두었다. 그러나 얼마 가지 못해 화웨이, 샤오미, 오포, 비포 등 중국 스마트폰 경쟁자들의 맹추격을 받아 2018년에는 중국 시장 점유율이 1% 미만으로 추락하는 수모를 당해야 했다.[11] 빠르게 변화되는 기술 집약적인 시장에서 경쟁사들에 대한 경쟁정보 활동이 실패할 경우, 확보한 시장을 경쟁사에 빼앗기는 최악의 상황이 벌어지게 된다. 삼성전자는 스마트폰 시장에서 막강한 경쟁자인 애플의 움직임에 주목해야 한다. 경쟁자로 부상한 중국 기업들의 전략적 행보에 대해 섬세한 경쟁정보 활동을 전개해야 한다. 후발주자에 대한 경계심을 갖지 않고 자만할 경우 순식간에 시장을 점령당할 수 있다.

셋째, 알짜배기 기업을 인수합병(M&A)하는 데 경쟁정보 활동이 꼭 필요하다. IT 및 BT 산업에 종사하는 글로벌 기업들은 인수합병을 끊임없이 시도하고 있다. 기술발전 속도가 워낙 빠르기에 기업 스스로 이 모든 변화를 감당해낼 수 없다. 글로벌 IT 기업들은 위협적인 기술 또는 차세대 기술을 확보하기 위해서나, 고급기술 인력을 확보하기 위한 수단으로 스타트업, 또는 경쟁사를 인수한다.

기술 혁신을 주도하고 있는 글로벌 IT업체인 구글, 페이스북, 아마존 등은 코로나19로 산업 전체가 힘들었을 때도 인수합병을 하였다. 그동안 인수합병의 대표적인 성공사례를 보면, 구글의 유튜브 인수, 페이스북의 인스타그램 인수를 손꼽을 수 있겠다. 글로벌 시장에서 선두주자로서 경쟁우위를 확보하기 위해서는 차세대 기술 혁신을 주도하는 기업들을 인수해야 한다. 그러나 인수합병을 잘못하면 인수 후에 '승자의 독배'라는 치명적인 상황에 직면하게 된다. 금호아시아나그룹이 무리하게 대우건설을 인수함에 따라 재정상태가 악화하여 대우건설과 대한통운을 다시 내놓아야 했고, 주력기업인 아시아나항공까지 매각하였다. 글로벌 시장에서 우리 기업들이 주도적인 역할을 하는 산업이 많기에 인수합병 활동의 중요성이 어느 때보다 증가하고 있다.

넷째, 경쟁정보는 기업이 새로운 산업으로 사업영역을 확장할 때에도 필요하다. 2019년 아시아나항공 매각을 둘러싸고 애경그룹과 현대산업개발 등이 인수 경쟁에 뛰어들었다. 애경그룹은 소비재 제조업체인 애경산업을 모체로 하여 저가 항공사인 제주항공을 설립하고 항공산업에 진입하여 성과를 거두었다. 제주항공은 저가 항공사 중 가장 재무상태가 좋은 기업이다. 애경그룹은 저가 항공사 운영 경험을 바탕으로 아시아나항공사를 인수하려 했다.

한편 현대산업개발 정몽규 회장은 과거 현대자동차를 경영한 경력을 갖고 있었으나, 현대그룹에서 독립한 후 줄곧 건설업계 CEO로 활동했다. 정 회장은 항공산업 분야에는 전혀 경험이 없었으나 아시아나항공 인수를 위해 회사 내에 비밀인수 팀을 만들고 인수전에 뛰어들어 아시아나항공의 우선협상대상자로 선정되었다. 그러나 코로나19 사태로 인해 항공업계의 재무실적이 급격하게 나빠짐에 따라 인수를 포기하였다. 기업들이 기존에 해왔던 산업과 전혀 다른 분야에 진입할 때에도, 경쟁정보 활동이 CEO의 최종 의사결정에 많은 도움이 된다.

삼성이 2011년 바이오산업에 뛰어들기 이전에 어떤 방식으로 진입해야 할지 고민하였다. 글로벌 제약업계에서는 회사 규모를 키우거나 경쟁력을 제고시키기 위해서 인수합병을 하는 것이 일반적이다. 삼성은 두 가지 방식을 놓고 고민했다. 해외에 있는 기존 제약회사를 인수할 것인지, 아니면 삼성이 자력으로 회사를 설립할 것인지를 놓고 최종 의사결정을 하기 위해서 다방면으로 조사 활동을 벌였다. 삼성은 IT와 반도체 산업을 세계적으로 이끈 제조업 경험을 바탕으로 바이오산업도 스스로 시작하는 방법을 선택하였다. 삼성그룹이 신규 사업에 진입하기 위해서 세계 바이오산업 동향, 경쟁사, 기술력, 특허 등 바이오산업에 대한 전체 그림을 종합적으로 수집·분석하여 최종 의사결정을 내린 것이다.

다섯째, 글로벌 기업들은 세계 각 지역에서 사업을 운영하기 때문에 전 세계 정치 상황과 법적 규제에 민감해야 한다. 아프리카 지역에서 쿠데타가 발생하여 다국적 기업의 재산을 압수하는 상황도 발생할 수 있다. 우리나라에서 승차공유 사업 도입문제를 놓고 택시업계와 승차공유 업체 간 치열한 공방전이 벌어졌던 적도 있다. 2020년 3월 국회에서 타다 금지법이 통과되어, 승차공유 사업이 금지되었다.

트럼프 정부는 중국 정보통신장비 회사인 화웨이에 대한 규제를 강화하고 국제적으로 압박하였으며 이로 인해 미·중 간 갈등이 심화하였다. 2020년 8

월 트럼프 대통령이 세계적인 스타트업인 바이트댄스의 틱톡 사업에 대해 제재를 가하기 위해 행정 서명을 하였다. 트럼프 정부는 출범한 이후 미국 우선주의(America First)를 기반으로 한 대외정책을 추진하였으며, 이는 G2 국가인 중국이 미국 경제를 추월할 것이라는 미국인들의 우려감이 반영되었기 때문이다. 미국과 중국 간의 기술패권주의 충돌로 인해 미국의 대중국 압박 현상이 벌어지고 있으며, 미국 정부는 중국 기업의 상품에 대해 관세를 인상함은 물론 미국 내에서 각종 불이익을 주었다. 중국의 글로벌 기업들은 미국의 각종 규제조치에 대해 최악의 시나리오를 생각해보고, 각종 대응책을 준비하느라 정신이 없었을 것이다. 이러한 것도 경쟁정보 활동의 주요한 부분이다.

2019년 7월 한국과 일본의 무역 전쟁이 시작되었다. 일본의 강제징용 배상금 지급 문제를 둘러싸고 문재인 정부와 아베 정부가 심각한 갈등 양상을 보였다. 2018년 10월 우리나라 대법원에서 일본 기업에 대해 배상금을 지급하라는 판결을 내렸으며, 일본 아베 정부는 문재인 정부의 조치에 불만을 품고 갑작스럽게 한국기업들에 대해 반도체, 스마트폰 생산에 필요한 핵심소재 수출을 금지하겠다고 발표하여 큰 충격을 주었다. 반도체와 스마트폰은 한국의 주력 수출품목이기 때문이었다. 한국의 삼성전자, SK하이닉스 등은 일본 중소기업들로부터 반도체 생산을 위한 불화수소를 공급받고 있어 반도체 생산에 치명적인 타격을 받을 것으로 우려되었다.

당시 한국에서는 긴급한 상황이 발생하였다. 삼성전자의 이재용 부회장이 일본에 건너가 일본재계 인사들을 접촉하고 소재 확보를 위한 협조를 요청하였으며, 다른 한편으로는 국내 자체 힘으로 소재개발에 노력하였다. 단기적으로는 큰 위협을 받았으나, 장기적으로 삼성전자와 SK하이닉스는 다행히도 큰 타격을 입지는 않았다. 이러한 공급망 중단사태의 근본 원인이 일본 공급업체와 한국 반도체 업체 사이에서 촉발된 것은 아니었으며, 한·일 양국 간의 정치적인 문제로 인하여 야기되었다. 글로벌 기업들은 국가 간의 정치적 갈등상황에 따라 돌발적인 사태가 발생한다는 것을 염두에 두고, 경영활동을 해야 한다. 경쟁정보 활동은 기업들에 조기경보 능력을 배양해준다. 조기경보는 경쟁정보 활동의 중요한 부분이다.

여섯째, 경쟁정보는 자사가 진행 중인 주력사업들에 대해 냉정한 평가를 다시 할 수 있게 해준다. 2020년 초반부터 한국유통업계에서 큰 변화가 나타나기 시작했다. 국내 유통업계의 양대산맥인 롯데마트와 이마트가 온라인 쇼핑의 중요성을 피부로 깨닫기 시작했다. 이미 세계는 온라인 쇼핑 혁명의 물결 속에 빠져 있었다. 아마존의 온라인 쇼핑은 미국의 오프라인 할인점 강자인 월마트를 제치고 유통업계에서 혁신적인 돌풍을 일으키고 있다. 월마트도 이에 대응하기 위해 온라인 사업을 집중적으로 보강하였다. 중국의 경우, 알리바바의 티몰과 타오바오의 매출 규모는 상상을 초월한다. 매년 11월 11일 중국의 광군제에 중국 소비자들이 엄청나게 구매를 하여 그 신기록을 경신하고 있다. 중국에서 알리바바의 온라인유통은 실로 대단한 위력을 발휘하고 있다.

국내에서도 온라인 쇼핑의 시장 점유율이 꾸준하게 증가해왔다. G마켓, 이베이, 옥션, 쿠팡, 네이버 등을 중심으로 치열한 경쟁이 전개되어왔으며, 전통적인 방식으로 유통업을 해왔던 이마트와 롯데마트를 위협하고 있다. 2020년 초부터 본격적으로 시작된 코로나19 사태로 인해 국내에서는 비대면 산업의 중요성이 급속하게 증가하였다. 이러한 현상은 한국에서뿐만 아니라 세계적으로 비대면 산업을 발전시킨 계기가 되었다. 이마트와 롯데마트는 국내 유통시장에서 벌어지고 있었던 새로운 변화인 온라인 쇼핑과 비대면 소비 트렌드의 심각성을 뒤늦게 깨닫고 대응작업을 시작했다.[12] 롯데그룹은 롯데마트 등 적자 지점에 대한 대규모 구조조정을 예고했다. 오프라인 중심의 두 회사는 수십 년간 국내유통을 장악해 왔던 자신들의 경쟁력을 너무 과신하였다. 대부분 온라인 유통업체들이 플랫폼이라는 독특하고 혁신적인 비즈니스 모델을 사용하고 있기에 기존 전통적인 방식의 유통업체로서는 경쟁하기 쉽지 않았을 것이다.

MZ세대가 50~60대 소비자들과는 달리 스마트폰과 앱 사용에 익숙하기에 전통적인 유통체계보다는 모바일 중심의 온라인 쇼핑 방식에 익숙하다는 점을 간과하면 안 된다. 2020년 들어 JC Penny, 니만 마커스 등 미국의 대표적인 백화점들이 코로나19 사태로 심각해진 적자 상황을 견디지 못해 파산한 사례가 증가하였다.[13] 코로나19가 전 세계로 퍼지면서 오프라인 중심의 영업을 해왔던 백화점 등 유통업체들은 심각한 타격을 입었다. 그러나 온라인유통을 추구하고 있는 아마존 같은 비대면 기업들은 오히려 매출이 늘어났으며 이러한 현상은 세계적으로 공통적인 현상을 보였다.

일반적으로 글로벌 기업의 경쟁정보 담당자들이 경쟁정보 활동을 가장 활발하게 벌이는 장소는 무역박람회나 전시회 등이다. 글로벌 IT업체들이 매년 1월 미국 라스베이거스에서 개최되는 CES 전시회에 참석하여 자사의 신제품과 첨단기술을 홍보한다. 일본 기업들은 2차 세계대전에 패전한 이후 일본경제를 부흥시키기 위해 서구국가에서 개최되는 각종 무역전시회에 참석하여 공개정보를 수집하고 서구기업들의 기술을 모방하였다. 특히 일본은 기업정보의 중요성을 일찍부터 깨닫고 해외에서 대기업과 종합상사들을 중심으로 많은 정보를 수집해왔다. 일본의 대표적인 종합상사는 미쓰비시상사, 미쓰이물산, 스미토모상사, 이토추상사, 마루베니 등이다. 일본 대기업들의 정보 활동은 세계 각 지역에 있는 지사·현지법인 등의 네트워크를 통해 실시되고 있다. 우리나라도 일본의 종합상사 제도를 도입하여 삼성물산, 현대종합상사, ㈜대우, LG상사 등 주요 종합상사들이 1970년대 이후 1990년대까지 우리나라 경제발전에 주도적인 역할을 담당했다.

4차 산업혁명시대라는 거센 물결 속에서 글로벌 기업과 스타트업들은 핵심기술을 선점하기 위해 치열한 경쟁을 벌이고 있다. 기업들은 CES와 같은 국제적인 전시회에 참여하여 자사의 첨단 기술력을 공개하고, 소비자·투자자·경쟁사에 기술력을 과시하는 장소로 활용하고 있다. 삼성전자, LG전자, 현대자동차 등 세계적인 기업들이 신제품을 발표하고 있으며, 삼성전자의 경쟁사인 중국 제조업체들도 경쟁적으로 기술력을 선보이고 있다. 기업들은 CES와 같은 국제전시회에 참석하여 비전, 신기술 개발 동향, CEO 의도, 전략 등 경쟁사들에 대한 다양한 정보를 수집하고 있다. 각종 전시회가 개최되는 기간에 마치 첩보전을 방불케 하는 경쟁정보 활동이 물밑에서 치열하게 전개되고 있다.

기업이 경쟁정보 활동을 전개하면서 가장 유념해야 할 것은 경쟁정보는 산업스파이 활동이 아니라는 점이다. 글로벌 기업 CEO들이 가장 싫어하는 것이 산업스파이 활동이다. 자사 직원들의 섣부른 산업스파이 활동 때문에 법적인 소송에 말려들 소지도 있고, 회사 이미지가 국제적으로 한순간 실추될 수 있기 때문이다. 2001년 P&G와 유니레버 간에도 유사한 사건이 발생했다. P&G 경영진에서 자사 직원의 실수를 재빠르게 수습하여 다행히도 크게 확대되지 않았다.[14] 그러나 안타깝게도 우리는 언론을 통해서 국내 대기업들을 대상으로 한 다른 나라 기업들의 산업스파이 활동에 대한 소식을 종종 듣고 있다. 심지어 국내 대기업들 간에도 이런 일로 법정 소송을 하였다는 소식도 들린다. 경쟁정보 활동이 기업에 정착되고 자리를 잡게 되면, 산업스파이 활동을 할 필요가 없다.

아직도 상당수 기업이 경쟁정보 활동에 대해 눈을 뜨지 못하고 있다. 한국 기업들이 글로벌 산업에서 선도적인 역할을 할수록 해외 경쟁기업들은 국내 기업들의 우수한 기술력을 탐내게 될 것이다. 국내기업들이 세계적인 기술력을 보유하고 있는 반도체, 스마트폰, 가전제품, 전기차 배터리 등은 말할 것도 없이 4차 산업혁명시대를 주도하는 인공지능, 가상현실(VR), 증강현실(AR), 로봇, 정보통신, BT 등 핵심분야에서는 기술경쟁이 치열하게 전개될 것이다. 따라서 국내기업들이 경쟁정보 활동을 통해 경쟁사들의 기술력, 전략, 시장정보 등에 대한 정확한 정보를 파악할 경우, 글로벌 시장에서 경쟁력을 확보하게 될 것이다.

한국 및 글로벌 기업들의 경쟁정보 활동

그림 1 ▶ 종합상사의 주요기능

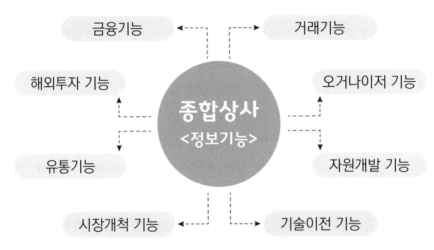

출처: 조필호, 김효진, 임홍균, 『종합상사 이야기』(명진출판, 1995), p. 38.

　한국기업들이 기업 정보팀을 본격적으로 활용하기 시작한 시기는 종합상사제도가 정착되면서부터다. 한국의 종합상사제도는 일본의 종합상사제도를 모방하여 1975년에 처음으로 도입하였다.[15] 일본이 전후 일본경제를 부흥시킨 것도 미쓰비시상사, 미쓰이물산 등 종합상사들 때문이었듯이 1970년대와 1980년대 한국의 수출주도 산업정책에 힘입어 삼성물산, ㈜대우, 현대종합상사, LG 상사, ㈜선경 등 주요 종합상사들은 국내 경제발전에 이바지하였다. 종합상사(General Trading Company)는 수출과 수입을 주목적으로 하는 중개인 역할이 강하며, 종합상사 스스로 제조업을 하지 않는다. 전 세계시장을 대상으로 광범위한 네트워크를 형성하고, 석유자원, 중공업, 경공업 제품들을 판매하는 역할을 담당했으며, 이를 위해서는 각 상품에 대한 전문적인 지식과 해외정보가 필수적이었다.

종합상사에는 여러 가지 복합적인 기능이 있다. 예를 들면, 거래기능, 금융기능, 정보기능, 해외투자 기능, 유통기능, 자원개발 기능, 기술이전 기능, 시장개척 기능 등을 가지고 있는데, 특히 세계시장을 대상으로 한 정보 네트워크를 통해 무역 활동과 비즈니스 거래, 목표 시장의 마케팅 활동에 대한 정보를 제공해주는 데 특화되어 있다. 종합상사가 취급하는 품목은 라면, 셔츠에서 선박, 군수물자까지 매우 다양하며 세계 모든 시장을 대상으로 하기에 지역 및 제품에 대한 국제적인 전문가 양성이 절실하였다.[16] 종합상사는 사내교육, 외부 위탁, 해외연수 등 다양한 경로를 통해 전문가를 양성하였다.

한국경제는 경공업 중심의 1970년대를 거쳐서 중공업 중심의 1980년대에 급격하게 발전하였고, 한국의 독특한 기업형태인 재벌기업들을 중심으로 문어발식 기업확장을 하였으며, 정부 경제부처가 모든 주요 산업정책을 설립하고 이끄는 주도적인 역할을 하였다. 대기업들이 기업확장을 위해 은행으로부터 대규모 자금을 차입하였기 때문에, 정부가 실질적으로 기업의 자금줄을 쥐고 있어 기업에 대한 정부의 영향력이 상당하였다. 1970년대부터 1990년대까지의 시기 동안 한국에는 정치적인 변화가 잦았으며 정치적인 변동이 기업활동에 결정적인 영향을 미치기도 하였다. 대기업들이 정부정책과 정치권의 눈치를 볼 수밖에 없었으며, 대기업의 정보 활동이 주로 정부정책과, 정치권 동향 등에 초점이 맞춰졌다. 당시 종합상사들은 국내외 정보망을 활용하면서 재벌그룹의 컨트롤타워 역할을 담당하였다.

재벌기업들은 뛰어난 해외정보 네트워크를 운용하고 있는 것과는 별개로, 기획실, 기획조정실 등에 조사 및 정보업무를 두고, 국내 정치 상황과 정부 정책변화 등에 대한 정보를 수집하기도 하였다.[17] 1997년 IMF 사태를 기점으로 하여 한국의 대기업들이 법정관리 상태로 들어갔다. 당시 대기업들은 자체 정보망을 동원하여 정부의 재벌정책 변화나 정책자금 지원 등에 촉각을 세웠다. 정부는 IMF 사태를 극복하기 위해 산업 구조조정을 추진하였다. 재벌기업들도 구조조정본부를 설치하고 부실한 계열사들에 대한 구조조정 작업을 벌이면서, 정부의 구조조정정책 방향 등에 대한 정보수집 활동도 전개하였다.

2000년대에 접어들자 국내 대기업들은 글로벌 시장을 대상으로 한 마케팅 활동을 활발하게 전개하였으며, 그동안 재벌조직의 중심 역할을 해왔던 종합상사의 기능이 약해지고, 대신 주력 계열사들의 전문화가 본격적으로 시작되었다. 예를 들면, 오랜 세월 동안 삼성그룹을 이끌어 왔던 삼성물산(종합상사)의 역할이 자연스럽게 줄어들었으며, 중요 계열사였던 삼성전자가 삼성그룹의 핵심기업으로 부상하였다. 정주영 회장이 사망한 이후 현대그룹이 분할되면서, 현대자동차가 주축이 된 현대자동차그룹이 탄생하였다. SK그룹도 정보통신회사인 SK텔레콤의 외형이 늘어나면서 그룹의 주력기업으로 부상했다. 과거에는 재벌그룹에서 회장비서실을 중심으로 대외협력 및 기업홍보 활동을 전개했으나, 점차 재벌기업의 주력기업들로 이전되고 있다. 현재 전문화된 기업들은 국내시장이나 글로벌시장에서 경쟁사들과의 경쟁을 위해 경쟁정보 활동에 힘을 쓰고 있다.

그림 2 한국 재벌의 글로벌 전략

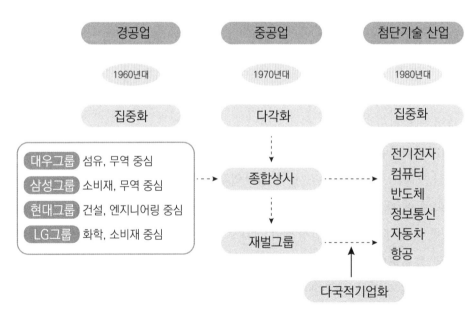

출처: 엄태윤, 『Corporate Competitiveness in Global Markets and the Evolution of Korean Corporations toward Globalization』, Pace University 박사 논문, 1992, p. 93.

정보유통 경로

그림 3 정보의 유통경로

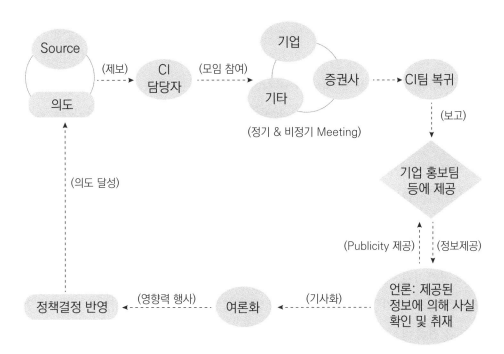

출처: 이상휘, 『기업의 정보팀과 PR 활동』(어드북스, 2005), p. 20.

국내기업들의 일반적인 정보유통 경로를 살펴보자. 이상휘가 2005년에 출판한 저서 『기업의 정보팀과 PR 활동』에서 제시한 정보의 유통경로 모델을 근거로하여 CI 활동과 정보유통에 대한 가상의 시나리오를 작성해 보면 다음과 같다.

H그룹 경쟁정보팀(CI팀) K 과장은 재벌그룹 정보팀 담당자, 증권사 정보담당자, 은행 홍보팀 담당자 등 5명과 함께 매주 수요일 모임(일명 수요회)을 갖고경제 동향, 산업, 기업 CEO, 정부 정책, 연예가 정보, 정치권 등에 대한 정보를교환한다. 최근 H그룹은 인공지능 분야에서 중국, 미국 기업들과의 글로벌 경쟁이 치열해지고 있어 고심 중이다.

K 과장은 수요일 오전에 민간연구원에서 선임위원으로 일하는 소스로부터

"중국 정부가 자국의 AI 기업들에 천문학적인 정책자금을 지원할 예정이다"라는 제보를 받았다. K 과장은 수요일 저녁에 수요회 정기 정보모임에 참석하여 다른 기업의 경쟁정보 담당자들로부터 정보를 수집하였으며, 다음날 회사에 복귀한 후 전날 수집한 중요정보를 CI 팀장을 통해 경영진에 보고하였다.

H그룹 경영진은 중국 정부가 천문학적인 보조금을 중국 AI 기업들에 지원할 경우, H그룹과 중국 기업 간 기술력 차이가 현저하게 발생할 것이라고 걱정하면서 정부의 정책적 지원이 절실한 상황이라고 판단하였다. 경영진은 홍보팀에 "입수한 정보를 언론사에 제공하고 퍼블리시티(Publicity) 하라"는 지시를 내렸다. H그룹을 출입하는 P 언론사 담당 기자는 이 정보를 제보받고 자체적으로 세밀하게 취재를 한 후에 국내 인공지능(AI) 산업 육성의 필요성을 강조하는 기사를 작성하였다.

P 언론사의 기사 덕분에 국내에서 AI 산업 육성의 필요성에 대한 여론이 형성되었으며, 정부도 국가 경쟁력을 확보하는 차원에서 AI 산업을 적극적으로 육성하기로 하였다. 이와 같은 가상의 시나리오에서 본 것처럼, 기업의 경쟁정보 활동이 기업 CEO의 주요 결정에 영향력을 미치는 것은 물론이며, 언론사의 퍼블리시티를 통해 정부 정책에도 직·간접적으로 영향을 줄 수 있다는 것을 알 수 있다. 위와 같은 시나리오를 통해 경쟁정보 활동이 기업에 얼마나 중요한지를 짐작할 수 있다.

국내기업 정보팀 활동

국내기업 정보팀의 활동을 살펴보자. 국내 대기업들은 제각기 정보팀을 운영하는 방식이 다르며 부서명칭도 다르다. 그러나 일반적으로 정보팀 내부에 정치·경제, 산업·업계 등 부문별로 담당자들을 배치하고, 매일 수집 활동을 하며, 정보팀 부서장이 일일 회의를 주관하고 수집정보에 대한 지시와 함께 수집된 정보를 분석하여 CEO에게 보고하거나, 경영진 또는 유관부서에 배포시키는 과정을 거친다.

그림 4 ▶ 국내기업 정보팀 활동

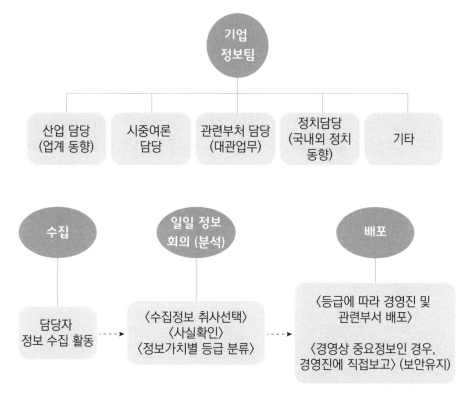

출처: 이상휘, 앞의 책, p. 106.

그동안 국내 대기업들은 비서실, 구조조정본부, 기획실, 지주회사 등을 통해 그룹 계열사를 통제하고, 새로운 사업전략을 수립하는 컨트롤타워 역할을 하였다. 이후 기업의 전문화, 세계화가 가속화됨에 따라 기업들은 제각기 다른 형태의 컨트롤타워를 운영해왔다.

SK그룹은 그룹 내부 최고 의사결정 협의체인 SK수펙스추구협의회를 운영하고 있으며 계열사들에 대한 자율경영을 지원하고 있다. 롯데그룹과 LG그룹은 각각 지주회사인 롯데지주와 ㈜LG를 통해 그룹사업을 지휘하고 있다. 현대자동차 그룹은 기획조정실이 컨트롤타워 역할을 하고 있는데 최근 그룹 핵심사업 간 연계 강화를 통한 미래 모빌리티 그룹으로 전환을 가속하기 위해 GSO(Global Strategy Office)를 신설하였다.[18] GSO는 모빌리티 부문의 컨트롤타워 조직으로 미래전략 방향을 수립하고, 현대차그룹 대내외 문제를 협업화하고 사업화 검증을 담당하는 역할을 담당한다.

LX그룹은 ESG 경영활동을 강화하기 위해 ESG 위원회를 설립하였으며 그룹 전반의 사업경쟁력과 리스크를 관리하기 위한 기구 설립도 추진 중이다.[19] 한편 HD현대그룹은 최고인공지능책임자(CAIO) 직책을 신설하고 신사업 역량을 강화하기 위한 컨트롤타워로 삼으려 한다.[20] 국내에서 가장 광범위한 정보 네트워크를 보유하고 있는 삼성그룹은 이병철 회장 시절부터 그룹 계열사를 효율적으로 관리하거나, 외부환경에 효과적으로 대응하고자 비서실 산하에 정보담당 조직을 설립하였다. 그 이후 명칭이 구조조정본부, 전략기획실, 미래전략실로 변화되었으며, 2017년 미래전략실이 해체되었고, 현재는 삼성전자 TF팀을 중심으로 하여 전자계열, 건설계열, 금융계열 등 3개 부문 TF팀이 운영되고 있다.

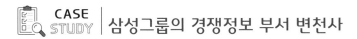

그림 5 삼성그룹 경쟁정보 부서 변천 과정

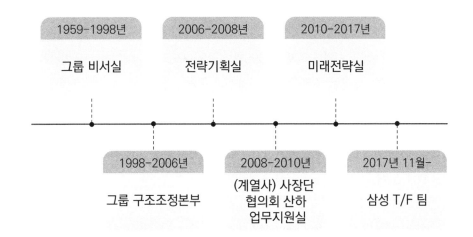

| 1959-1998년 | 2006-2008년 | 2010-2017년 |
| 그룹 비서실 | 전략기획실 | 미래전략실 |

| 1998-2006년 | 2008-2010년 | 2017년 11월- |
| 그룹 구조조정본부 | (계열사) 사장단 협의회 산하 업무지원실 | 삼성 T/F 팀 |

출처: 머니투데이(2017.2.28.) 등.[21]
저자는 이 책에서 삼성그룹 '기업정보 수집부서'의 명칭을 경쟁정보 부서로 명명하였다.

삼성그룹의 컨트롤타워는 오랜 세월 동안 그룹 비서실, 그룹 구조조정본부, 전략기획실, 사장단 협의회 산하 업무지원실, 미래전략실, 삼성전자 TF팀 등으로 명칭이 변화되었다. 비서실은 1959년 고 이병철 회장의 지시로 탄생하였다. 삼성그룹 규모가 확대됨에 따라 계열사의 일을 오너가 직접 챙기기 힘들어지자 비서실을 구성하여 조직을 관리하였다. 처음에는 삼성물산의 과 조직(인원 20명)으로 출발하였다. 비서실이 막강한 파워를 갖게 된 것은 1970년대에 들어와서 삼성조직 규모가 급팽창되면서 비서실 인력이 15개 팀 250여 명으로 확대되었고 기능도 인사 중심에서 감사, 기획, 재무, 국제금융, 경영관리, 정보시스템, 홍보 등으로 다양화되었다.

1987년 11월 이건희 회장이 취임한 이후 자율경영을 강조함에 따라 기능과 역할이 점차 축소되어 비서실 인력이 130명으로 대폭 축소되었다. 1990년 이후 점차 축소된 비서실은 1998년 IMF 체제로 접어들면서 계열사 사업과 인력 구조조정이 그룹 핵심현안으로 등장하자 해체되었다. IMF 관리체제 과정에서 외환위기를 극복하고 삼성그룹 내부사업 조정과 투자 조정 등을 주도하기 위한 목적으로 1998년 구조조정본부로 명칭을 변경하고 법무실,

재무팀, 경영진단팀, 기획팀, 인사팀, 홍보팀, 비서팀 등 7개 실·팀으로 조직을 개편하고 각 계열사에서 파견 나온 147명이 근무하였다. 구조조정본부는 "재계 청와대로 불릴 정도로 정보력이 뛰어나다"라는 평판을 얻었으며 구조조정본부 내 주요 계열사 사장단으로 구성된 구조조정위원회가 격주로 개최되어 신규사업진출, 투자, 사업조정, 구조조정 전략 등을 논의하였다.

2005년에 터진 X파일 사건의 여파로 2006년 삼성은 구조조정본부를 '전략지원팀·인력지원팀·기획홍보팀' 등 3개 팀(99명)으로 축소하고 이름도 전략기획실로 변경하였다. 그룹의 계열사 경영간섭 배제와 독립경영체제를 강화하기 위해 최고 의사결정 기구인 구조조정위원회를 전략기획위원회로 재편하고 그동안 경영현안을 조정했던 기능을 중장기 전략 협의체로 변경하였다. 전략지원팀은 중장기 전략과 신사업 발굴 등 핵심기능과 경영역량 제고를 위한 경영진단 및 컨설팅 업무를 수행하였다.

2008년 삼성 특검수사 등으로 전략기획실이 공식 해체되었고 2008년 4월 이건희 회장이 퇴진하였으며 과도기 체제로 계열사 사장단 협의회가 구성되었다. 사장단 협의회는 업무지원실, 비상근 브랜드관리위원회, 투자조정위원회를 두고 그룹 차원의 의사결정을 신속하게 수행하였다.

전략기획실 소속 인력 대부분이 계열사로 복귀하였으며, 일부 소수인력만 남아 업무지원실에서 협의회를 보좌하였다. 해체된 전략기획실 기능과 역할은 대부분 폐지되었으며, 업종별로 공동의사결정이 필요하고 시너지가 나는 일은 해당 업종의 주력회사인 삼성전자와 삼성생명에서 담당하였다. 2010년 3월 이건희 회장이 복귀하면서 오너 리더십과 그룹조직 복원의 필요성으로 인해 11월 삼성은 전략기획실을 부활시켰다. 당시 일각에서는 이재용 부사장의 3세 경영의 신호탄이며 경영권 승계작업에 속도를 내야 했기 때문이라는 지적도 있었다.

2012년 6월 최지성 부회장이 미래전략실 실장을 맡으면서 이재용 부회장 체제가 시작되었다. 미래전략실은 삼성그룹의 컨트롤타워로 조직 전체의 경영전략, 인사, 홍보 등을 총괄하였고, 그룹 내부 중장기에 대한 투자문제와 함께 태양전지, LED, 의료기기, 제약·바이오, 자동차용 전지 등 5대 신수종 사업 개발을 담당하였다. 삼성SDS와 삼성 SNS 간의 합병, 삼성에버랜드와 제일모직 간의 합병, 삼성종합화학과 삼성석유화학 간의 합병, 삼성중공업과 삼성엔지니어링 간의 합병 등을 주도하였다. 한편 국정농단 사건 여파로 미래전략실은 2017년 2월 해체되었다. 그 이후 각 계열사 경영을 해당 대표이사와 이사회 자율에 맡기고, 매주 수요일에 열리던 그룹 사장단 회의도 폐지되었다. 정부와 국회를 상대로 하는 대관업무 담당 조직도 사라졌다. 삼성은 미래전략실 해체 이후 전자계열, 건설계열, 금융계열 등 3개 부문 TF팀을 통해 삼성그룹을 운영하고 있다.

출처: 동아일보(2015.3.16.) 등 언론기사[22]

❓ Question

여러분은 삼성그룹 경쟁정보 부서의 조직변천 과정을 살펴보았다. 삼성전자가 세계적인 회사로 성장하는 데 경쟁정보 부서의 역할이 지대하였다. 현재 삼성전자가 스마트폰, 메모리 반도체 시장에서 세계 1위를 고수하고 있으나 세계적인 경쟁기업들로부터 도전을 받고 있다. 특히 삼성전자는 TSMC가 장악하고 있는 파운드리 시장에 대한 시장 점유율을 늘리기 위해 집중적인 투자를 하고 있다.

삼성그룹은 미래전략실이 폐지된 이후 T/F팀을 운영하고 있으며, 최근 삼성그룹의 컨트롤타워를 부활시켜야 한다는 필요성도 제기되고 있다. 삼성전자가 직면한 치열한 경쟁상황 속에서 삼성그룹의 컨트롤타워인 경쟁정보 부서의 부활에 대한 의견을 피력해 보세요.

글로벌 기업의 경쟁정보 활동

John E. Prescott & Stephen H. Miller는 2002년에 출판된 저서 『세계 최강기업의 경쟁정보 베스트프랙티스』에서 글로벌 기업의 경쟁정보 활동 사례로 SSI, NutraSweet, Chevron, IBM 등에 대해 다음과 같이 설명하고 있다.

인공감미료 아스파탐 시장에서 독보적인 존재였던 NutraSweet 회장 로버트 플린은 경쟁정보 활동이 자신의 기업에서 의사결정을 잘 내리는 데 많은 공헌을 했다면서 경쟁정보의 가치를 높게 평가하였다. NutraSweet는 아스파탐 특허 만료 시점에서 잠재적 경쟁사에 대한 경쟁정보 활동에 주력하여 큰 성과를 얻었다. 마케팅, 생산, 재무 등 측면에서 경쟁사 활동을 수집하고 분석하는 데 집중하였다. NutraSweet는 경쟁정보팀이 일반부서와 분리된 공식적인 조직이 되어야 하며, 경영진의 참여를 유도해야 한다고 강조하였다. CEO 로버트 플린은 경쟁정보 부서에 대해 두터운 신임을 보여주었으며 경쟁정보 부서의 가치를 잘 인식하는 최고경영자다. 기업에서 경쟁정보팀의 성공 여부는 CEO가 경쟁정보팀을 얼마나 신임하는지에 달려있다.

출처: John E. Prescott & Stephen H. Miller, 김은경·소자영 옮김, 『세계 최강의 경쟁정보 베스트 프랙티스』(Sigma Insight, 2002), pp. 141-150.에서 NutraSweet의 경쟁정보 활동과 관련된 내용을 발췌하여 정리하였음.

SSI(Shell Services International)는 인트라넷의 경쟁정보 지식경영시스템(Knowledge Management System)을 통해 경쟁정보 활동을 전개하였다. SSI가 중점적으로 추진하는 경쟁정보 분야는 신상품 개발, 전략 및 인수합병, 영업·수주 활동, HR과 구인활동, 마케팅 커뮤니케이션 등에 대한 지원 활동이다. 'CI News-To-Go'라는 주간뉴스를 통해 경쟁사와 산업계 동향을 수요자들에게 제공한다. 특히 경쟁사 프로파일링이 가장 중요한데, 경쟁사들의 중요도에 따라 등급을 매기고, 경쟁사들의 장점 및 단점 등 역량을 분석하기 위해 경쟁사들의 활동에 대한 각종 정보를 계속 수집하여 업데이트시킨다. 경쟁사의 실패사례를 수집하여 치명적인 취약점을 찾아내고 경쟁사 프로파일링에 축적한다. 경쟁정보팀은 지식경영시스템에 축적된 자료들을 활용하여 기업의 수주 활동을 지원하는데, 역량을 집중하고 수주 경쟁에서 경쟁사의 반응을 예상하여 대응책을 마련했다. SSI는 자사의 각 부서에서 수집한 경쟁사들에 대한 정보들을 체계적으로 관리하고 있다는 점이 특징이다.

출처: John E. Prescott & Stephen H. Miller, 위의 책 pp. 74-99.에서 SSI의 경쟁정보 활동과 관련된 내용을 발췌하여 정리하였음.

IBM은 1990년대 초반 약 140억 달러의 손실을 보고 전 RJR 내비스코 회장인 거스트너(Gerstner)를 영입하였는데, 신임회장은 IBM의 경쟁정보 활동을 개편하였다. 기존 경쟁정보 활동이 마케팅, 제품개발, 금융 등 사업부서에 집중되어 있으며 각 사업부서는 독립된 경쟁정보 기능을 유지하고 있었고 조직 상호 간 정보교류는 거의 없이 폐쇄적으로 운영되었다. 신임회장은 IBM의 경쟁정보 활동 초점을 경쟁사에 맞추는 것으로 경쟁정보 기능을 재편하였다. 본사의 전략기획부서에서 개편된 경쟁정보 프로그램을 관리하도록 하였으며, 각 부서가 IBM 조직 전체 차원에서 이익을 추구하도록 만들었다. 12개의 주요 경쟁사를 지정하고 각 경쟁사를 전담하는 12명의 중역이 각각 버추얼 경쟁정보팀을 구축하여 경쟁사의 움직임을 책임지고 분석하여 대응책을 마련하도록 했다. 버추얼 경쟁정보팀은 전담 중역을 중심으로 마케팅, 제조, 개발, 영업부서에서 파견된 인력들과 함께 다양한 시각으로 경쟁사를 이해하고, 각 부서 간의 협력체제 구축을 강화하는 데 주력하였다.

출처: John E. Prescott & Stephen H. Miller, 앞의 책, pp. 63-73.에서 IBM의 경쟁정보 활동과 관련된 내용을 발췌하여 정리하였음.

정유업체인 Chevron은 기업 외부에서 빠르게 변화되고 있는 신기술에 대한 모니터링을 강화하기 위해 외부기술감시(External Technology Watch, ETW) 제도를 도입하였다. 이 제도는 쉐브론 기업 내부에서 계획하지 않고 있는 기술을 모니터링하여 기업의 핵심역량에 반영시키고 있는데, 대학, 정부산하기관, 기업 등 외부 기관과 연계하여 기업의 미래 핵심사업을 찾기 위한 장기적인 리서치 프로그램이다. Chevron 경쟁정보 시스템의 특징은 부상하고 있는 신기술을 발견하는 데 특화되어 있다는 점이다.

출처: John E. Prescott & Stephen H. Miller, 앞의 책, pp. 328-339.에서 Chevron의 경쟁정보 활동과 관련된 내용을 발췌하여 정리하였음.

3. 미·중 기술패권경쟁과 4차 산업혁명시대

　세계시장에서는 매일같이 글로벌 기업 간의 경쟁이 치열하게 전개되고 있다. 기존 경쟁자는 물론 새로운 경쟁자, 잠재적 경쟁자들이 끊임없이 우리 기업에 대해 위협을 가해오고 있다. 고객들의 소비 트렌드도 시시각각으로 변하고 있다. 미국과 중국 간의 기술패권전쟁으로 인해 미·중 양국의 기업들뿐만 아니라 다른 나라 기업들까지 영향을 받고 있다. 미국은 중국의 화웨이에 대해 거센 압박을 가하면서 세계 각국의 기업들을 대상으로 화웨이의 정보통신 장비를 구매하지 말 것을 요구하였으며 화웨이는 물론이고 다른 기업들도 의사 결정에 있어 고심하였다.

　코로나19 사태로 세계 경제가 급속하게 위축되었으며, 항공업계도 심각한 타격을 입었다. 글로벌 기업의 경쟁정보 담당자들은 경쟁정보를 수집하는 노하우를 연마해야 할 뿐만 아니라, 경제 동향은 물론 반도체·자동차·스마트폰 등 4차 산업혁명시대의 핵심산업에 대한 기본적인 지식을 갖고 있어야 한다. CEO가 어떤 종류의 기업정보 수집을 요구해 올지 알 수 없기에 평소 자사 전반에 관한 산업환경을 꿰뚫고 있어야 한다. 인터넷, 신문, 전문잡지 등을 통해 해외경제 동향과 경제 지식을 함양하는 것이 좋다.

　일본 소설 『불모지대』의 실제 모델인 세지마 류조는 일본군 참모로서 만주에서 소련군에 포로로 잡힌 후 11년간 포로수용소에 있다가 일본에 돌아왔다. 그는 그동안의 일본 상황을 파악하기 위해 2년간 도서관에서 지난 과거 신문기사를 샅샅이 정독했다고 한다. 세지마 류조는 이토추상사에 입사한 후 중역 시절에 신문읽기 등을 통해 1973년 1차 오일쇼크를 예측하고, 극비리에 석유를 구매하여 이토추상사에 큰 이익을 주었다.[23] 이처럼 기업의 경쟁정보 담당자는 신문, 인터넷 등 공개된 정보를 통해 앞으로 발생할 사태 등을 예측하는 능력을 키워야만 향후 기업의 불확실한 미래 상황에 효과적으로 대응할 수 있다.

코로나19와 언택트 경제 파장

2020년에 들어서 코로나19가 세계 경제에 엄청난 변화를 이끌어 왔다. 이전에는 상상할 수 없었던 경제환경이 전개되어 국내외 기업들이 언택트 산업이라는 새로운 경제환경 변화에 적응해야만 했다. 코로나19가 팬데믹 현상으로 확대되면서 다국적 기업의 제조기지 역할을 해왔던 중국을 비롯해 세계 각 지역에서 공장가동에 차질을 초래했다. 비대면 경제활동이 길어짐에 따라 유통업체에서 큰 변화가 나타나기 시작했다. 소비가 급격하게 위축되었으며, 소비자들은 백화점 등 오프라인 유통업체 대신 아마존과 같은 온라인 유통업체에서 구매하는 추세가 뚜렷하게 나타났다.

니먼 마커스(미국), JC 페니(미국), 갈레리아 카우프호프(독일), 데베넘스(영국) 등 글로벌 유통업체들이 변화된 산업환경에 적응하지 못해 파산하였다.[24] 글로벌 제조기업들은 중국 공장에서 생산 차질이 빚어지자 발 빠르게 제조기지를 다른 국가로 돌렸다. 자동차 기업인 마쓰다는 중국 부품생산 물량을 멕시코로 이전하였으며, 스마트폰 제조업체인 애플도 '에어팟' 생산물량 30%를 중국에서 베트남으로 이전했다. 구글도 차세대 휴대폰 모델을 동남아에서 제조하였으며, 마이크로소프트(MS)도 노트북과 태블릿 PC를 베트남에서 생산하는 조치를 하였다.[25]

한편 미국 IT 기업들은 코로나19라는 복병에도 불구하고, 인수합병을 통해 새로운 기술을 가진 스타트업 인수에 열을 올렸다. 애플은 다크스카이(유료 날씨앱 업체), 보이시스(음성인식 스타트업), 넥스트VR(콘텐츠 제작업체)을, 페이스북은 지오(인도 4G통신사)의 지분(9.99%)을, 인텔은 무빗(모빌리티 서비스)을 인수하였다.[26] 코로나19와 언택트 산업환경은 오히려 IT 기업들에 새로운 사업기회로 작용하였기 때문에 인수합병 사냥에 적극적이었다.

국내업체들도 유사한 위기상황을 겪었다. 제조업체는 물론이고, 관광업체와 항공업체가 심각한 타격을 입었다. 코로나19로 해외여행을 갈 수 없게 되자, 국내 관광업체는 일손을 놓은 상태로 상황이 호전되기만을 기다려야 했다. 한편 대한항공과 아시아나항공을 비롯해 저가 항공사들도 막대한 손실을 보아야만 했으며, 현대산업개발과 제주항공은 각각 아시아나항공과 이스타나 항공 인수를 포기했다. 해외 관광객이 거의 끊기면서 막대한 영업 손실을 보았으나, 시간이 지난 후 대한항공은 화물 운송을 통해 돌파구를 모색하였다. 아시아나항공 매각이 물거품 된 이후 지주사인 산업은행은 대한항공에 아시아나항공 인수를 타진하였고, 대한항공은 경쟁사였던 아시아나항공을 인수하여 사세를 확장하는 기회를 잡게 되었다.

업종 다변화 차원에서 모빌리티 산업에 진출하기를 희망했던 현대산업개발 정몽규 회장의 꿈도 무산되었다. 아시아나항공사가 코로나19로 최악의 경영난에 직면해 있었기에 현대산업개발은 어쩔 수 없이 인수를 포기하였다. 2022년부터 코로나19에 대한 규제가 완화되면서 세계 각국은 정상적인 모습을 찾아가고 있다. 국내에서는 해외 관광에 대한 수요가 급증하여 TV 홈쇼핑에서 관광업체들의 고객유치 활동이 치열하게 전개되고 있다. 그동안 해외에 나가지 못했던 소비자들이 해외 관광에 나서자 관광업체들도 다시 호황기를 맞고 있다.

2020년 국내 유통산업의 선두주자인 이마트·신세계, 롯데마트·롯데백화점 등이 코로나19의 직격탄을 맞게 되었다. 그동안 국내에서 유통업계의 양대 산맥으로 불리던 이마트와 롯데마트가 온라인 혁명으로 힘겨워하고 있다. 소비자들의 발걸음이 예전과 같지 않기 때문이다. 모바일 앱에 익숙한 MZ세대가 오프라인인 대형마트와 백화점을 방문하는 대신 e커머스를 애용하고 있다. 롯데 미래전략연구소의 조사에 따르면 이마트와 롯데마트의 영업이익이 하향 추세를 보여 대형마트가 2018년 494개에서 2028년 328개로 줄어들 것으로 보았고, 백화점도 100개에서 66개로 감소할 것으로 전망하였다.[27]

더욱이 MZ세대의 새로운 소비 취향과 맞물려서 코로나19로 인한 언택트 소비 경향이 더욱 뚜렷해지자 e커머스 업체들의 경쟁력에 효과적으로 대응하지 못하는 대형마트와 백화점들이 고민 속에 빠지게 되었다. 경쟁정보 담당 부서의 주요 역할은 기업들이 산업변화에 발맞춰 신속하게 변신하도록 하는 것이다. 국내 마트와 백화점이 과거 호황기 상황에 익숙해져 모바일 앱이라는 새로운 환경에 적응하는 속도가 느렸다. 온라인 시장의 강자인 아마존 등 e커머스 업체들로 인해 세계적인 백화점들이 소리 없이 문을 닫았다.

유통업계의 대표적인 기업인 월마트도 한때 아마존의 거센 공세에 고전하였으나, 적극적으로 온라인 스타트업을 인수하여 e커머스 사업 분야를 보강하면서 아마존과 치열한 경쟁을 벌이고 있다. 2021년 신세계와 이마트도 뒤늦게 국내 e커머스 상위권에 있던 eBay Korea를 3조 4,400억 원의 거금을 주고 인수하였으며,[28] 순식간에 국내 e커머스 시장에서 네이버, 쿠팡과 함께 힘을 겨루게 되었다. 신세계와 이마트는 전통적인 오프라인 업체의 취약점을 보완하기 위해 기존 e커머스 업체를 인수하는 방법을 선택하였다.

롯데그룹도 디지털 혁신을 위해 롯데마트와 롯데백화점에 대한 대대적인 혁신을 주도하였다. 기존 CEO를 교체하고, 새로운 전문가를 포진시켰다. 코로나19로 인해 경제가 위축되자 소비자들은 중고마켓을 이용하는 횟수가 부쩍 늘기 시작했다. 중고마켓의 시장 규모가 커지고, 당근마켓이라는 스타트업이 소비자들의 주목을 받았다. 2021년 롯데는 e커머스 시장에서의 약세를 만회하기 위해 '중고나라'를 1,150억 원에 인수하여 온라인 중고마켓에 진출하였다.[29] 국내 대표적인 유통업체들이 자체적으로 디지털 트랜스포메이션을 추진하는 대신에 막대한 자금력을 토대로 인수합병을 통해 온라인 시장에 진입하여 플랫폼 시장의 강자로 부상하려는 움직임을 보인다. 플랫폼 혁신 기업들과 전통적인 기업 출신의 경쟁자들 간의 대결이 시작된 것이다.

코로나19 사태 속에서 스타 기업들이 탄생하였다. 실시간 화상회의 전문업체들이 약진하였다. 줌(Zoom)과 같은 기업들이 졸지에 세계적인 IT 강자로 등장하게 되었으며, 안면인식, 드론, 로봇 등이 소비자들의 일상생활을 파고드는 혁신을 이루게 되었다. 이 시기에 중국은 안면인식 기능의 드론과 로봇을 활용하여 감염위험 지역을 순찰하였고, 다른 국가에서도 드론과 로봇을 통해 약품, 생필품을 배달하였다.[30] 전 세계적으로 병원, 호텔, 행사장, 레스토랑 등에서 로봇을 활용하는 숫자가 급증하였다.

음식배달앱이 호황을 맞이하였다. 대문 밖에 나가는 것을 싫어하는 대신 배달앱을 통해 음식을 시키는 소비자들이 늘어났다. 배달앱이 MZ세대의 전용물로 여겨졌으나, 코로나19로 인해 음식배달앱을 선호하는 소비자 계층이 다른 세대로 확대되는 효과를 거두었다. 호황으로 인해 배달 라이더들이 부족하여 음식배달업체 간에 서로 라이더들을 스카우트하는 기현상까지 발생하였다. 2019년 12월 독일계 딜리버리히어로는 국내 최대 음식배달앱 업체인 배달의민족을 4조 8,000억 원에 인수하였다. 실질적으로 딜리버리히어로가 국내 배달앱 시장을 지배하게 되었다.

반면 쿠팡이츠는 틈새시장을 노려 '단건 배달' 전략을 세워 서울 중심으로 시장 점유율을 늘려나갔으며 2021년 8월 GS리테일도 요기요 인수를 통해 배달앱 시장에 진출했다.[31] GS그룹은 정유와 건설을 주력업종으로 하고 있으며, 미니 마트인 GS25를 기반으로 유통업에서 소비자들과 접촉하고 있는 기업이다. 장기적으로 보면, GS그룹은 업종 변신이 필요한 기업이다. 전통적인 파이프라인 비즈니스인 정유산업의 경우, 지금까지는 경쟁력이 있는 사업이었으나 미래환경은 그리 밝지만은 않다. 자동차산업이 전기차로 빠르게 변화하고 있어, 향후 어느 시점에서 내연기관 자동차를 대상으로 한 정유사업을 할 수 없게 될 것이다. GS그룹은 소매점 사업과의 시너지 효과를 창출하고 플랫폼 산업에 대한 교두보를 만들기 위해 음식배달앱 시장 점유율 2위인 요기요를 인수하였다. 현재 국내 배달앱 산업은 배달의 민족, 요기요, 쿠팡이츠 등이 경쟁을 벌이고 있다.

경쟁정보 관점에서 보면, 전통적인 파이프라인 기업의 CEO가 현재 주력사업들이 미래에 사양산업이 될 수 있다는 것을 감지하고, MZ세대가 선호하는 플랫폼 비즈니스에 진입했다는 것은 바람직한 의사결정이다. CEO가 산업환경 변화를 감지하지 못하고 과거와 현재의 좋은 실적에만 만족할 경우, 미래는 상당히 불투명한 상황이 될 수 있다. 코닥의 CEO가 캐쉬카우(Cash Cow)였던 필름산업만을 고수하고 디지털카메라 산업으로 신속하게 전환하지 못해 사라진 것처럼 될 수 있기 때문이다.

미국의 대중국 압박과 경쟁정보

미·중 간의 무역갈등이 본격적으로 시작한 것은 트럼프 정부의 미국 우선주의(America First)가 중국을 겨냥하여 작동되기 시작할 때였다. 트럼프 정부 출범 초기에는 상호 간의 관세 보복 성격이었으나 점차 중국에 대한 트럼프 정부의 견제 정책이 강화되기 시작하였으며, 중국의 대표적 기업인 화웨이가 첫 타깃이 되었다. 그 후 트럼프 정부는 보안·소프트웨어·인공지능·안면인식·네트워크·광학기술 등 다양한 업종에 걸쳐 중국 기업에 대한 제재 수위를 높이기 시작하였다. 중국에서 사용되는 대표적인 SNS 앱들도 트럼프 정부의 목표가 되었다.[32] 위챗(중국판 카카오 메신저), 메이투(사진 보정), 웨이보(중국판 트위터), QQ뮤직(중국판 멜론), 틱톡(짧은 동영상) 등이 타깃이었으나, 이 중 전 세계적으로 사랑을 받는 틱톡을 제외한 대부분이 중국 내부에서 사용되고 있어, 규제 효과가 크지 않다.

그러나 틱톡은 바이트댄스 CEO 장이밍이 만든 SNS이며 사용인구가 15억 명으로 현재 세계에서 가장 인기 있는 SNS이다. 미국에서도 1억 5천만 명의 이용자들이 있으며 특히 청소년들에게 인기가 높다. 트럼프 정부에서 틱톡에 대해 규제를 시도하였으며, 바이든 정부에 들어와서도 틱톡에 대한 규제를 검토하고 있다. 2023년 3월 미 연방하원에서는 틱톡 CEO 추쇼우즈를 불러다 놓고 약 5시간 청문회를 열기도 하였다.[33]

중국 기업 CEO들은 '미국 정부의 대중국 규제가 얼마나 오래 계속될 것이며, 얼마나 많은 산업에 걸쳐 확대될 것인지'를 알고자 할 것이며 미국 제재를 피해 나갈 방법을 고민하고 있을 것이다. 텐센트는 로이스 전 미 하원 외교위원장을 로비스트로 고용하기도 했다.[34] 상당수 중국 IT 기업들은 미 정부의 규제가 시작되기 전부터 미국 증시에 계열사 기업을 상장하거나, 미국 기업들의 지분을 확보하고 있었다. 바이든 정부에 들어와 미 정부의 대중 압박이 고조되고 있어 중국 IT 기업들은 미 정부의 창끝을 피할 대책을 세우는 것이 무엇보다 중요한 일이 되었다.

바이든 정부는 출범한 이후 중국을 압박하기 위해 다양한 조치들을 취하고 있다. 트럼프 정부의 대외정책 특징은 일방주의였으며 동맹국에 불이익을 주는 행동도 하였다. 그러나 바이든 정부의 대외정책은 동맹국들과의 연대감을 구축하면서 다자주의를 통해 반중국 연합전선을 구축하는 데에 노력하고 있다. 쿼드(Quad)와 오커스(AUKUS)를 통해 인도·태평양지역에서 중국의 군사력 팽창을 견제하는 한편, 인도·태평양경제프레임워크(IPEF)를 통해 동맹국과의 경제동맹을 강화하여 중국을 견제하는 협력체도 결성하고 있다. 바이든 정부에서 가장 역점을 두는 것은 '반도체 동맹 칩4'이다. 세계 반도체 산업을 장악하고 있는 한국·대만·일본·미국이 반도체 동맹을 맺어서 중국의 도전을 막아보자는 취지이다. 반도체는 미래산업의 꽃이다.

일반 제조업의 경우 중국이 세계시장을 주도한다고 해도 틀린 말이 아니다. 일상생활에서 중국제품이 없다면 상당히 불편을 겪게 된다. 그동안 중국이 세계 제조공장의 역할을 담당하면서 경제발전을 하였고, 이제 G2 국가로서 미국을 뛰어넘으려고 호시탐탐 기회를 노리고 있다. 미국이 중국의 경쟁력 강화를 허용할 경우, 미국 경제력은 조만간 중국에 의해 역전당하는 결과를 초래할 수 있다. 바이든 정부는 이러한 최악의 상황을 우려하면서 앞으로도 계속 경제적으로나 군사적으로 패권을 주도하기 위해 몸부림치고 있다. 미래사회는 인공지능, 로봇, 자율주행 전기차, 드론을 비롯한 각종 첨단 IT 제품들이 일상생활에서 큰 비중을 차지할 것이며, 이에 따라 반도체의 중요성도 더욱 커지고 있다.

시진핑 정부는 미래산업에서 반도체의 중요성을 일찌감치 깨닫고 중국 스스로 반도체를 자급자족하기 위해 '중국제조 2025'라는 목표를 설정하였으며, 반도체 육성을 위해 엄청난 자금을 집중적으로 투자하고 있다. 중국은 가전제품에서 이미 세계적인 브랜드를 갖고 있다. 하이얼 등 중국 가전업체들은 중국시장뿐만 아니라 세계시장을 겨냥하여 삼성전자, LG전자와 경쟁을 펼치고 있으며, 스마트폰에서도 화웨이, 샤오미, 오포, 비포 등 중국업체들이 삼성, 애플과 세계시장을 놓고 승부를 겨루고 있다. 화웨이의 경우에는 미 정부의 집중적인 제재로 인해 세계 스마트폰 시장에서 3위 자리를 샤오미에 빼앗긴 상태이긴 하나 한때 삼성 스마트폰을 추격하려는 무서운 집념을 보여주었다.

반도체 칩이 제때 공급되지 않으면 스마트폰도 심각한 타격을 입는다는 사실을 화웨이의 사례에서 잘 볼 수 있다. 화웨이에 대한 미 정부의 반도체 칩 수출 제재로 TSMC가 화웨이에 반도체 칩 공급을 중단했다. 세계시장에서 화웨이의 타격이 샤오미와 다른 중국업체들에 반사이익을 주었다. 바이든 정부가 들어서자 경제안보와 글로벌공급망 재편이 화두가 되고 있으며, 글로벌 기업들이 그 영향력을 받고 있다. 기업들이 사업만 잘해서 세계시장을 주도하던 시대는 지났다. 미국과 중국의 패권경쟁으로 인해 기업 CEO들은 미국·중국은 물론이고 다른 국가들의 정책변화 추이를 면밀하게 살펴보아야 하는 상황이 되었다. 강대국들의 기업규제가 한 기업의 운명을 결정할 수 있기 때문이다. 최근 글로벌 기업에서 경쟁정보 부서의 주요 임무는 미국·중국 등 주요 국가들의 정책변화에 대한 모니터링을 잘하는 것이다.

2022년 하반기에 미국과 동맹국 간에 뜨거운 감자였던 전기자동차 보조금과 관련된 인플레이션 감축법(IRA) 문제를 기억할 것이다. 바이든 정부의 전기자동차에 대한 보조금 지급 문제가 한국, 일본, 유럽 자동차 기업들의 반발을 초래해 국가 간의 중요한 문제로 확대되었다. IRA는 미국산 전기자동차의 경쟁력을 제고시키고자 취한 조치였으며, 투자유치를 유도하려는 의도가 담겼다. 그러나 현대·기아차의 시각에서 볼 때 이것은 경쟁력을 약화하는 차별적 조치라는 점에서 매우 당황스러웠다. 현대자동차 그룹은 2022년 5월 바이든 대통령의 방한 시에 미국에 대한 투자계획을 발표하는 등 한·미관계 개선에 적극적으로 협조하였기 때문에 이와 같은 최악의 상황이 발생할 것이라고 예상하지 못했을 수도 있다. 그러나 이 법안은 2022년 8월 바이든 대통령이 서명하기 1년 전에 이미 미국 의회에서 발의된 법안이었다.

경쟁정보 관점에서 보면, 현대차 등 글로벌 자동차업체들은 IRA 법안이 의회에서 발의된 시점부터 관심을 가지고 향후 미칠 파장에 대한 충분한 검토와 대비책을 마련했어야 한다. 최악의 시나리오를 가정하고 대책방안을 미리 찾았어야 했다. 불확실한 미래 상황에 대비해 경쟁정보 담당 부서에서는 조기경보 시스템을 반드시 운영해야 한다.

반도체

세계 반도체 시장을 놓고 경쟁사 간 치열한 각축전이 벌어지고 있다. 메모리 분야는 삼성전자와 SK하이닉스가 시장을 장악하고 있고, 비메모리 시장인 파운드리에서 대만의 TSMC가 선두주자이다. 그리고 미국 기업들은 비메모리 반도체 시장과 반도체 설계 분야인 팹리스(Fabless) 시장을 주도하고 있고, 네덜란드는 반도체 장비에서, 일본은 반도체 중간소재 분야에서 각각 특화되어 경쟁력을 확보하고 있다. 삼성전자는 비메모리 반도체의 위탁가공 분야인 파운드리 시장을 둘러싸고 대만의 TSMC를 따라잡기 위해 발 빠르게 움직이고 있다.

반도체 시장에서 주목받는 중국 기업은 SMIC(파운드리), HiSilicon(팹리스)이다. 최근 글로벌 기업들이 AI 반도체 설계 분야에 진출하고 있다. 애플, 아마존, 구글, 마이크로소프트 등은 직접 반도체 설계를 시작하였고, 2019년 테슬라는 자체 설계한 자율주행용 AI 반도체를 공개하였으며, 알리바바도 반도체 '한광 800'을 출시하였다.[35] 글로벌 IT 기업들은 자사 제품의 경쟁력을 높이기 위해 자체적으로 반도체 설계에 나서고 있다. 이들은 설계한 비메모리 반도체 칩의 생산을 대만의 TSMC와 같은 파운드리 업체에 위탁하고 있다.

삼성은 메모리 분야의 강자이며, TSMC는 비메모리 분야 파운드리 시장에서 2022년 4분기 58.5%의 점유율을 확보하고 있다.[36] 삼성전자는 스마트폰 시장에서 강력한 경쟁자인 애플에 한때 반도체 칩을 공급하였으나, 애플은 삼성전자와의 특허 전쟁 등의 이유로 불편한 동거를 끝냈으며 현재 TSMC가 애플에 반도체 칩을 공급하고 있다. 애플은 세계 스마트폰 시장 1위 자리를 놓고 다투는 경쟁자인 삼성전자에 아이폰의 핵심 칩을 맡기는 것이 불편하였을 것이며, 삼성전자를 대체할 파트너를 찾기 위해 고심했을 것이다. 당연한 일이다. 애플이 TSMC에 끌렸던 매력은 "TSMC는 삼성전자와 달리 경쟁자가 아니라는 점"이다. 고객들이 믿고 맡길 수 있는 신뢰감이 팹리스 업체와 파운드리 업체 간에 가장 중요한 부분이다. 이 점이 TSMC의 큰 장점이며 경쟁사와 차별성을 갖고 있다. TSMC는 다양한 고객들에 대한 보안 유지를 비즈니스의 생명으로 여기며 사업을 하고 있다.

전기차

삼성전자, 현대차, LG전자 등 국내기업들은 브랜드를 갖고 제품을 생산하고 있으나, 대만의 TSMC와 폭스콘은 각각 반도체, 스마트폰 분야에서 위탁생산 업체로서의 명성을 얻고 있다. 폭스콘은 애플 아이폰을 위탁생산하면서 경쟁력을 확보하고 있으며 이제 전기자동차의 생산까지 추진하고 있다. 2020년 12월 말부터 해외언론에서 "애플이 자율주행 전기차 시장에 진출해 애플카를 출시한다"라는 기사가 보도되었다. "애플이 전기차를 위탁 생산할 파트너를 찾고 있다"라는 소문이 돌았으며, "한국의 현대차와 협상을 하고 있다"라는 기사가 언론에 수없이 게재되기 시작하였다.[37]

경쟁정보 관점에서 살펴보면 애플은 스마트폰 제조를 폭스콘에 위탁 생산하였듯이, 전기차 생산에서도 디자인·설계 등 주요 부분을 직접 담당하고, 생산은 제조 능력이 검증된 자동차업체에 위탁하는 전략적 제휴를 추진할 것이라는 의견이 지배적이었다. 세계 자동차업체들이 애플의 움직임에 촉각을 세우고 애플의 전기차 시장진입에 따른 파장과 이해득실을 계산하기에 분주했을 것으로 본다. 현대차도 마찬가지였을 것이다. 애플과의 전략적 파트너십이 세계적인 자동차회사인 현대차의 이미지에 도움이 될 것인지, 전기차 시장의 선두주자로서 과연 어떠한 영향을 받을 것인지 등 다각적으로 분석하였을 것이다. 한때 현대차 대신 기아차가 애플과의 협력을 추진할 것이라는 소문도 돌았었다. 기아차가 애플의 위탁사로 지정될 경우, 독자적인 브랜드를 구축하는 데 어려움이 생길 것은 분명하다. 자동차 시장의 선두 업체들이 모두 애플과의 전략적 제휴에 쉽게 응할 것 같지는 않았다. 마침 폭스콘 회장이 전기차 시장에 진출하겠다고 선언했기에 폭스콘이 애플카를 위탁 생산할 가능성을 배제할 수는 없다.

향후 전기차 시장은 춘추전국시대가 될 것이다. 현재 테슬라가 자동차업계 시총 1위를 기록하면서 전기차 시장을 이끌어 가고 있으나, 새로운 경쟁자들이 뛰어들어 치열한 경쟁을 벌일 것이 틀림없다. 조만간 자율주행 전기차 시대가 다가올 것이기에 글로벌 업체들의 경쟁정보 활동도 가장 활발하게 전개될 것이다. 한때 세계 가전 시장을 주름잡았던 소니가 2022년 1월 "전기차 시장에 진출하겠다"라고 발표하여 세상을 깜짝 놀라게 하였다.[38] 소니는 일본 자동차업체인 혼다와 전략적 제휴를 맺고 새로운 회사를 만들기로 하였다. 혼다의 자동차 제조기술과 소니의 전자·소프트웨어 능력이 합쳐진 작품이다. 소니는 자신의 소프트웨어 능력을 뒷받침해 줄 확실하게 검증된 자동차 제조업체가 필요했고, 혼다도 자신들이 부족한 소프트웨어 부문을 채워줄 파트너를 원했던 것이다. 윈-윈의 절묘한 조합이었다.

일본 기업들은 현대차나 미국의 GM·포드, 유럽의 폭스바겐 등의 경쟁자들에 비해 전기차 시장진입이 상대적으로 늦은 감이 있었다. 세계에서 가장 큰 전기차 시장은 중국이다. 중국에는 수많은 전기차 기업들이 군웅할거하고 있으며 테슬라도 중국 상하이에 기가팩토리를 운영하고 있다. 중국 정부가 전기차 육성정책을 적극적으로 추진한 덕분에 현재 중국 전기차 산업이 경쟁력을 갖게 되었다. 중국 시장이 개방된 지 40년이 지났다. 그동안 세계 유수의 내연기관 자동차업체들이 중국업체와 합작형식으로 중국 시장에 진입하였으나 전기차업체인 테슬라는 독자적으로 진출하였다.

내연기관 자동차의 역사는 100년이 넘는다. 중국 정부는 내연기관 자동차 산업에서 서방 자동차업체들의 경쟁력을 뛰어넘기가 쉽지 않다는 것을 일찌감치 인식하고, 상대적으로 진입장벽이 낮은 전기차 분야를 국가 주력산업으로 선정하여 보조금 지원 등을 통해 중국업체들의 경쟁력을 키웠다. 테슬라 CEO 일론 머스크는 전기차 시대를 앞당기기 위해 테슬라가 보유한 전기차 기술을 오픈소스하였다. 중국업체들이 테슬라의 기술공개에 따른 혜택을 보았다.

전문가 일각에서는 전기차를 이렇게 단순하게 설명한다. "스마트폰에 바퀴만 달면 전기차가 되는 것 아닌가?" 실제로 그렇게 간단하지는 않다. 그러나 엔진을 비롯해 내연기관 자동차의 복잡한 부품들이 사라지기에 전기차의 핵심인 배터리만 확보한다면 비교적 쉽게 전기차 시장에 진입할 수 있다. 심지어 스타트업이 3D 프린터로 전기차를 제조하는 시대가 왔다. 가전제품 업체나 IT업체, 자동차 부품업체, 물류업체를 비롯해 다양한 산업의 강자들과 신생 스타트업들이 전기차 산업에 뛰어 들어오고 있다. 기존 내연기관 자동차 강자들도 테슬라의 약진에 자극을 받아 일찍부터 전기차 생산 준비에 박차를 가해왔으며, 유럽의 대표적인 자동차 회사인 폭스바겐은 전기차업체로 변신하기 위해 2019년부터 로고를 변경하기 시작하였다.[39]

전기차는 간편해진 자동차 속에서 다양한 소프트웨어를 즐기는 개념으로 진화하고 있다. 미래는 자율주행 전기차 시장이 주도할 것이다. 구글은 자회사인 웨이모를 설립하여 상용화 단계에 접어들었다. 현재 다양한 산업 출신의 기업들이 자율주행 기술개발에 각축전을 벌이고 있다. 최근 TV에서 방영되는 자동차 광고를 보아도 미래사회의 변화를 짐작할 수 있다. 사람들은 무인자동차 속에서 다양한 소프트웨어를 통해 엔터테인먼트를 즐기게 된다. 미래사회는 자동차산업과 OTT 시장, IT업체 등 수많은 산업이 연계된 복합적인 산업이 출현할 것이다. 그것이 우리가 기대하고 있는 자율주행 전기차 시대이다.

이제 기업들은 자신이 경쟁하고 있는 산업뿐만 아니라 전혀 다른 산업에서도 경쟁업체들이 나타나고 있다는 점을 유의해야 한다. 글로벌 기업들은 경쟁정보 조직을 잘 활용해야만 현재의 경쟁자만 아니라 미래의 잠재 경쟁자까지 발견하여 그 대비책을 마련할 수 있다.

대만 반도체 업체 TSMC

지난 2022년 5월 바이든 미국 대통령이 한국을 방문하였다. 바이든 대통령은 오산 비행장에 내려 평택에 있는 삼성전자 반도체 공장으로 바로 달려갔다. 윤석열 대통령과 이재용 삼성전자 부회장이 바이든 대통령 일행을 맞이하였다. 반도체 업체들은 치열한 경쟁에 따른 보안 유지 차원에서 반도체 공장의 내부모습을 좀처럼 외부에 알리지 않는다. 그러나 삼성전자는 바이든 대통령과 윤석열 대통령에게 반도체 공장 내부를 상세하게 설명하였고 공장견학 장면을 외부에 공개하였다. 삼성전자는 한국과 미국 간의 경제안보 협력관계를 더욱 돈독하게 만드는 가교역할을 하였으며, 반도체 선두기업으로서 삼성전자의 이미지를 세계에 알리는 홍보 효과도 얻었다. 삼성전자는 바이든 대통령의 글로벌공급망 재편 구축에 발맞추어 새로운 공장을 텍사스주 테일러시에 세우겠다고 발표하였다. 경쟁정보 활동에서 기업의 Publicity도 중요한 업무 중 하나이다.

바이든 정부가 추진하는 글로벌공급망 재편의 골자는 미국의 경쟁력을 제고시켜 중국과의 패권경쟁에서 주도권을 잡는 것이다. 이를 위해 파운드리 공장, 전기차 배터리 공장, 바이오 공장을 미국에 집중시켜 안정적인 공급망을 확보하기를 원하고 있다. 바이든 정부는 삼성전자와 TSMC에 반도체 공장을 미국에 세워달라는 적극적인 구애를 해왔다. TSMC와 삼성전자는 글로벌 반도체 공급망의 핵심이다. 중국 정부는 미국에 핵심이익을 늘 강조해 왔으며, 대만과의 통일문제를 중요한 현안 중 하나로 언급해 왔다. 안보 전문가 일각에서는 "중국이 2027년 안에 대만을 침공할 것이다"라는 전망을 하고 있다.[40] 미국은 지정학적 측면에서 대만의 중요성을 잘 인식하고 있다.

그러나 미국이 대만을 중요시하는 다른 측면이 있다. 대만의 삼성전자인 TSMC 때문이다. 미래산업의 핵심인 비메모리 반도체 분야에서 파운드리 세계 1위인 TSMC의 글로벌공급망에 차질이 초래된다면, 자동차·아이폰은 물론이고 IT업체들에 심각한 문제가 생기게 될 것이다. 중국이 대만을 침공하지 못하도록 TSMC가 방패막이 역할을 하고 있다. 바이든 정부는 반도체 공급망이 한국과 대만에 집중되고 있는 것이 무척 부담스럽다. 한국과 대만이 유사한 안보 상황을 갖고 있기 때문이다. 한국은 북한의 핵 공격 위협을 받고 있으며, 대만도 중국의 침공을 우려하고 있다. 따라서 바이든 정부는 반도체 공급망을 한국과 대만이 아닌 미국에 집중시켜 안정적인 공급망의 주도권을 잡겠다는 생각이다.

삼성전자는 중국에 있는 기존 공장에 추가적인 투자를 해야 할 것인지, 아니면 미국에 계속 공장을 설립해야 할지, 또는 한국에 집중해야 할 것인지를 놓고 고심하고 있다. 그 이유는 최근 바이든 정부가 중국을 대상으로 반도체 장비 수출·반도체 기술이전·투자 등을 금지하고 있기 때문이다. 삼성전자, TSMC의 최고경영자들은 회사의 운명이 달린 전략적 의사결정을 내리는 과정이 점점 더 복잡해지고 있다. 경쟁정보 담당 부서의 임무도 많아지고 있는데 향후 예상되는 최악의 상황과 문제점을 수집·분석하여 그 대책을 CEO에게 제출해야 하기 때문이다.

전기차 제왕 테슬라

2020년 9월 테슬라의 일론 머스크는 '배터리 데이'에서 주주들에게 향후 테슬라가 추진하는 자율주행 전기차 생산과 배터리 개발에 관해 설명하였다. 테슬라는 2021년과 2022년에도 인공지능과 휴머노이드 로봇에 대한 설명회를 진행하였다. 매년 자동차업계에서는 테슬라의 새로운 사업계획과 신기술 발표에 관심을 보여왔다. 테슬라가 전기차 시장의 선두주자이며 혁신 기업이기 때문에 후발주자들로서는 당연히 선발기업인 테슬라의 경쟁력에 대해 궁금한 것이다. 일론 머스크와 테슬라 간부들이 대거 출동하여 신기술과 향후 사업 플랜에 대해 설명하고, 질문에 답변해 준다. 경쟁사들은 물론 주주, 전문가, 소비자들도 테슬라의 변화되고 있는 모습을 알고자 한다.

전기차 후발주자들은 테슬라를 벤치마킹하여 향후 자사의 전략을 수립하기도 한다. 현재 테슬라가 관심 있는 분야는 전기차 배터리의 효율성을 높이는 것이다. 전기차의 가장 핵심적인 요소이기 때문이다. 내연기관 자동차에서는 엔진이 가장 중요하지만, 전기차에서는 배터리가 가장 중요하며 경쟁력을 좌우한다. 테슬라는 자율주행 기술개발을 위해서도 꾸준히 노력하고 있다.

2022년 발표회에서 일론 머스크는 휴머노이드 로봇에 대한 계획을 발표하여 눈길을 끌었다. 전기차 회사인 테슬라가 뜬금없이 로봇에 진출하는 것이 도대체 무슨 의미인지 사람들은 의아하게 생각했다. 혁신적인 기업가인 일론 머스크는 스페이스X를 설립하고 달 탐사와 달여행의 선두기업으로 인류의 오랜 꿈을 실현하기 위해 달리고 있다. 또, 트위터를 인수하여 사람들의 입방아에 오르기도 했으며 비트코인에 대한 언급으로 테슬라 주가도 출렁이게 하였다. 일론 머스크는 새로운 사업에 대한 도전 의지와 선견지명이 있는 CEO이다.

일부 CEO들은 현재 경쟁력과 입지에 만족하여 변화하는 산업환경을 제대로 파악하지 못해 어려움을 겪는 경우가 생긴다. CEO의 눈을 가리는 맹점(Blind Spots)이 있기 때문이다. 흔히 한 분야에서 성공한 CEO들은 앞으로도 계속 성공할 것으로 착각하는 경향이 있다. 이러한 CEO는 과도한 자신감으로 인해 현실감이 떨어진 의사결정을 할 가능성이 있다. 코닥, 폴라로이드, 블록버스터 등의 CEO들이 대표적인 사례이다. 이러한 CEO의 맹점은 현재는 물론 미래에도 계속 일어날 수 있다.

전기차 배터리 시장

전기차 배터리 시장은 매우 수익성이 높은 분야이다. 전기차 시장이 커질수록 전기차 배터리 시장도 함께 커지고 있다. 전기차 배터리 시장에 대한 전망이 좋은 만큼 경쟁도 치열하다. 현재 중국·한국·일본 기업들이 시장을 선점하고 있다. 전기차 제조업체와 전기차 배터리업체는 안정적인 시장확보를 위해 치열한 셈법을 가지고 전략적 제휴를 다양하게 맺고 있다. 전기차 배터리업체들은 바이든 정부의 글로벌공급망 재편작업으로 인해 미국에 투자를 늘리고 있다. 중국의 전기차 배터리업체들도 바이든 정부의 대중국 규제정책을 의식하여 미국업체들과 합작 투자방식을 통해 미국 본토에 공장설립을 추진 중이다.

중국은 세계 1위의 전기차 시장이며 다음이 미국, 유럽 순이다. 미국의 대중국 압박이 더욱 거세지고 있는 상황에서 한국 배터리업체들은 섣불리 중국에 공장을 지을 수 없다. 그 이유는 중국 현지 시장에는 토종 업체들이 시장을 장악하고 있는 데다, 바이든 정부의 대중국 규제조치도 의식해야 하기 때문이다. 현재 미·중 간의 갈등구조에서 미국 자동차업체들과의 전략적 제휴를 모색하는 것이 가장 안정적인 해결방안이다. 그러나 향후 상황이 또 어떻게 변화될 것인지 아무도 예측할 수는 없다. 불확실한 미래 상황에 대해 시나리오를 세워 기업 리스크를 줄이는 대응방안을 모색하는 것이 현명하다.

2020년 5월부터 7월 간에 국내 전기차업체인 현대차와 전기차 배터리업계 3인방인 LG 에너지솔루션, 삼성 SDI, SK이노베이션 사이에서 흥미로운 사건이 벌어졌다. 현대차 CEO인 정의선 수석부회장이 5월 삼성 SDI를 방문하여 이재용 부회장을 만났으며, 6월 LG 에너지솔루션 공장에서 구광모 회장을 만났고, 7월 SK이노베이션 공장에서 최태원 회장을 만났다.[41] 이 모습은 경쟁 정보 관점에서 매우 중요한 의미를 부여한다. 정의선 당시 수석부회장은 본격적으로 전기차 생산체제로 전환하기 위한 사전포석으로 국내 전기차 배터리업체 총수들과 접촉을 통해 전략적 제휴를 모색하는 자리였다.

세계적인 전기차업체로 발돋움하기 위해서는 무엇보다 배터리 공급망의 안정적인 확보가 필요하다. 국내에 세계적인 전기차 배터리 회사가 3개 업체씩이나 있다는 점에서 현대차는 다른 나라 경쟁사들보다 유리한 환경에 있으며, 이를 최대로 활용하기 위해 국내 대기업 총수 간에 협조 관계를 구축하려는 의도를 보였다. 국내 배터리 3사도 제각기 글로벌 자동차업체들과 공급망에 대한 전략적 제휴를 추진하고 있다. 미국에 공장을 설립하고 있는 국내 배터리업체들은 현지에서 미 자동차업체들과의 공급망 구축을 위해 전략적 제휴를 맺어 놓고 있다. 글로벌 전기차업체와 전기차 배터리업체 간에는 상호의존 관계 속에서 경쟁력을 키울 것이며, 최상의 공통분모를 찾기 위해 노력하고 있다. 기업들 간에 전략적 제휴 관계를 추진할 경우, 상대방 CEO에 대한 프로파일링이 중요하다. 상대편 CEO의 관심사가 무엇이고 어떤 비전을 갖고 있으며, 어떤 로드맵을 추진하고 있는지에 대해 사전에 파악할 수 있다면, 전략적 제휴를 유리하게 성공적으로 체결할 수 있을 것이다.

4차 산업혁명시대

지금 우리는 4차 산업혁명시대라는 거대한 물결 속에서 새로운 변화를 맞이하고 있다. 가정에서부터 소리 없는 기술혁명이 일어나고 있다. 인공지능 앱에 질문하여 음악과 다양한 정보를 쉽게 들을 수 있고, 집 밖에서 스마트폰을 활용하여 전구나 각종 가전제품을 자유롭게 작동할 수 있는 세상이다. 중국집이나 피자집에서도 로봇이 자장면이나 피자를 배달해주고 있다.

글로벌 기업들도 디지털 트랜스포메이션을 위해 노력하고 있다. 세계적인 가전제품 회사였던 GE도 중국 하이얼에 가전사업 부문을 매각하고 소프트웨어 회사로 변신하였다. GE의 경쟁사는 가전제품 업체들이 아니라 SAP, IBM, 오라클, 액센추어 등 소프트웨어 업체들로 바뀌게 되었다. GE는 가전제품에서 경쟁력이 떨어질 것을 미리 예견하고, 전망이 좋은 소프트웨어 부문으로 주력 사업을 전환하였다. 세계 최대 컴퓨터 제조업체로 명성을 날렸던 IBM도 2014년 중국 레노버에 PC 사업을 매각했고, 빅데이터와 클라우드 컴퓨팅 분야의 선도기업이 되기 위해 노력 중이며 클라우드 부문에서 아마존 등과 경쟁을 벌이고 있다.

2007년 애플의 아이폰이 출시되기 전까지만 해도 세계 1위 휴대폰 제조업체였던 노키아는 스마트폰 시장이라는 새로운 산업환경을 제대로 인식하지 못해 휴대폰 사업을 마이크로소프트(MS)에 매각하는 수난을 겪었다. 한때 전성기를 맞이했던 글로벌 기업들이 갑자기 자취를 감추는 사례도 있다. 추격해오는 후발 경쟁사들의 제품 품질, 신기술, 마케팅 능력으로 인해 선두주자 자리를 뺏기는 광경도 발생한다. 시장에서 선두주자들은 환경변화에 맞게 변신하는 것이 중요하다. 경쟁정보는 선두주자들이 산업환경 변화에 맞추어 끊임없이 변신하도록 주변 환경을 사전 탐지하는 역할을 담당한다. 또한, 후발주자들이 선발주자의 장점을 벤치마킹하고, 자신의 약점을 보완하여 선발주자의 시장을 빼앗도록 유도하는 임무도 수행한다. 선두기업이나 후발주자 업체들은 경쟁정보 담당 부서의 중요성을 인식해야 하며, 기업의 레이다 역할을 담당할 수 있도록 적극적으로 육성해야 한다. 곤충은 더듬이가 손상되면 생존할 수 없다. 주변 환경을 잘 읽지 못하기 때문이다. 기업에서 경쟁정보의 역할은 곤충의 더듬이와 같이 중요한 기능을 담당하고 있다.

4차 산업혁명시대에서 각국 정부의 역할도 대단히 중요하다. 자국의 경쟁력을 확보하기 위해 미국은 최근 글로벌공급망 재구축을 추진하고 있다. 바이든 대통령은 인플레이션 감축법(IRA) 등을 통해 자국 전기차의 활성화를 도모하고 있다. 서방의 많은 국가는 4차 산업혁명의 물결에 적극적으로 대응하고 있다. 각종 규제를 철폐하고, 스타트업 활성화를 위한 환경을 조성하고 있다. 미국과 중국에서 수많은 스타트업이 탄생하는 이유는 정부의 적극적인 뒷받침이 있기 때문이다. 1865년 영국에는 붉은 깃발법이 있었으며 그 후유증이 심각했다. 자동차가 마차를 앞지르지 못하도록 자동차 속도를 제한하여 자동차산업 발전을 묶어두었기 때문이다. 영국의 폐쇄적인 정책으로 인해 자동차산업의 주도권이 미국과 독일에 넘어가게 되었다.

우버, 에어비앤비, 위워크 등 세계적인 스타트업이 미국에서 탄생할 수 있었던 배경도 미국 정부와 지방자치 당국의 친기업적인 태도 덕분이었다. 스타트업이 새로운 분야에 도전할 수 있도록 기회와 환경을 마련해주었기 때문에 현재 수많은 스타트업과 유니콘들이 미국에서 탄생하고 있다. 중국에서도 승차공유, 공유자전거, 음식배달앱 등 다양한 분야에서 스타트업이 탄생하였다.

우리나라의 경우, 2020년 타다 금지법이 국회에 통과되어 우버와 같은 승차공유 사업을 할 수 없게 되었다. 승차공유 사업은 미래 모빌리티 사회에서 매우 중요한 역할을 할 수 있다. 일부 전문가들은 "미래 자동차산업은 승차공유와 자율주행 자동차로 재편될 것이다"라고 전망하고 있다. 국내 스타트업들이 많이 탄생하여 글로벌 비즈니스 모델로 발전할 수 있도록 정부에서 적극적으로 지원하고 환경을 조성해 주어야 한다. 국내시장이 비좁기 때문이다. 모든 스타트업이 국내시장에만 초점을 맞출 경우, 국내시장은 포화상태가 될 것이다. 정부는 국내 스타트업이 글로벌 비즈니스 모델로 성장할 수 있도록 여건을 마련해 주어야 한다. 경쟁정보는 글로벌 기업뿐만 아니라, 중소기업, 스타트업에도 유용한 도구이다.

COMPETITIVE
INTELLIGENCE

Chapter **02**

경쟁정보 수집

1 경쟁정보 수집

2 경쟁정보 Cycle과 출처

3 경쟁정보 수집 테크닉

4 경쟁정보형 비즈니스맨

5 성공적인 인수합병(M&A)을 위한 경쟁정보

6 글로벌 기업의 특허전쟁

7 기업의 위기관리 전략

1. 경쟁정보 수집

경쟁정보는 Competitive Intelligence라고 부른다. 경쟁정보 활동은 기업의 경쟁력을 확보하기 위해 경쟁사들이 과거 무엇을 하였으며, 현재 어떤 전략과 경영활동을 하고 있고 향후 산업변화에 따라 어떤 방향으로 변화할 것인지에 대한 정보를 수집하고, 분석하여 대책을 마련한 이후 최고경영자(CEO)에 보고하는 것이다. 최고경영자는 경쟁정보 부서에서 보고한 각종 보고서를 신뢰해야 하며, 기업의 운명을 좌우할 각종 전략적 의사결정에 활용한다. 기업의 규모에 따라 수집과 분석 활동을 함께하거나, 분리해서 실시하기도 한다. 경쟁정보 담당 부서 실무자들은 경쟁정보 활동에 필요한 기초적인 자질과 능력을 갖추어야 한다. 이들은 대개 해당 업무에 대한 지식을 보유한 경력 직원들로서 마케팅, 생산, 특허, 전략 등 다양한 부서에서 파견되어 경쟁정보 활동을 수년간 수행한 이후 소속 계열사나 해당 부서로 복귀하거나 경쟁정보 부서에서 지속해서 경력을 쌓기도 한다.

경쟁정보 부서 담당자들은 경쟁정보 Cycle과 경쟁정보 활동 메커니즘을 숙지해야 하며 회사 내에서 일정 기간 OJT 기간을 마친 이후 현장에 투입된다. 국가정보(National Intelligence)를 취급하는 CIA 등 정보기관에서도 수집하는 첩보 출처의 90%를 공개된 자료에서 확보하고 있다.[42] 나머지는 휴민트(HUMINT), 시긴트(SIGINT) 등 다양한 방법으로 보완하고 있다. 경쟁정보 업무를 수행하는 데 있어 국가정보와 가장 큰 차이점은 산업스파이 활동을 하지 않는다는 점이다. 정보기관 요원들이 국가정보를 수집하는 과정에서 필요에 따라 불법적인 활동도 은밀하게 자행하는 모습을 첩보영화에서 종종 보게 된다. 그러나 기업활동에 있어 경쟁정보는 산업스파이 활동이 아니다. 합법적이고 도덕적인 경계선 안에서 추진되어야 한다.

경쟁정보 부서 직원들은 인터넷을 비롯한 다양한 공개 출처를 효과적으로 활용하는 능력을 지니고 있어야 한다. 공개된 다양한 출처를 통해 확보된 첩보들을 적기에 수집하여 보고해야 하며, 필요에 따라 휴민트 활동도 한다. 때때로 공개 출처로는 알 수 없는 경쟁사들의 은밀한 동향을 확보하기 위해서는 휴민트 활동을 통해 다양한 소스를 개척하여 정보를 확보해야 한다. 이러한 활동을 수행하기 위해서는 꽤 많은 시간을 투자해야 한다. 평상시에 다양한 분야에 걸쳐서 인맥을 구축하고 협조자와의 신뢰감 구축에 심혈을 기울여야 한다. 적절한 분석기법을 활용하여 수집된 정보를 분석한 후, 경쟁사의 전략 방향 등을 예측하고 대응전략을 마련해야 한다.

경쟁정보 담당자는 일반적으로 경쟁사 동향을 확보하기 위해 촉각을 세우지만, 자사에서 제공하는 서비스와 상품을 구매하는 소비자의 기호를 모니터링하는 일도 중요하다. 소비자 트렌드를 파악하는 활동도 기업의 경쟁력을 제고시키는 일이며 미래사회를 주도해 나갈 기술변화를 예측하는 것도 경쟁정보 활동에서 중요한 역할이다.

세계 각 지역에서 글로벌화가 확산되고 있기에 기업들이 국내시장 변화나 국내 경쟁사들의 동향만을 파악하는 것은 별 의미가 없다. 국내외 시장이 통합되고 있으며, 전 세계적으로 매일같이 엄청난 신기술과 제품들이 쏟아져 나오고 있어 글로벌 시장을 목표로 글로벌 경쟁사의 동향을 파악하는 데 초점을 맞추어야 한다. 세계 주요지역에 있는 소비자 요구에 대한 조사 활동도 필요하다. 이미 삼성전자, 현대차, 기아차, LG전자 등 대표적인 국내기업들은 글로벌 시장에서 글로벌 소비자를 목표로 삼아 글로벌 경쟁자들과 경쟁을 벌이고 있다.

몇 년 전부터 ESG에 대한 기업들의 관심이 부쩍 높아지고 있다. 세계적인 투자자들은 투자대상 기업들이 얼마나 효과적으로 ESG 활동을 하는지 평가하여 투자 여부를 결정하고 있다. 기업들은 투자유치를 위해 자체적으로 ESG 중 자신들이 가장 잘할 수 있는 부문을 선정하거나, 주요 투자자들이 중요시하는 ESG 활동을 중심으로 기업환경을 개선하고 있다. 경쟁정보 부서는 경쟁사들의 움직임과 투자자들의 요구사항을 평소에 면밀하게 관찰해야 한다. 기업들은 ESG 활동 중에서 세계적인 트렌드인 환경부문에 관심을 기울이고 있다. 최근 MZ세대 소비자들도 기업의 ESG 활동을 회사의 상품이나 서비스를 구매하는 데 중요한 기준으로 삼고 있다.

유통·패션업계는 기업 이미지를 높이기 위해 친환경적인 기업활동에 더욱 관심을 쏟고 있다. 세븐일레븐은 중고나라의 중고 직거래를 통해 폐기 임박한 상품을 저렴하게 판매하고 있으며, 현대백화점은 온라인으로 '리그린관'을 개설하고 환경보호와 연관된 상품을 팔고 있다. 한편 해외 백화점에서도 중고매장을 입점시키는 추세를 보인다. 프랑스의 쁘렝땅 백화점은 중고상품을, 영국의 셀프리지 백화점은 중고패션을, 독일의 카르슈타트 백화점은 중고패션과 리빙을 제각각 입점시켰다. 한편 국내 온·오프 유통업체들은 중고거래에 열을 올리고 있다. 현대백화점은 중고거래 전문관인 '세컨드 부티크'를 오픈하였고, 롯데쇼핑은 중고거래 플랫폼인 '중고나라'를 인수하였으며, 신세계는 중고거래앱 '번개장터'에 투자하였고, 네이버는 명품 중고거래 플랫폼인 '시크'를 자체적으로 출시하였다.[43]

기업들이 주로 친환경 분야에 집중적인 관심을 보이는 이유는 다음과 같다. ESG 활동 중 거버넌스는 자칫 기업 오너의 경영활동을 제한할 수 있어 조심스러운 반면, 친환경 부문은 세계적인 트렌드이자 MZ세대 소비자들의 반응도 좋기에 선호하고 있다. 특히 코로나19로 세계 경제가 위축되어 중고상품에 대한 소비자들의 구매가 증가했기 때문이기도 하다. 국내 중고거래 시장 규모는 2008년 4조 원에서 2022년 20조 원으로 껑충 뛰어올랐다. 중고거래 플랫폼 거래도 2022년 기준으로 당근마켓이 1조 원, 번개장터가 1조 3천억 원, 중고나라가 5조 원을 기록하였다.[44]

경쟁정보 활동이 기업의 매출실적을 증가시키는 데 이바지한 사례를 살펴보자. 프랑스 패션업체 생로랑의 CEO인 프란체스카 벨레티니는 한때 어려움을 겪었던 생로랑을 10년 만에 10배나 성장시키는 놀라운 기록을 보여주었다. 그녀가 생로랑을 급성장시킨 비법은 세계 트렌드의 중심인 한국을 수시로 방문하는 것이었다. 그녀는 이렇게 말하고 있다. "한국 거리만 보아도 전 세계 트렌드 변화를 감지할 수 있다. 불과 2~3개월 전과 비교해 또 다른 스타일이 보인다."[45] 프란체스카 벨레티니뿐만 아니라 세계 유명 패션업체들의 수석 디자이너들도 세계 각국의 소비자 트렌드를 파악하기 위해 매년 수차례씩 정기적으로 뉴욕, 파리, 밀라노, 동경, 북경, 서울 등 전 세계 주요 도시를 방문하여 소재, 디자인, 콘셉트 등의 트렌드를 파악한 후 본사로 돌아가서 새로이 출시할 신상품에 반영하고 있다.

그림 6 경쟁정보(CI) 생산 Cycle

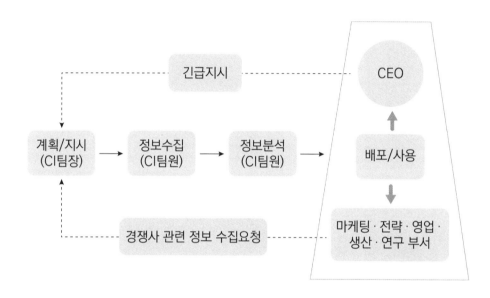

경쟁정보 생산 절차

여러분은 앞에서 경쟁정보 수집 활동을 위한 기초적인 개념과 세계 경제 동향 등에 대해 학습하였다. 이제 경쟁정보를 생산하는 사이클을 이해하고, 경쟁정보 수집계획서를 작성하는 방법과 경쟁정보를 수집하는 활동에 필요한 소스(Source)를 발굴하는 방법에 대해 알아보자.

경쟁정보는 기획, 수집, 분석, 배포(보고) 등 4단계로 구분되며 4단계 사이클이 순환하면서 경쟁정보 활동이 발전되는 것이다. 경쟁정보팀에서는 CEO나 경영진, 영업부서, 연구부서 등의 경쟁정보 수집 요구사항을 근거로 정보수집을 기획하게 된다. 정보수집 요구사항이 갑자기 많아질 때는 CEO의 지시사항이나 회사 내 긴급사항을 우선 처리한다. 수집기획 단계에서 꼭 명심해야 할 것은 우선순위를 정해야 한다는 것이다. 수집계획서에 들어갈 항목들은 정보요구사항, 정보 타깃, 정보 소스, 담당자, 수집일정, 수집방법, 보고계획 등이 포함된다. 대부분 정보는 공개정보에서 파악할 수 있으며, 공개정보에서 파악할 수 없는 부분은 사람을 통해서 파악한다. 이러한 방법을 휴민트(HUMINT)라고 한다.

정보요구사항(Needs)이란 경영진이나 영업부서 등에서 경쟁사 CEO, 시장환경변화, 경쟁사 전략, M&A 대상기업, 새로운 시장진입에 대한 타당성 여부 등 다양한 분야에 걸쳐 중요한 판단을 하기 위해 정보를 알고자 하는 것이다. 정보 타깃이란 내가 원하는 정보를 가지고 있는 대상이다. 예를 들면 다음과 같다. 우리 회사가 경쟁우위를 확보한 시장에 과연 경쟁사가 새로이 진입할 것인지는 경쟁회사의 소수 인원만이 해답을 알고 있다. 경쟁사 CEO는 회사에서 최종 의사결정을 내리는 인물이며 궁금증을 해결해줄 열쇠를 쥐고 있기에 가장 확실한 타깃이다. 경쟁사에서 CEO 이외에도 핵심 임원이나 실무 담당자들도 회사 내부 움직임을 알고 있을 가능성이 있다.

정보 소스란 정보 타깃에 접근할 수 있는 인물이다. 타깃인 경쟁사 CEO를 잘 알고 있는 인물들을 소스로 활용하여 접근할 수 있다. 예를 들면, 컨설턴트, 대학교수, 전문가, 신문기자 등 경쟁사 CEO의 주변에 있는 인물 중 소스를 찾아내는 것이다. 한편 CEO 인터뷰 내용, 강연회 내용, 연차보고서, 출판물 등 다양한 경로를 통해 경쟁사의 비전·전략·핵심기술 등에 대한 경쟁사 CEO의 의도를 파악할 수 있다. 경쟁정보 수집 일정은 요구사항의 긴급성에 따라 달라진다. CEO의 긴급 지시사항은 가능한 빠른 기간 내에 수집 활동을 마치고, 분석과정을 통해 신속하게 보고해야 한다. 수집 활동은 식사 약속, 전시회 및 강연회 참석 등 다양한 방법을 통해 추진된다. 보고방법은 메모, 브리핑, 일일 정보보고, 주간보고 등 회사 내부 보고시스템 사정에 따라 달라진다.

경쟁정보(CI) 수집계획서 작성

표 3 ▸ CI 수집계획서 사례

a. 해당부서:

b. 수집목적:

c. 특별지시사항:

d. 수집 유의사항:

1. 정보요구사항	경쟁사 K사의 신제품 개발 및 출시 동향 파악
2. 정보 타깃 및 소스	타깃: K사 기술개발팀 oo 이사, 마케팅팀 oo 이사 소스: 업계 컨설턴트 L 이사
3. CI 담당자	CI팀 김oo 대리
4. 수집기간	2023.10.5.~10.10.
5. 수집방법	업계 컨설턴트인 L 이사와 접촉(만찬)
6. 보고계획 (날짜/방법)	10.12. 주간보고 형태로 보고

　　기업에서 경쟁정보를 수집하기 위해서는 먼저 경쟁정보(CI)팀 내에서 담당 직원이 수집계획을 작성한다. 수집계획서의 주요 내용은 수집목적, 특별지시사항(SRI), 수집 유의사항과 함께 영업부서, 마케팅 부서, 기술개발 부서 등 일선 현장 부서에서 경쟁정보팀에 보내온 일상적인 정보수집 요구사항이 있을 것이다. 긴급하거나 매우 중요한 특별지시사항 등이 참고로 수집계획서에 명시되어야 한다. CI팀 담당 직원은 정보요구사항을 충족시키기 위해서 정보를 어디에서 수집해야 할지를 결정해야 하고, 정보 소스와 함께 수집기간을 명시하여 정보수집 난이도에 따라 수집기간을 달리한다. 수집방법에 있어 휴민트 방법을 사용할지, 각종 자료 등에 의존할 것인지를 결정해야 하며 수집 활동에 필요한 예산도 작성한다.

　　현지를 방문하기 위해 비행기·고속전철 등의 교통편을 이용한 장거리 출장도 있을 수 있다. 보고계획은 언제쯤 어떠한 방식으로 보고할 것인지를 결정해야 한다. 기업마다 제각각 보고방식이 다르기에 일일보고, 주간보고 등 보고방식도 미리 생각해 두는 것이 현명하다. 시간을 다투는 사건이 발생했을 경우, 브리핑이나 메모·전화도 가능하다. 경쟁정보 수집계획서를 작성할 때에 실제로 접근 가능한 타깃, 소스에 대해 잘 생각해보고, 어떻게 타깃에 접근할 것인지, 어떤 소스를 활용해야 할지를 곰곰이 따져보아야 한다. 수집계획서 작성을 올바로 한다면 수집 활동과정에서 원하는 정보에 수월하게 접근할 수 있게 된다.

담당자는 수집계획서를 작성한 후 경쟁정보 책임자에게 검토를 맡아 수집계획이 효과적으로 잘 작성되어 있는지에 대한 조언을 받는다. 경쟁정보팀 책임자는 오랜 기간 경쟁정보 활동 경험을 쌓아왔기에 담당 직원이 미처 생각하지 못한 점들을 발견하고 완벽한 수집계획서를 작성하는 데 도움을 준다.

경쟁정보 출처 개발

경쟁정보 활동에서 출처(Source) 개발은 매우 중요한 과정이다. 어떤 기업이 경쟁사에 대한 정보를 얻기 위해서 가장 먼저 해야 할 일은 어디서, 어떻게 접근해야 하는지에 대한 고민이다. 그러나 고민할 필요는 없다. 먼저 내 주변 사람들을 통해서 알아보면 어떨까? 동창, 선후배, 회사 출입 신문기자, 고향 친구 등의 전화번호를 찾아본다. 일반적으로 여러분이 가장 손쉽게 할 수 있는 것은 인터넷을 통해 경쟁사의 최근 동향이나 CEO 관련 기사 등을 검색해 보는 것이다. 분석가들의 블로그, 경제잡지, 각종 인터넷 신문에서 나온 기사들이 즐비할 것이다. 출처를 통해 경쟁사와 관련된 공개자료를 수집하면 경쟁사에 대한 큰 윤곽을 발견할 수 있다. 산업분석가들의 분석자료를 통해 최근 경쟁사가 직면하고 있는 문제점이나 새로운 시장에 진입하고 있다는 등의 실마리도 찾을 수 있게 된다. 신문, 잡지, 책, 분석가 리포트 등 비교적 손쉽게 발견할 수 있는 2차 자료를 토대로 얻고자 하는 정보에 대한 로드맵을 그려본다. 희미하게나마 경쟁사의 최근 동향에 대한 그림을 그릴 수 있게 된다.

그림 7 경쟁정보(CI) 출처

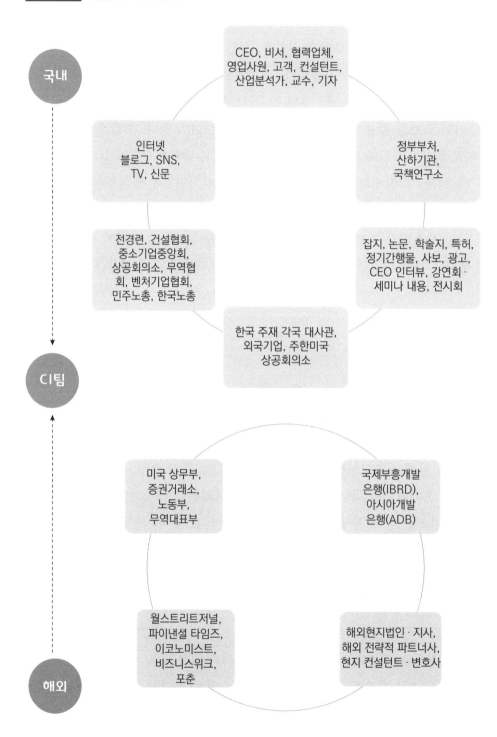

그러나 아마추어가 아니라 전문가인 경쟁정보 담당자들이 이 정도의 공개된 정보만을 가지고 상사에 보고할 수는 없다. 이것만으로는 충분치 못하다. 1차 소스 수집에 대한 도전을 시도해야 한다. 여기서 1차 소스와 2차 소스의 차이점을 구별해보자. 처음 시도했던 2차 소스는 경쟁사에 대한 정보를 선택적으로 걸러서 개인주관에 따라 가공한 것이다. 이에 반해 1차 소스는 그 자체가 가공되지 않고 그대로 남아 있는 것이다. 각종 행사에서 언급한 경쟁사 CEO의 연설문이나 인터뷰 등에서는 경쟁사 대표의 경영전략이나 철학 등이 그대로 녹아 있어, 경쟁사의 향후 행보 등을 예측하는 데 필요한 단서가 된다. 대통령이 매년 연두 기자회견을 통해 국정 전반에 걸쳐 대통령의 철학이나 추진하려는 정책 방향을 설명하는 것을 볼 수 있다. 기업도 마찬가지다. CEO가 신년도 시무식 행사나 각종 대외행사에서 기업의 미래비전에 대해 발표하는 것을 발견한다. 우리는 CEO의 활발한 대외활동에 대한 관찰을 통해 그 기업의 향후 중점 방향에 대해 예측할 수 있다.

연차보고서나 증권감독원의 각종 보고서에는 경쟁사의 재무제표에 대한 객관적 데이터가 나와 있기에 이를 바탕으로 경쟁사의 경쟁력도 가늠해 볼 수 있다. 회사 홍보잡지에서도 최근 회사의 내부 분위기와 동향을 파악할 수 있다. 재무제표는 경쟁사가 신기술 개발과 신규시장에 진입할 수 있는 재무적 능력이 있는지를 판단할 수 있는 단서를 제공한다. 재무제표상에서 매년 심각한 적자를 보고 있는 회사일 경우, 신기술 개발이나 신규시장 진입을 위한 재원 동원력이 쉽지 않기 때문이다. 반도체 시장에서 세계시장을 점유하고 있는 최고 기업들의 재무제표를 보면 매년 엄청난 수익을 보고 있다는 것을 쉽게 알 수 있으며, 이 기업들이 수익을 활용하여 또다시 신규 반도체 제품개발에 엄청난 투자를 할 것이라고 예상하는 것은 당연하다. 정부 문서를 통해서도 경쟁사 동향을 알 수 있다. 정보공개법을 활용하여 각종 정부 문서를 합법적으로 활용할 수 있다.

경쟁정보 활동에서 가장 중요한 것은 휴민트 활동이다. 휴민트는 사람과의 접촉을 통해서 중요한 정보를 얻는 활동이다. 앞서 설명했듯이 CIA는 국가정보를 수집·분석하는 작업에 있어서 정보출처의 90%를 공개정보에 의존하고 있다. 경쟁이 치열한 민간 산업에서도 경쟁사 정보를 파악하는 데 공개정보를 잘 활용하면 된다. 그러나 공개정보만으로는 경쟁사의 핵심정보를 파악하는 것이 어려울 때가 있어 기업에서도 휴민트 활동이 필요한 것이다.

기업의 휴민트 활동에서 가장 주의해야 할 문제는 윤리적이고 합법적인 행동을 통해 정보를 파악해야 한다는 것이다. 이 점이 산업스파이 활동과 분명한 차이가 드러나는 부분이다. 경쟁정보 활동과정에서 만일 산업스파이 활동을 하다 발각될 경우, 회사의 대외적 이미지가 실추됨은 물론 당사자들은 법적 처벌을 받게 되는 심각한 상황에 빠지게 된다. 휴민트 활동에서 꼭 명심해야 한다.

정부의 경제 관련 부처는 주요 산업에 대한 정책을 수립하기 때문에 산업환경 변화에 막대한 영향을 미칠 수 있다. 따라서 정부 부처와 관련된 대관업무가 중요하다. 기업들은 업종별로 있는 각 협회에서 동종 업체들과의 정보교류를 통하여 산업 전반에 대한 최근 동향을 파악할 수 있다. 경제연구소는 국책경제연구소와 민간경제연구소로 구분된다. 국책연구소에서는 전문가들이 국내외 경제 및 산업에 대해 분석보고서를 작성하고 있어 도움을 받을 수 있다. 대덕연구단지에도 기술 관련 국책연구소들이 있어 기술개발 동향 등에 대한 전문가들의 견해를 얻을 수 있다.

대기업 계열사 및 협력업체들도 훌륭한 정보 소스가 될 수 있다. 대기업들이 계열사들을 갖고 있어, 그룹 내부 계열사들과의 정보 네트워크를 효과적으로 활용할 경우, 경쟁사들에 대한 정보를 손쉽게 얻을 수도 있다. 대기업 경영진은 공적 및 사적 모임 등을 통해 교류 활동을 하고 있다. 사적인 모임에서 CEO들 간에는 산업 동향에 대한 개인적인 견해를 허심탄회하게 밝힐 수도 있으며 특정 기업에 대한 고급정보도 공유할 가능성도 있다. 비서실 직원들은 CEO의 최측근 인물로 CEO 동선을 가장 잘 알고 있는 내부 직원들이다. 이들은 CEO와 관련된 기업 내부정보를 많이 알고 있을 가능성이 크다.

고객은 우리 상품에 대한 정확한 피드백을 줄 소스일 뿐만 아니라, 경쟁사의 제품에 대한 정보도 갖고 있다. 소비자는 제품·서비스에 대한 철저한 시장조사를 통해 회사별로 장·단점을 파악한 후 최종적으로 구매를 위한 의사결정을 하게 된다. 협력업체, 다시 말하면 공급업체들도 유익한 정보 소스가 된다. 자동차산업과 전자제품 산업의 경우 수많은 부품 공급업체들이 존재하며 공급자·구매자 관계를 형성하게 된다. 보통 부품 공급업체들은 A라는 구매업체뿐 아니라 B·C라는 다른 구매업체들에도 부품을 공급하고 있기에 구매업체들의 내부사정에 대한 정보를 갖고 있다. 공급업체를 통해 경쟁업체에 대한 기업정보를 자연스럽게 파악할 수 있다.

경쟁사의 전직 임직원들도 정보 소스로 활용할 수 있다. 그러나 윤리적이나 법적인 문제에 휘말리지 않도록 조심해야 한다. 기업 간의 기술경쟁이 치열한 상황 속에서 경쟁사의 전직 임직원들을 스카우트한다면 자칫 산업스파이 활동으로 의심받을 수 있으며, 법적 소송으로 비화하는 상황도 종종 발생하고 있다. 기업 내부적으로 경쟁사의 임직원 영입문제와 관련한 뚜렷한 윤리지침을 규정하는 것이 경쟁정보 활동에 많은 도움이 될 수 있다. 해외에서 글로벌 기업들은 내부적으로 윤리규정을 만들어 직원들이 지나친 행동을 하지 않도록 사전에 방지하고 있다.

경쟁사 정보를 파악하기 위해 자사의 내부 직원들을 활용하는 방법이 가장 손쉬운데도 불구하고, 기업들은 그 중요성을 간과하고 있다. '경쟁정보' 활동이라는 단어를 연상해 볼 때, 마치 영화 〈미션 임파서블〉에서 주인공으로 나오는 톰 크루즈나 전설적인 첩보영화 〈007시리즈〉에 나오는 주인공 제임스 본드를 떠올릴 수 있다. 영화의 멋진 장면과 같이 기업 외부에 있는 정보 소스를 확보하는 데 많은 돈을 쓰면서 수단 방법을 가리지 않고 타깃에 접근하여 정보를 훔치는 것도 상상할 수도 있다. 그러나 이 장면은 영화에서 나올 뿐 경쟁정보 활동에서는 적절하지 않다.

경쟁사의 정보가 미처 내가 알지 못한 장소에서 먼지 속에 쌓여 있다는 사실을 모르는 경우가 다반사이다. 경쟁사 정보는 멀리 있는 것이 아니며, '우리 회사 어느 곳인가에 있다'는 사실을 직시해야 한다. 영업직원, 연구개발 담당 직원, 기술직 직원들이 경쟁사의 정보를 파악하고 있는데도 회사 차원에서 효율적으로 활용하지 못하고 있다. 영업직원은 소비자를 직접 접촉하기 때문에 가장 정확하게 소비자 동향을 알 수 있다. 오래된 영업사원들의 경우, 영업활동을 위해서 경쟁사 영업활동에도 자연스럽게 관심을 기울이게 된다. 그들은 개인적인 친분을 통해서 동종업계 경쟁사의 제품이나 영업활동의 장·단점을 파악하고 있다. 기술직이나 연구개발 담당 직원들도 마찬가지다.

새로이 경쟁정보 전담팀을 설치할 경우, 경쟁정보 매니저가 가장 먼저 해야 하는 작업은 산업·경쟁사·소비자·기술 동향을 파악하고 있는 영업, 기술, 마케팅팀 등의 직원들과 정보 네트워크를 구축하는 일이다. 경쟁정보팀과 이들 간의 자연스러운 정보교류 활동이 향후 경쟁정보팀의 성공 여부를 결정하는 시금석이 된다.

전문가들과의 접촉을 통해 자문을 얻는 것도 필요하다. 산업전문가와 컨설턴트는 산업 전반에 걸친 예리한 분석을 통해 향후 산업전망과 경쟁사의 움직임을 파악한다. 전기차 배터리, 스마트폰, 자율주행, AI, 로봇 등 첨단기술의 경우, 해당 기술에 정통한 이공계 교수들을 만나 최신 기술 동향에 대한 설명을 듣는 것도 좋은 방법이 될 수 있다. 경제 신문기자의 경우, 다양한 산업 분야를 전담하면서 취재 활동을 해온 경험이 있어 산업 동향 및 경쟁사의 움직임에 대한 소식도 먼저 알고 있을 수 있다.

경쟁사 CEO들의 주요발언 사례

경쟁정보 활동에 있어 경쟁사 CEO의 각종 발언과 움직임에 대해 지속적인 모니터링을 해야 한다. 그 이유는 경쟁사의 전략을 최종적으로 결정하는 인물인 경쟁사 CEO가 어떤 생각을 하고 있는지를 분석해 보아야 하기 때문이다.

글로벌 기업 CEO들의 주요발언 사례를 모아 보았다. 그들의 발언을 통해 경쟁사 기업이 향후 어떠한 방향으로 움직일 것인지를 가늠해 볼 수 있을 것이다. 이 책에서 언급한 사례를 참고해 보고 여러분의 경쟁사 CEO의 움직임에 대해서도 파악해 보기 바란다.

? Question

Case Study에서 제시한 경쟁사 CEO들의 주요발언 내용 등을 토대로 CEO 프로파일링(Profiling)을 직접 해보고, 기업들의 미래전략에 관해서도 설명해 보세요. 여러분이 다양한 기업들의 CEO에 대한 프로파일링 과정에서 그 기업에 대한 통찰력을 배양하길 바랍니다.

1. SK그룹 회장 최태원, '2021 CEO 세미나' 폐막 스피치
2. SK그룹 회장 최태원, 2023년 SK실트론 공장 투자 협약식
3. 삼성전자 회장 이재용, 2019년 삼성전자 화성캠퍼스
4. 삼성전자 부회장 한종희, 2023년 'CES 2023' 기자간담회
   2022년 정기 주주총회
5. 현대차그룹 회장 정의선, 2023년 타운홀 미팅방식 신년회
6. LG그룹 회장 구광모, 2022년 디지털 신년사 영상
7. LG그룹 회장 구광모, 2019년 LG 인화원 사장단 워크숍
8. 롯데그룹 회장 신동빈, 2023년 신년사
9. HD현대 사장 정기선, 2023년 라스베이거스 기자 회견
10. 네이버 CEO 최수연, 2023년 포시마크 상견례 및 사내 설명회
11. 포시마크 CEO 마니시 샨드라, 2023년 실리콘밸리 인터뷰
12. 샤오미 CEO 레이쥔, 2020년 창립 10주년 발표
13. 샤오미 CEO 레이쥔, 2021년 봄 절기 신제품 발표회
14. 테슬라 CEO 일론 머스크, 'Tesla AI Day 2022'
15. 애플 CEO 팀 쿡, 2017년 영국 인디펜던트 인터뷰
16. 애플 CEO 팀 쿡, 2021년 인터뷰
17. 아마존 CEO 앤디 재시, 2022년 메모
18. 인텔 CEO 패트릭 겔싱어, 2023년 다보스 세계경제포럼(WEF)
19. TSMC CEO 웨이저자, 2022년 위산 과학기술협회 주최 포럼
20. 도요타 CEO 도요타 아키오, 2022년 기자 인터뷰
21. 폭스바겐 CEO 토마스 쉐퍼, 2023년 라스베이거스 CES
22. 소니그룹 회장 겸 CEO 요시다 켄이치로, 2022년 CES

SK그룹 회장, 최태원

2021년 10월 22일 이천 SKMS 연구소에서 열린 '2021 CEO 세미나' 폐막 스피치에서

"딥체인지 여정의 마지막 단계는 ESG를 바탕으로 관계사의 스토리를 엮어 SK가 지향하는 것이 무엇인지 간명한 그룹 스토리를 만드는 것이다. 이를 통해 '빅립(Big Reap 더 큰 수확)'을 거두고 이해관계자와 함께 나눠야 한다. 2030년 기준 전 세계 탄소 감축 목표량(210억t)의 1% 정도인 2억 톤(t)의 탄소를 SK그룹이 줄이는 데 이바지해야 한다. 앞으로 생각보다 매우 빨리 탄소 가격이 톤당 100달러를 초과할 뿐 아니라 지속 상승할 것이다. 향후의 사업계획은 지금과는 전혀 다른 조건하에서 수립해야 하며 탄소발자국 '제로'에 도달할 수 있는 사업모델로의 진화와 첨단 기술개발에 모든 관계사의 역량을 집중해야 한다. 석유화학업종을 주력으로 사업을 영위해 온 SK가 지금까지 발생시킨 누적 탄소량이 대략 4.5억t에 이르는데 이를 이른 시일 내에 모두 제거하는 것이 소명이다. 미래 저탄소 친환경 사업의 선두를 이끈다는 사명감으로 2035년 전후로 SK의 누적 배출량과 감축량이 상쇄되는 '탄소발자국 제로'를 달성할 수 있어야 할 것이다. 사회적 가치는 결국 구성원의 행복과 이해관계자의 행복이다. 2030년 30조 원 이상의 사회적 가치 창출을 목표로 지속 성장해 나가야 한다. 이 사회 중심 시스템 경영으로 더욱 투명해져야 한다. 여러 도전은 있겠지만 글로벌 최고 수준의 지배구조 혁신을 이뤄내자."[46]

SK그룹 회장 최태원

2023년 2월 1일 구미 SK실트론 공장에서 열린 투자 협약식에서

"2020년 이후에 경상북도에 투자한 금액이 1조4천억 원으로, 향후 4년간 5조5천억 원을 그룹에서 더 투자하려고 계획하고 있다. 반도체와 배터리 소재, 그 다음에는 백신 등 주요 전략사업에 투자를 계속할 것이다. 이번 증설 투자는 2조3천억 원 규모 프로젝트로 구미 지역 내 최대다. 웨이퍼 생산시설 투자와 초순수 국산화 프로젝트는 SK실트론뿐만 아니라 대한민국 반도체 공급망 안정화와 경쟁력 강화에 아주 소중한 자산이 될 것이다. 이번 투자가 끝나

면 글로벌 2등으로 올라설 것으로 확신하고 있다. 최선의 노력을 다해서 좋은 회사를 만들고 국가 경제에 이바지하겠다."[47]

삼성전자 회장 이재용

2019년 4월 30일 삼성전자 부회장 시절 삼성전자 화성캠퍼스에서

"'시스템 반도체 비전 2030'에 따라 메모리 반도체에 이어 파운드리를 포함한 시스템 반도체에서도 확실히 1등을 하겠다."[48]

삼성전자 부회장 한종희

2023년 1월 6일 'CES 2023' 기자간담회에서

"올해 안에 'EX1'이라는 보조 로봇을 출시할 계획이다. EX1을 중심으로 시니어 케어와 운동 보조기구 등 여러 로봇사업을 제시하겠다."[49]

2022년 3월 정기 주주총회에서

"신사업 발굴 첫 행보는 로봇사업이며 로봇을 고객 접점의 새로운 기회 영역으로 생각하고, 전담조직을 강화해 로봇을 신사업으로 추진하고 있다."[50]

사례 5   현대차그룹 회장 정의선

2023년 1월 3일 현대차 · 기아 남양연구소 타운홀 미팅방식 신년회에서

"2023년을 '도전을 통한 신뢰와 변화를 통한 도약'의 한 해로 삼아, 어려운 환경을 극복하고 보다 나은 미래를 향해 함께 나아가려 한다. 기존의 관성을 극복하고, 계속해서 변화하는 능동적인 기업문화를 조성해야 한다. 현실에 안주하지 말고 새로운 목표를 가지고 시도해야

한다. 코로나19 여파에 금리와 물가가 상승하고 환율 변동 폭이 커졌을 뿐 아니라, 러시아-우크라이나 전쟁과 같은 지정학적 리스크가 더해지며 경제 불확실성이 더욱 커지고 있다. 시장을 선도하는 퍼스트 무버가 되기 위해 최고의 인재를 영입하고 기술을 개발하는 데 투자를 아끼지 않겠다. 그룹의 미래 성장 동력을 확보하기 위해 다양한 사업 영역에서 도전하고 있다. 자율주행 분야에서는 국내에서 고속도로 자율주행(레벨3)이 가능한 차량을 출시하고, 북미에서는 레벨4 기술이 탑재된 로보택시 상용화를 실시할 계획이다. 사람과 사물의 이동 목적에 부합하는 PBV 차량을 본격적으로 시장에 선보이고, 항공 이동 수단인 AAM 프로토타입 기체도 개발하여 모빌리티 서비스 프로바이더로서의 리더십도 구축해 나갈 것이다. 로보틱스 랩과 보스턴 다이내믹스 그리고 AI 연구소 간의 긴밀한 협업을 통해 인류의 복지와 편의를 지원하는 인간 친화적인 제품 공급의 밸류체인을 꾸준히 완성해 나가도록 하겠다."[51]

<table>
<tr><td>사례 6</td><td>LG그룹 회장 구광모</td></tr>
</table>

2022년 12월 20일 디지털 신년사 영상에서

"2023년은 여러분이 LG의 주인공이 돼 '내가 만드는 고객 가치'를 찾는 한 해가 됐으면 한다. 이를 위해 구성원 각자의 고객은 누구이고 그 고객에게 전달하려는 가치는 무엇인지 생각해보자. 저의 고객은 LG의 이름으로 고객 감동을 만들어 가는 여러분이며, 모든 고객 가치 크리에이터 한 분 한 분이 고객 감동의 꿈을 펼칠 수 있도록 돕는 것이 제가 만드는 고객 가치이다."[52]

<table>
<tr><td>사례 7</td><td>LG그룹 회장 구광모</td></tr>
</table>

2019년 9월 24일 경기 이천시 LG 인화원에서 열린 사장단 워크숍에서

"디지털 트랜스포메이션이 더 나은 고객 가치를 창출하는 핵심 수단이다. L자형 경기침체 등 지금까지와는 다른 양상의 위기에 앞으로의 몇 년이 생존을 좌우할 수 있는 중요한 시기

이다. 디지털 트랜스포메이션이 더 나은 고객 가치를 창출하는 핵심 수단이자, 우리의 경쟁력을 한 차원 끌어올리기 위해 꼭 필요한 변화이다. LG가 성장하는 데 필요한 근본적이고 새로운 변화를 위해 사장단께서 몸소 '주체'가 되어, 실행 속도를 한 차원 높여달라. 제대로, 빠르게 실행하지 않는다면 미래가 없다는 각오로 변화를 가속화해 달라."[53]

사례 8 롯데그룹 신동빈 회장

2023년 1월 2일 신년사에서

"전 세계적으로 시장의 변동성과 불확실성이 그 어느 때보다 높아지고 있다. 팬데믹 재발에 대한 우려, 금리 인상과 인플레이션, 강대국 간의 패권경쟁 등 '영구적 위기(Permacrisis)' 시대의 도래는 우리가 당연하게 해왔던 일과 해묵은 습관을 되돌아보게 한다. 앞으로는 철저하게 리스크를 대비하고, 새로운 영역의 미래 성장 동력을 확보하기 위해 끊임없이 변화하고 노력해야 한다. 단순히 실적 개선에 집중하기보다 기존의 틀을 깨부수고 나아가겠다는 의지가 중요하다. 다양한 시도를 통해 혁신하고 체질을 개선해 가자. 미래 지향적으로 사업 포트폴리오를 재편하고 계속 도전하다 보면 그 속에서 미래를 개척할 수 있는 실마리를 찾을 수 있다. 메디컬, 바이오 등 헬스앤웰니스 분야와 모빌리티, 수소와 친환경 사업에 투자를 진행하며 도전을 시작했다. 앞으로 이 분야에서 선도기업으로 나아갈 수 있도록 핵심역량을 쌓아가는 것이 무엇보다 중요하다. 역동적인 마음가짐과 유연한 사고를 할 수 있는 기업문화가 필요하다. 과감한 판단과 빠른 시도, 주체적인 행동으로 격변하는 경제 상황에 대비하자. 조직 내 활력을 불어넣을 수 있는 젊은 리더십과 외부에서의 새로운 시각을 적극적으로 수용하는 마인드도 필요하다. 롯데는 ESG 경영선포식을 통해 환경과 사회에 책임을 다하는 합리적이고 투명한 경영으로 지속 가능한 성장을 약속했다. 지난해 중소 파트너사들의 해외 판로 개척을 위해 유통 계열사들이 함께 힘을 모아 노력한 것처럼, 진정성을 가지고 이들과 같이 성장할 방법을 찾기 위해 고민해야 한다."[54]

2023년 1월 4일 라스베이거스 만달레이베이 호텔 기자 회견에서

"HD현대는 퓨처빌더(Future Builder)로서 바다의 근본적 대전환, 즉 '오션 트랜스포메이션'을 통해 인류 영역의 역사적 확장과 미래 세대를 위한 지속 가능한 성장에 앞장서겠다. 늘어나는 전 세계 에너지 수요를 해양 자원으로 충당할 수 있다. 에너지 기술과 최첨단 해양 플랫폼을 활용해 바다를 '재생에너지 신개척지'로 만들 생각이다. 바다의 잠재력은 24조 달러(약 3경 원)가 넘는다. 근본적인 대전환이라는 비전을 통해 새로운 방식으로 바다를 활용하는 '발견의 새 시대'를 열겠다. '오션 트랜스포메이션'은 단순히 기술적인 측면만을 이야기하는 것은 아니다. 현재 인류가 직면한 지구의 위기를 지혜롭게 해결하고, 자연과 계속 공존할 수 있도록 바다를 바라보는 관점을 바꿔야 한다는 뜻이다. 스마트 모빌리티 선박과 해상 데이터 통합 등을 통해 바다를 더욱 안전하고 예측 가능한 곳으로 만들 계획이다. 수소를 비롯해 소형모듈원자로(SMR), 연료전지 기술을 활용해 선박에 에너지를 공급하고 해양 에너지 클러스터로 발전시키겠다. 재생 가능한 자원을 활용해 친환경 제품을 만들고, 미래 산업용 고부가 복합소재를 개발할 것이다. 수소·바이오 등 청정에너지 사업을 통해 지속 가능한 에너지로의 전환도 추진하겠다. 글로벌 환경 규제 강화로 친환경 선박 수요가 지속해서 증가할 것으로 예상한다. 한국 조선업엔 기회가 될 것이다. 올해 조선 계열사 3사의 수주 목표는 지난해 174억 4,000만 달러보다 줄어든 157억 달러이다."[55]

네이버 CEO, 최수연

2023년 1월 9일 샌프란시스코 레드우드시티에 위치한 포시마크 오피스 상견례 및 사내 설명회에서 (1월 5일 네이버가 미국 1위 중고거래 플랫폼인 포시마크를 인수)

"네이버는 스마트스토어를 비롯해, 웹툰부터 블로그까지 수많은 창업자와 크리에이터들이 활동하는 생태계를 만들었고, 포시마크는 다양한 셀러들이 모여있는 플랫폼인 만큼, 다양성이라는 철학과 가치를 공유하고 있다. 포시마크가 그동안 쌓아온 고유의 브랜드 정체성을 유

지하면서 네이버와 협업해 나간다면, 네이버의 기술·사업 시너지가 더해져 '원 팀'으로 빠르게 자리매김할 수 있을 것으로 기대된다."[56]

포시마크 CEO, 마니시 샨드라

2023년 1월 12일 캘리포니아 실리콘밸리 레드우드시티에서 인터뷰 내용

"네이버의 검색, 콘텐츠 기술을 기반으로 서비스를 고도화하고 사용자 경험을 대폭 개선할 것이다. 네이버의 기술력을 접목하면 아시아 시장진출 같은 성장 기회를 잡는 데 도움이 될 것이다. 이를 기반으로 패션 리커머스(중고거래)의 글로벌 리더가 될 것이다. 네이버와 포시마크가 사용자 커뮤니티를 중시한다는 공통점을 찾을 수 있었다. 포시마크에선 판매자들끼리 서로 팔로우하며 의사소통하고, 서로의 물건 정보를 공유한다. 전 세계 판매자들의 옷장을 서로 연결하는 것이 우리의 비전이다. MZ 세대는 중고 물품에 대한 큰 거부감이 없고, 중고거래를 돈을 아끼는 좋은 방법으로 인식하고 있다. 중고거래가 환경에도 좋은 방식이라고 본다."[57]

사례 12 │ 샤오미(小米) CEO 레이쥔

2020년 8월 창립 10주년을 맞아 발표한 3가지 원칙

"샤오미는 향후 10년간 핵심 전략인 '스마트폰x AIoT'를 업그레이드할 것이다. 처음부터 샤오미의 꿈은 세계 최고의 휴대폰을 만들어 반값에 팔아서 모두가 살 수 있게 하는 것이었다. 샤오미의 AIoT 사업은 스마트한 생활 생태계 구축을 위해 스마트폰 중심으로 전개될 예정이므로 기업의 영역을 증폭시킬 것이다. 지능형 연결성이 모두의 생활에 더욱 접목되면서 샤오미의 '스마트폰x AIoT' 핵심 전략이 시너지 효과를 거둘 것이다. 샤오미의 스마트폰 사업과 AIoT 생태계의 관계는 상호 이익이 되어 점진적 이익을 넘어 공생적 변화를 가져올 것이다. 샤오미가 앞으로 10년 동안 고수할 3가지 지침 원칙을 말씀드린다. 끊임없이 탐구하고 혁신하며 모두에게 가장 혁신적인 기술을 제공할 것이며 가격대비 성능이 가장 우수한 제품을 계속 제공할 것이고, 가장 멋진 제품을 만들도록 노력할 것이다. 어떤 일이 있어도 기술

혁신의 추구는 항상 샤오미 경쟁력의 전제조건이 될 것이며, 놀라운 제품을 접근 가능하고 정직한 가격에 제공하는 것은 변함없는 전략으로, 가장 멋진 제품을 만드는 것은 샤오미 엔지니어링 문화의 본질이라고 굳게 믿으며 이 세 가지 원칙은 샤오미의 높은 품질 성장을 보증하며, 향후 10년간의 선언문이다. 샤오미는 모든 수준의 인재들이 성장할 수 있는 자유와 그에 걸맞은 보상을 제공함으로써 모든 동료가 최대한의 잠재력에 부응할 수 있도록 할 것이다. 앞으로 10년 동안 샤오미의 성공적인 여정은 새로운 인재 덕분일 것이라고 확신한다."[58]

사례 13 샤오미 CEO, 레이쥔

2021년 3월 29일~30일 '샤오미 봄 절기 신제품 발표회 2021'에서

"전기차 사업은 제 인생의 마지막 주요 기업가적 프로젝트가 될 것이다. 모든 개인적인 명성을 걸고 샤오미 스마트 전기차의 미래를 위해 싸우기로 결심했다. 스마트 전기차는 향후 10년간 가장 큰 사업기회 중 하나이자 스마트 라이프에서 없어서는 안 될 요소이다. 스마트 사물인터넷(AIoT) 생태계를 확대하는 기업으로서 전기차 사업 진출은 당연한 선택이다. 샤오미 브랜드의 자동차를 만들기 위해 10년간 약 100억 달러를 투자하겠다."[59]

사례 14 테슬라 CEO 일론 머스크

2022년 9월 30일 팔로알토에서 열린 'Tesla AI Day 2022'에서

"AI 휴머노이드 '옵티모스' 가격을 2만 달러(약 2천9백만 원) 이하로 책정하여 대중성을 확보한 뒤 향후 수백만 대를 판매할 것이다. 이 로봇은 방금 보여준 영상보다 더 많은 것을 실제로는 할 수 있지만, 무대에서 넘어지는 것을 보여주고 싶지는 않다. 옵티머스를 개선하고 성능을 검증하기 위해 아직 할 일이 많다. 앞으로 3~5년 이내 로봇들의 주문을 받을 수 있을 것으로 예상한다. 이 로봇은 아직 걷지는 못한다. 하지만 몇 주 안에 걸을 것으로 본다. 옵티머스는 현재 20파운드(약 9.1kg) 무게의 가방을 들 수 있고, 도구를 사용할 수 있다.

언젠가는 휴머노이드 로봇이 자동차보다 더 가치가 있을 것이다. 테슬라는 전기차용 드라이브유닛 생산 경험을 바탕으로 로봇에 필요한 AI와 액추에이터를 구축하는 데 매우 능숙하다. 이것을 기반으로 유능한 로봇을 생산에 투입하고 공장 내에서 테스트할 것이다. 로봇이 한 번의 충전으로 온종일 작동할 수 있도록 전력 소비를 최소화하기 위해 로봇용 특수 배터리와 로봇의 근육이 되는 액추에이터를 개발하고 있다. 로봇이 수백만 명의 사람들을 도울 수 있다고 생각한다. Tesla AI Day를 개최하고 로봇 프로토타입을 선보인 이유는 세계에서 가장 재능 있는 사람들이 테슬라에 합류하고 그것을 현실로 만들도록 돕기 위해서이다."[60]

사례 15, 16　애플 CEO, 팀 쿡

2017년 2월 10일 영국 인디펜던트지와의 인터뷰 내용

"증강현실(AR)은 스마트폰처럼 엄청난 아이디어라고 여기고 있다. 스마트폰은 모든 사람을 위한 것이다. 우리는 아이폰이 특정한 인구나 국가, 수직 시장에 대한 것으로 생각할 필요는 없다. 모든 사람을 위한 것이다. 증강현실(AR)은 크고 거대하다고 생각한다. 많은 이들의 삶을 향상할 수 있는 일이 될 수 있고 즐길 수 있다."[61]

2021년 4월 5일 팟캐스트 '스웨이'를 통해 공개된 인터뷰 내용

"전기자동차를 직접 생산하건, 외주에 맡기건 가장 중요한 것은 기술이다. 자율주행차는 로봇이다. 애플이 자율성으로 할 수 있는 것들이 무척 많다. 애플이 무엇을 하게 될지를 찾아보겠다. 내부적으로 수많은 가능성을 탐색하고 있다. 이 가운데 상당수는 결코 빛조차 보지 못할 것이다. 자율성 기술은 그렇지 않다. 애플은 하드웨어, 소프트웨어, 서비스를 통합하고, 각 분야가 교차하는 부분을 찾는 것을 즐긴다. 바로 이런 과정에서 마술이 벌어지기 때문이다. 우리는 이를 둘러싼 주된 기술을 갖는 것을 좋아한다."[62]

2022년 11월 17일 직원들에게 보낸 메모 내용

"약 1년 반 동안 CEO 역할을 하면서 이번 해고 결정은 의심할 여지 없이 그동안 내린 가장 어려운 결정이다. 이런 결정을 내리는 나뿐만 아니라 경영진은 해고가 단순히 자리를 없애는 것이 아니며 감정과 야망, 책임 있는 직원들의 삶에 영향을 끼친다는 것을 잊지 않고 있다. 회사는 여전히 연간 운영 계획을 짜고 있으며 여전히 추가 감원의 필요성이 나오고 있다. 해고는 2023년까지 확대될 것이다. 2023년 초 해고 대상 결정은 영향을 받게 되는 직원들과 조직에 공유될 것이다. 일부 부문에 감축이 있겠지만 아직 정확하게 얼마나 많은 자리가 없어질지에 대해 결론을 내리지 못했다."[63]

2023년 1월 스위스 다보스에서 열린 세계경제포럼(WEF)에서

"우리는 글로벌 위기를 겪고 공급망을 한 지역에 의존하는 게 실패였다는 점을 깨달았다. 앞으로는 더 유연한 공급망을 구축해 나가야 한다. 30년 전에는 미국과 유럽이 반도체 생산의 80%를 차지했는데, 지금은 아시아가 그렇다. 이런 구도는 수정(fix)되어야 한다. 인텔은 실제로 서구권에서의 반도체 생산능력을 늘리기 위해 대규모 설비 투자를 단행하고 있다. 이런 구도를 수정하는 데 수십 년이 걸릴 것이다. 최근 반도체 재고가 쌓이며 가격이 폭락하는 '반도체 혹한'을 아무도 예상하지 못했다. 반도체 산업이 다운턴인 것은 맞지만, 그런데도 대부분의 사람은 향후 10년간 반도체 산업이 2배 이상 커질 것으로 보고 있다. 인텔 역시 단기간의 감산을 진행하겠지만, 장기적인 투자 계획에서는 변함이 없다."[64]

TSMC CEO, 웨이저자

2022년 12월 17일 대만 타이베이에서 열린 위산 과학기술협회 주최 포럼에서 한 강연 내용

"미국 애리조나에 반도체 공장을 지음으로써 대만의 칩 제조 노하우를 미국에 빼앗길 수 있다는 주장은 전혀 근거가 없다. 수출통제와 일부 국가의 수출입 금지령이 세계화가 가져온 자유경제의 이점인 생산성과 효율성을 파괴한다. 가장 두려운 점은 국가 간의 상호 신뢰와 협력이 점차 약화하기 시작했다는 것이다. TSMC의 '탈 대만화'의 가능성은 아예 없다. 대만의 반도체 산업이 30여 년에 걸쳐 완벽한 공급망을 건설해 지금의 성과가 있는 것이다. 반도체 산업에서 가장 중요한 부분은 인재로 완벽한 교육시스템이 밑바탕이 되어야 한다. 공급망에 대한 고민과 반도체 인재 육성 시스템 개선 및 정부 정책의 지지 없이 공장만 짓는다고 성공할 수 있는 것은 아니다."[65]

도요타 CEO, 도요타 아키오

2022년 12월 태국에서 기자들과의 인터뷰에서

"자동차업계 종사자 중 의견을 내지 않는 '조용한 다수'는 전기차를 유일한 선택지로 갖는 것에 의문을 제기하고 있다. 이들이 침묵하는 이유는 전기차가 일종의 트렌드이기 때문이다. 전기차가 탄소 배출을 줄일 수 있는 유일무이한 대안은 아니다. 정답이 무엇인지 아직 분명하지 않으므로 한 가지 선택지(전기차)에만 매몰돼선 안 된다."[66]

폭스바겐 CEO, 토마스 쉐퍼

2023년 1월 라스베이거스 CES에서

"수소 탱크가 너무 많은 공간을 차지해 소비자 지향 모델에는 적합하지 않다. 수소 파워트

레인에 대해 수소는 우리를 위한 것이 아니다. 가격 또한 비싸며 탱크가 객실 공간을 차지하는 승용차의 경우 경쟁력이 없다. 상업용 차량은 가능하지만 승용차는 아니다. 폭스바겐에서는 수소차를 볼 수 없을 것이다."[67]

사례 22 소니그룹 회장 겸 CEO, 요시다 켄이치로

2022년 1월 CES에서

"전기 자동차 시장에 진출하기 위해 올봄에 소니 모빌리티를 설립할 것이다. 전기차의 상업적 출시도 검토 중이다. 비전-S를 선보인 후 받은 감격으로 우리의 창의성과 기술을 바탕으로 이동의 경험을 어떻게 바꿀 수 있을지에 대해 고민해왔다. 비전-S는 편안한 주행 경험을 만들어내는 데 있어 안전이 1순위였다. 이는 이번에 SUV를 만들 때도 변함이 없었고 차량에는 40개 센서가 설치돼 안전을 점검한다. 적응성 측면에서 우리는 지속해서 진화할 수 있는 자동차를 만들어내는 것을 가능케 할 '연결성'을 갖고 있다. 5세대 이동통신(5G)을 통해 차량 시스템과 클라우드 간 고속, 짧은 대기시간의 연결도 가능케 한다."[68]

3. 경쟁정보 수집 테크닉

중점적으로 다뤄볼 경쟁정보 수집 테크닉은 다음과 같다.

- HUMINT
- Source Profiling
- CEO Profiling
- Human Network 구축
- Target 설정
- War Room 테크닉과 경쟁정보 수집 활동
- 성공적인 협상전략과 보디랭귀지

HUMINT

경쟁정보 수집 담당자가 1차 소스나 2차 소스를 통해 자료를 확보한 후 경쟁정보팀의 분석 담당자에 자료를 제공했다고 담당 직원들의 임무가 종료된 것이 아니다. 분석은 다양한 소스에서 수집된 자료를 퍼즐 맞추듯이 분석 도구를 활용하여 기업에 필요한 정보로 가공하는 과정을 거쳐야 마침내 CEO가 필요한 경쟁정보가 된다. 공개 출처를 통해 수집한 자료를 활용하여 보고서를 작성할 경우, 핵심적인 단서가 빠져 있을 때가 종종 발생한다.

경쟁사 CEO나 핵심 임원, 핵심기술자 등 경쟁사 내부의 소수 인원만이 경쟁사의 중요한 비밀을 알고 있다고 가정했을 때, 공개정보 수집 활동만으로 도저히 이를 파악할 수 없을 것이다. 이때 휴민트 기술이 진가를 발휘하게 된다. 사람을 통해서 경쟁사의 고급정보를 수집하여 경쟁사의 향후 전략 방향, 신제품 출시, 신기술 개발, AI 전문가 스카우트 등의 움직임을 파악할 수 있다. 경쟁정보 담당자들은 경쟁사 CEO, 기술개발 담당자, 마케팅 전략담당 임원 등의 머릿속에 무슨 계획이 들어 있는지를 알아내야 한다. 국가정보를 다루는 정보기관들이 휴민트를 중요시하는 이유도 바로 이 점에 있다. 북한은 폐쇄적인 사회이다. 북한에 대한 정보를 수집할 경우, 미국 정보기관이 북한의 핵실험 추진 동향을 인공위성을 통해서 추정할 수 있다. 그러나 북한 내부 김정은 위원장의 주변에서 발생하는 일에 대해서는 파악하기 쉽지 않다. 휴민트는 이러한 문제를 해결해줄 수단이다.

기업의 경쟁정보 활동과정에서 인수합병 의지, 시장진입 의사 등 경쟁사의 핵심정보에 접근하기가 쉽지 않다. 경쟁사의 주요 인사에 접근하기 위해서는 타깃과 소스와의 관계를 이해해야 한다. 경쟁사 CEO와 접촉하여 직접 물어볼 수 있으면 얼마나 좋겠는가. 그러나 경쟁사가 기업 비밀을 가르쳐 줄 가능성은 없다. 타깃인 경쟁사 CEO나 주요 임원을 접촉하기 위해서는 이들을 잘 알고 있는 소스를 찾아야 한다. 경쟁사 임원 주변에서 소스를 찾아야 하는데, 의심 받지 않고 자연스럽게 파악할 수 있는 사람들을 대상으로 물색하는 시간이 상당히 소요된다.

업계에서 활동하고 있는 컨설팅사 간부, 기자, 산업분석가, 공급업체 대표 등 다양한 인물을 검토해보고 타깃과 잘 통할 가능성이 큰 인물을 소스로 선택한다. 평소 소스와의 인간관계를 구축하는 데에도 노력을 해야만 한다. 휴민트 활동은 사람과의 관계 속에서 정답을 찾는다. 첩보영화나 범죄영화에서도 흔히 이런 장면을 발견할 수 있다. 테러단체나 국제마약 조직의 우두머리에 접근하기 위해 조직 내부 인물을 포섭하거나, 우두머리와 접촉 가능한 외부인사들을 파악하고 이들을 소스로 삼아 타깃에 접촉한다. 휴민트 업무를 하는 데 타깃과 소스 관계를 잘 이해하는 것이 중요하다. 타깃과 소스 간의 역할 숙지를 토대로 하여 War Room 테크닉, 휴먼네트워크 구축방법, 인물 프로파일링 등 다양한 경쟁정보 수집방법을 응용할 수 있다.

Source Profiling

타깃으로부터 기업정보를 수집하기 위해 협조자(소스)의 도움이 절대적으로 필요하다. 협조자와의 인간관계를 어떻게 구축해 왔는지에 따라서 정보수집 임무의 성공 여부가 판가름 난다. 경쟁정보 활동에서 나를 도와줄 협조자의 성격이 어떤지에 대한 인물 프로파일링은 기본적으로 필요한 사항이다. 우리 주변에서 결혼 상대자와의 궁합을 보기 위해 역술인을 찾는 사람들을 흔히 볼 수 있다. 일부 대기업 총수가 신입사원을 면접하는 과정에서 관상가를 합류시켜서 회사에 적합한 인물을 골랐다는 소문도 알려져 있다. 과거에는 사람들의 성격을 파악하기 위해 혈액형을 물어보기도 했다. 최근에는 각종 과학적인 인성 검사 방법을 통해 개인의 성격을 분석하기도 한다. 그러나 협조자의 성격을 파악하기 위해 과학적인 인성검사를 받아보라고 권유할 수는 없는 일이다.

프로파일링이란 원래 범죄행위를 알아내기 위해 범인의 심리상태를 분석하는 기법이다. 그러나 이제 프로파일링은 소스는 물론 경쟁사 CEO와 간부들에 대한 프로파일링 등 다방면에 걸쳐 경쟁정보에 활용되고 있다. 프로파일링은 신규시장에 진입하기 위해 사용하는 페르소나 마케팅 기법에서 소비자를 분석하는 데에도 사용된다. 심지어 방송사가 새로운 TV 연속극을 시작하기 전에 연속극 홍보를 위해 주인공 등 주요 인물들을 프로파일링하여 알리기도 하였다. 2017년 JTBC에서 방영된 스파이 로맨스 드라마인 〈맨투맨〉의 첫 방송을 앞두고 여섯 명의 주요 인물들에 대한 정보를 보여주는 프로파일링을 공개하여 주목을 받은 적도 있다.

협조자를 프로파일링할 때 고향, 학력, 경력, 가족관계 등 기초적인 사항은 물론이고 친구 관계, 취미활동, 건강, 성향, 성격 등 사적인 영역까지 파악할 수 있어야 한다. 협조자와의 접촉과정에서 고향, 학교 등 공통분모를 발견한다면 서로 간에 신뢰감을 돈독히 하는 데 상당한 도움이 된다. 협조자가 어떤 곤경에 처해 있는지, 어떤 불만이 있는지, 호기심이 많은지, 뜨거운 열정이 있는지, 입이 무거운지 등 다양한 측면에 걸쳐 협조자에 대해 철저하게 파악하는 것이 필요하다. 그러나 가장 중요한 점은 협조자(소스)가 타깃에 접근할 수 있어야 한다. 소스는 타깃의 생각과 의도를 정확히 알 수 있는 인물로 선정해야 한다. 평소 협조자들과 지속적인 유대관계를 구축하고, 협조자들의 애로사항을 지원해준다면 서로 돈독한 신뢰 관계가 형성된다.

페르소나 기법은 시장 조사할 때 사용되는 방법으로 소비시장의 최종 사용자들을 대표하는 인물을 페르소나로 설정하고 그 인물에 대한 집중적인 프로파일링을 통해 회사 마케팅 전략의 초점을 페르소나에 맞추는 것이다. 최종 소비자인 페르소나에 대해 상세한 인물 프로파일링이 필요하다. 기업이 출시할 제품이나 서비스를 구매해 줄 최종 소비자가 페르소나이다. 해당 기업은 페르소나에 관련된 모든 것을 샅샅이 알고자 한다. 그래야만 소비자의 기호를 알 수 있고 판매전략을 짤 수 있기 때문이다. 물론 협조자 프로파일링과 페르소나 프로파일링은 사용하는 목적이 다르다.

필요한 정보를 획득하기 위해 도와줄 인물이 협조자이다. 따라서 경쟁정보 담당자가 그 협조자의 성향을 잘 알고 있어야만 협조 관계를 쉽게 구축할 수 있다. 페르소나는 잠재고객에 대해 프로파일링을 설정하는 것이다. 페르소나 성향을 정확하게 설정해 놓아야 최종 소비자 집단에 제품이나 서비스를 쉽게 팔 수 있다. 잠재 소비자에 대한 페르소나를 작성하기 위해서는 나이, 연봉, 학력, 경력, 취미, 사교활동, 성향, 개인정보, 특이사항 등 상세한 인적사항을 기술해야 한다. 이처럼 협조자에 대해서도 상세한 프로파일링을 해야 한다.

최근 MZ세대에서 MBTI(Myers-Briggs Type Indicator)를 통해 성격을 파악하는 것이 유행하고 있다. 협조자와 좋은 인연을 맺기 위해서는 다양한 방법을 활용하여 상대편이 어떤 유형의 사람인지를 빨리 파악해야 한다. 페르소나 기법과 MBTI를 적용하여 상대방을 파악할 수 있다. 협조자가 유명인이나 공인일 경우, 각종 공개매체를 통해 발표한 글, 인터뷰 내용 등을 통해 프로파일링을 해보는 방법도 좋을 것이다. MZ세대는 온라인을 통해 각종 SNS 활동을 활발하게 하고 있어 SNS에 나타나 있는 사진, 글, 친구 등을 통해 협조자의 성격과 취미를 파악할 수 있다.

CEO Profiling

　경쟁정보 활동에서 가장 중요한 것은 경쟁사 CEO와 주요 임원들의 생각을 파악하는 것이다. 이것은 정말 쉽지 않은 작업이다. 그러나 경쟁사의 의도를 파악하는 것이 불가능하지는 않다. 경쟁사의 주요 경영진을 대상으로 MBTI 유형을 파악하여 분석해 보는 것도 도움이 될 것이다. 그러나 경쟁사 CEO에 대한 프로파일링은 다방면에 걸쳐 철저하게 추진되어야 한다. 기본적으로 학력, 경력, 취미, 관심사, 성향 등 개인적인 부문과 함께 회사에서 과거 추진했던 주요 성공과 실패사례에서 보여준 의사결정 방법도 살펴보아야 한다. 경쟁사 CEO가 사내에서 발언했던 내용이나, 대외활동에서 공개매체와 인터뷰했던 기사 내용 등을 계속 모니터링을 해본다면, 경쟁사 CEO의 생각을 알 수 있는 단서를 찾게 될 것이다.

　경쟁사 CEO를 직접 만나서 궁금한 것들을 질문하고 속 시원하게 답변을 들을 수만 있다면 좋을 것이다. 그러나 개인적인 접촉을 통해 알아낼 가능성은 매우 낮다. 만나주지 않을 것이기 때문이다. 따라서 경쟁사 CEO를 직접 만나본 사람들을 통해 간접적으로 경쟁사 CEO에 대해 파악해보는 방법도 있다. 만약 경쟁사 CEO가 자신의 성공담을 책으로 출간하였다면, 그 책 속에 귀중한 정보가 들어 있을 수도 있다. 경쟁사의 중요한 프로젝트와 관련된 경쟁사 CEO의 의사결정 방식에 대한 실마리가 적혀 있을 수도 있기 때문이다.

　세계 각국에 있는 주요 지도자들의 성향을 분석하는 것도 같은 이치이다. 트럼프 전 미국 대통령은 오랜 세월 동안 기업가로 활동해왔으며, 방송 매체에도 출연한 적이 있어 트럼프 대통령의 성격이나 업무를 추진하는 스타일 등이 이미 언론에 노출되어 있었다. 트럼프 대통령의 협상 스타일도 그의 저서 등을 통해 잘 알려졌다. 트럼프 대통령은 한마디로 추진력과 과시욕이 상당히 강한 인물이며, 독선적이고 협상에 능한 인물로 평가를 받았다. 2017년 트럼프 정부가 출범했을 당시 세계 최강국인 미국을 이끄는 대통령의 통치 스타일에 대해 세계 각국의 관심이 집중되었다. 과연 트럼프 행정부의 대외정책이 어떤 스타일로 전개될 것인지 궁금했다.

세계 각국 정상들은 각종 국제회의에서 서로 만나게 된다. 국가 간에 정상회의를 개최할 때 양국 현안에 대한 협상을 위해 철저하게 대비를 한다. 상대편 국가 정상의 협상 스타일은 물론이고 성향, 취미, 좋아하는 음식 등 다양한 측면을 고려하여 행사 준비에 섬세한 노력을 한다. 트럼프 전 대통령은 정상 간 악수할 때에 상대편의 손을 힘껏 쥐는 성향을 보여 많은 에피소드를 남겼다. 인물 프로파일링은 협조자와의 신뢰 관계를 구축하는 데 필요할 뿐만 아니라 경쟁사 CEO의 의사결정 방식을 알아내는 데에도 유용하다. 정상회담에서 상대편 국가 정상의 생각을 읽어내는 데에도 프로파일링이 적용된다.

기업들은 경쟁사 CEO에 대한 프로파일링 기법을 통해 경쟁사의 현재 움직임에 대한 숨겨진 의도를 알아낼 수 있으며, 한 발 더 나아가서 경쟁사의 향후 행동 방향을 예측해 볼 수 있다. CEO 프로파일링은 1차 소스 및 2차 소스 수집 활동을 통해 경쟁사의 CEO나 주요 임원에 대한 개인적 특징과 성격을 파악하고 분석하여 기업경영에 대한 주요 의사결정과 연관된 일정한 패턴을 밝혀내는 것이다. 이를 바탕으로 경쟁사의 미래 움직임을 예측하고, 경쟁사에 대한 효과적인 대응책을 마련하는 기술이다. 주로 경쟁사에 대한 1차 소스를 중심으로 자료를 수집한다. 예를 들면 경쟁사 CEO의 기자 회견 및 언론 인터뷰 기사, 자서전, 세미나장 발언 내용, 콘퍼런스나 포럼 등에서의 강연 내용, 연차보고서에 명시된 CEO와 관련된 내용, 회사 간행물에서 CEO가 직원들 상대로 강조한 사항 등을 수집한다.

이와 함께 경쟁사 CEO와 경영진의 학력, 경력, 나이, 기업 근무 기간, 내부승진 또는 스카우트 여부, 과거 기업에서의 주요 성과와 실패사례, 취미활동, 대인관계, 주요 관심사, 경영철학, 미래비전 등 개인적인 성격은 물론 경영전략 등과 관련한 사항들도 수집하여 의사결정과 연관된 일정한 성향과 패턴을 밝혀낸다. 프로파일링 작업이 이 단계까지 도달한다면 경쟁사 CEO와 경영진이 어떠한 생각을 하고 있는지 점점 더 구체적으로 나타나게 된다. 경쟁사 CEO의 과거 행동 패턴들을 바탕으로 하여 현재 경쟁사가 추구하고 있는 전략의 숨겨진 의도를 찾아낼 수 있다.

기업의 최고책임자인 CEO는 그 회사가 추진하려는 경영전략에 대해 최종적인 의사결정을 내리는 막중한 임무를 갖고 있다. 북한의 비핵화에 대한 의지를 알기 위해서는 북한의 최종 의사결정권자인 김정은 위원장이 어떤 생각을 하고 있는지를 파악해야 한다. 기업에서도 마찬가지다. 글로벌 기업 CEO가 공식적 또는 비공식적으로 자기 생각을 드러내지 않는 경우는 흔치 않다. 그 이유는 글로벌 기업들이 기업의 이미지를 위해 활발한 대외홍보 활동을 하고 있으며, 주주와 투자자들의 전폭적인 지원을 받기 위해서라도 CEO의 미래비전이나, 경영철학 등을 활발하게 공개하고 있기 때문이다. 경쟁사 CEO에 대한 프로파일링은 M&A 추진, 신규시장 참여, 첨단 기술개발 등과 관련된 경쟁사의 움직임을 예측하는 데 도움이 된다. CEO 프로파일링의 최종 목적은 경쟁사의 움직임에 대해 효과적으로 대응하기 위해서다.

경쟁정보 활동에서 가장 효과적이고 널리 사용되는 수집방법은 경쟁사 CEO나 주요 임원에 대한 집중적인 조사 활동이다. 테슬라 CEO 일론 머스크는 매년 하반기 주주들을 대상으로 회사실적과 미래계획을 보고한다. 2020년 9월 22일 배터리 데이에서 일론 머스크는 "배터리를 개선하여 가격을 54% 절감하고 2022년경 본격 생산을 시작하겠다. 전기차 가격을 인하하여 3년 내 2만 5,000달러 제품을 출시하겠다."[69]라고 언급하였다.

테슬라가 이러한 활동을 벌이는 것은 전기차 업계의 선두주자로서 혁신적인 이미지를 강조하고 언론의 주목을 받기 위한 목적이 있기 때문이다. 그러나 경쟁사들의 시각에서 본다면, CEO인 일론 머스크를 비롯해 핵심 경영진이 현재 테슬라가 추진 중인 핵심사업을 설명한다는 것은 매우 반가운 일이 아닐 수 없다. 테슬라가 현재 무엇을 하고 있으며, 향후 어떤 곳에 집중할 것이라는 계획을 한눈에 파악할 수 있기 때문이다. 국내기업의 CEO들도 기업 신년회나 각종 대외행사에 참석하여 기업의 현안에 대해 언급한다. CEO들이 회사 직원이나 대중을 대상으로 공개적으로 언급하는 내용이기에 신빙성이 있다. 최태원 SK그룹 회장이 Social Value Creation 행사에 참석하여 기업의 사회적 책임에 대해 말하거나, 대외행사에 참석해 탄소 중립에 대해 언급한 바 있다.

최 회장의 이러한 행동은 그의 주요 관심사를 보여주고 있다.

정의선 현대차 회장은 다른 회장들과 달리 공개 행사에 참석하여 직원들을 대상으로 기업의 미래비전에 대해 수시로 언급하는 행보를 보여왔다. 2020년 현대차그룹 신년하례식에서도 현대차에 대한 자신의 계획을 언급하였고, 해외 등에서도 한국 기자들을 모아놓고 현대차의 비전을 밝혔다. 자동차업계 경쟁사들은 정의선 회장의 이러한 행보를 면밀하게 관찰하고 있을 것이다. 그 이유는 경쟁사 CEO인 정 회장의 발언을 통해 현대자동차의 미래전략을 파악할 수 있기 때문이다.

세계 유수의 글로벌 기업들은 매년 1월 초 라스베이거스에서 열리는 CES 박람회에 참석한다. 이 박람회에서 글로벌 기업들은 기업의 미래모습을 전 세계 소비자들에게 보여주면서 기업이 지향하는 핵심 부분을 강조한다. 가전업체 및 IT업체들은 신상품을 선보이는 자리로 활용하기도 한다. 매년 중국, 한국, 유럽 등의 가전제품 회사들도 새로운 기술을 선보여 왔다. 2021년 1월 LG전자는 이 행사에서 롤러블 스마트폰 기술을 선보였다.[70] 그러나 2021년 4월 LG전자는 안타깝게도 롤러블 기술을 활용한 스마트폰 기술을 시장에 출시해 보지도 못하고 스마트폰 사업 부문의 철수를 결정하였다. 스마트폰과 가전제품 부문에서는 한국 기업과 중국 기업 간에 치열한 경쟁이 벌어지고 있다. 기업들은 CES에서 소비자에게 자사의 앞선 기술력과 경쟁력을 보여주고 소비자의 관심을 끌어 시장을 확대하려는 목적이 있다.

매년 꾸준하게 관찰해보면 그 한 해의 산업 트렌드 변화를 발견할 수 있다. 현대자동차는 미래사회에 대비해 기업 경쟁력을 강화하기 위해 2021년 6월 세계 1위의 로봇회사인 보스턴 다이내믹스를 인수하였다. 2022년 CES에서 정의선 회장은 보스턴 다이내믹스의 스팟(Spot) 로봇을 내세워 현대차가 로봇 시장까지 진출한 모습을 보여주었다. 2022년 9월 테슬라가 휴머노이드 로봇 생산계획을 발표한 것을 계기로 로봇 시장을 둘러싼 현대차와 테슬라 간의 경쟁이 치열해질 것으로 본다.

중국의 애플로 알려진 샤오미 CEO 레이쥔은 스마트폰 사업에서의 성공을 발판으로 삼아 전기차 사업에까지 출사표를 던졌다. 그는 사이버 독(Cyber Dog)을 선보이면서 현대차의 로봇인 스팟과 경쟁하려는 의지를 표명했으며, 테슬라와 현대자동차에 이어 로봇사업에도 강력한 의지를 보여주고 있다. 2022년 CES에서 열린 기자간담회에서 삼성전자는 "올해 안에 EX1 버전으로 로봇을 출시하겠다"라고 발표했다.[71] 4차 산업혁명시대에서는 자동차업체와 가전제품 업체 간에도 경쟁자가 될 수 있다는 것을 보여주고 있다. 글로벌 기업들 간에 경쟁정보의 중요성이 더욱 커질 것으로 본다.

2023년 CES에서도 글로벌 가전제품 회사들이 TV 신제품 출시를 놓고 치열한 신경전을 벌였다. 삼성전자는 신제품의 상세 내용에 대한 보안을 유지하기 위해 CES 전시장이 아닌 호텔에서 확실한 고객들을 대상으로 제품을 선보였다.[72] 중국 경쟁사들이 CES 전시장에서 치수를 재고 사진을 찍는 등 신제품에 대해 적극적인 정보수집 활동을 해왔기 때문이었다. 후발 업체인 중국 기업들이 가전제품 시장에서 선두주자인 삼성전자와 LG전자의 제품을 추격하기 위해 전시장에서 각종 정보를 수집하는 것은 이상한 일이 아니다. 국제 전시장은 경쟁사와 관련된 기업정보를 수집하기 위해 딱 좋은 공개된 장소이다. 글로벌 기업들이 경쟁정보 활동을 통해 치열하게 경쟁을 벌이는 곳이다.

최근 현대차, 테슬라, 샤오미 등 업체들이 휴머노이드 로봇개발에 치열한 경쟁을 보인다. 이들은 공개적으로 주주와 대중을 대상으로 자신의 로봇기술을 과시하면서 자사가 미래사회를 주도하는 혁신의 아이콘임을 과시하고 있다. 경쟁사와 잠재적 경쟁사들이 가장 손쉽게 상대편 기업들의 로봇기술 역량을 파악할 기회이다. 경쟁사의 CEO나 핵심 임원, 개발자의 동선을 계속 모니터링한다면 경쟁사의 의도와 전략을 파악할 수 있다. 휴머노이드 로봇개발을 주도해 온 업체는 보스턴 다이내믹스였다. 2013년 구글이 인수했으며 2017년에 소프트뱅크 손정의 회장이 다시 인수했고, 2021년 현대차그룹이 소프트뱅크사로부터 인수하게 되었다. 자동차 회사인 현대차가 세계 최강의 로봇회사를 인수함에 따라 현대차의 미래전략에 관심이 집중되고 있다. 보스턴 다이내믹스는 다양한 종류의 로봇을 개발하고 있는데 대표적인 휴머노이드 로봇은 아틀라스이다. 아틀라스는 물구나무서기, 공중제비 등 고난도 동작을 수행하고 있어 압도적인 기술력을 자랑한다. 현대차는 보스턴 다이내믹스를 인수한 이후 각종 광고에 4족 보행 로봇인 스팟(Spot)을 선보이고 있으며, 세계적인 아이돌그룹인 BTS와 스팟을 광고모델로 활용하면서 MZ세대와의 교감을 강화하고 있다.

지난 'CES 2022' 행사에서 영국의 휴머노이드 로봇인 아메카의 실물이 공개되었다. 아메카는 입술을 오므리거나 윙크를 하는 등 인간의 다양한 표정을 따라 하고 있다. 이 로봇은 주로 인간의 표정과 대화 능력에 관한 집중적인 연구가 진행되고 있다.

중국의 스마트폰 업체 샤오미는 지난 2022년 8월 베이징에서 열린 가을 신제품 발표회에서 휴머노이드 '사이버 원'을 공개했다. 사이버 원의 제원은 키 1.77m, 몸무게 52kg이고 1.5kg 무게의 물체를 들 수 있으며, 85가지 종류의 소리와 45가지의 사람 감정을 분류하고 식별할 수 있다. CEO 레이쥔은 "지능형 로봇 분야에서 휴머노이드 로봇은 기술 집적도와 난이도가 가장 높다. 샤오미는 이제 막 걸음마를 시작했으며 사이버 원은 매일 새로운 기술을 배우고 있다."라고 언급했다.

테슬라의 CEO 일론 머스크는 대중을 상대로 관심을 끄는 데 뛰어난 능력을 갖춘 혁신자이며 경영자이다. 전 세계 소비자들과 경쟁자들이 일론 머스크의 움직임에 주목하고 있다. 일론 머스크는 지난해 글로벌 SNS인 트위터를 인수하였는데, 산업분석가들은 일론 머스크의 최종적인 목적과 의도에 궁금해하고 있다. 트위터를 통해 향후 어떠한 혁신을 보여줄지 관심이 집중되고 있다. 테슬라는 매년 하반기에 캘리포니아주 팰로앨토 테슬라 사옥에서 주주들을 대상으로 혁신적인 공개 행사를 해왔다.

2020년에는 배터리 데이 행사를 통해 테슬라가 추진하고 있는 배터리와 자율주행 전기차에 대한 기술 혁신을 발표했으며, 2021년에는 인공지능을 화두로 삼았고, 2022년에는 '인공지능(AI) 데이' 행사에서 휴머노이드 로봇인 옵티머스 시제품을 소개했다. 옵티머스는 73kg의 무게로 2.3kWh 배터리팩을 가슴에 장착하고 스스로 팔다리를 움직일 수 있다.

이 행사에서 일론 머스크는 "대량 생산된 로봇이 풍요로운 미래를 이끌 것이다. 테슬라는 옵티머스의 성능을 끌어올려 수백만 대를 생산할 것이다. 3~5년 안에 옵티머스 주문을 받을 수 있을 것이다. 옵티머스 가격은 대당 2만 달러 이하가 될 것으로 예상한다."라는 계획을 밝혔다.

이와 관련하여 산업계 전문가들은 "테슬라가 개발 중인 옵티머스는 다른 경쟁업체들에 비해 로봇 가격이 약 80%가량 저렴하다. 옵티머스의 몸동작이 보스턴 다이내믹스에 비해 엉성하나 옵티머스가 스스로 생각하는 '두뇌'가 있고, 대량 생산이 가능한 방식으로 개발되고 있다."라는 점을 들어 호평하고 있다.

출처: 주간동아(2022.8.31.) 등[73]

❓ Question

Case Study를 읽고 현대차, 테슬라, 샤오미의 휴머노이드 로봇개발에 대한 전략을 설명해 보세요. 3개 회사는 제각기 어떠한 차별화 전략을 갖고 있나요? 현재 기업들이 미래사회의 핵심기술인 로봇개발에 높은 관심을 보이고 있고, 향후 미처 예상하지 못했던 경쟁자들이 등장할 가능성도 큰 실정입니다. 어떠한 기업들이 휴머노이드 로봇 시장에 새로 진입할 것인지 설명해 보세요.

Human Network 구축

핵심 소스와 인적 네트워크 구축방법

경쟁정보 활동에서 타깃에 접근 가능한 소스(협조자)를 확보하기 위해서는 다양한 분야에서 소스를 확보하고 인간적인 신뢰감을 토대로 네트워크를 구축해야 한다. 인맥 확보는 결코 단시간에 얻어지지 않으며 많은 시간을 투자해야 한다. 수개월, 또는 수년 이상 지속적인 신뢰 관계를 구축해야 향후 경쟁정보 담당자를 도와서 타깃에 접근하는 소스 역할을 기꺼이 해줄 것이다.

먼저 소스를 만나기 전에 철저하게 소스에 대한 인물 프로파일링 조사를 한다. 학력, 경력, 고향 등을 통해 경쟁정보 담당자와 정보원 간의 공통 관심사를 발견한다. 한국 사회에서는 이러한 공통적인 관심사나 배경을 발견하였을 경우, 동지적인 감정을 가질 수 있으며 신뢰감도 자연스럽게 형성될 수 있어 서로 돕는 우호적인 관계가 형성된다. 첫 번째 만남에서 술을 좋아하는지, 어떤 운동을 좋아하는지, 한식, 일식, 양식, 중식 중 어떤 음식을 선호하는지, 집안에 어려운 사정이 있는지, 직장에 애로사항이 있는지 등을 자연스럽게 파악하면 도움이 된다. 대화 중에 성격이 다혈질인지, 온순한지, 호기심이 많은지 등 어떤 유형의 사람인지를 정확히 파악하고, 그 사람의 장·단점도 확인하는 것이 좋다. 소스로서 역할을 잘 수행할 수 있을지를 판단하는 데 소스의 성격과 배경을 파악하는 것이 많은 도움이 된다.

그러나 첫 번째 만남에서 경쟁정보 담당자가 가장 명심해야 할 사안은 소스로부터 앞으로 '한 번 더 만나겠다'는 약속을 받는 것이다. 그러기 위해서는 호감을 느낄 수 있게 만드는 것이 중요하고, 서로가 도움이 될 것이며, 흥미로운 사람이라는 인식을 준다. 사람과의 인적 네트워크를 구축하는 과정에서 두 번째 만남까지 성공적으로 이끌었다면 일단 성공한 것이다.

두 번째 만남이란 향후 소스와의 만남을 계속 가질 수 있는 디딤돌을 마련했다는 의미가 있다. 소스가 경쟁정보 담당자를 위해 시간을 기꺼이 내주겠다는 긍정적인 의사 표현이다. 이 만남의 관계를 계속 발전시킨다면 어떤 시점에서 경쟁정보 담당자를 도와줄 수 있는 돈독한 신뢰 관계가 형성될 수 있다.

두 번째 만남을 성공적으로 가진 이후 적어도 2~3개월 동안 추가 접촉을 통해 인간적인 동지애를 가질 수 있도록 친밀한 관계를 조성한다. 1주일 또는 2주일에 한 번씩 소스에 안부 전화를 한다. 그 후 약 3개월에 한 번 정도 식사나 운동을 통해 서로 친화력을 높인다.

대화 소재는 비즈니스보다 개인 관심사나 취미활동 등에 초점을 맞추면서 산업 및 경제문제에 대해서도 의견을 교환하고, 소스가 많은 이야기를 하도록 화제를 유도한다. 경쟁정보 활동을 통해 다양한 분야에서 회사에 도움을 줄 수 있는 인물들을 소스로 확보해 놓아야 한다. 긴급한 상황이 발생하여 경쟁사의 움직임이나 산업환경 변화에 대한 자문이 필요할 때에 신속하게 소스를 통해 해당 정보를 파악할 수 있는 인적 네트워크를 평소에 구축해야 한다.

소스와의 대화 소재

경쟁정보를 담당하는 직원들은 평소 회사 안에서는 물론이고 회사 밖에서도 업무와 관련된 다양한 인맥을 구축하는 것이 필요하다. 경쟁사 임직원, 대학교수, 과학자, 컨설턴트, 공급업체 임직원, 정부 관료, 신문기자, 전문가, 학교 선후배, 고향 선후배, 협회 간부, 동호인 등 다양한 사람들과 친분을 가져야 한다. 우리는 주변에 있는 사람들과 공통점을 갖고 있다면 대화를 할 때 무척 편하게 느껴진다. 서로 동질감을 느끼기 때문이다. 서로 초면이더라도 고향과 학교라는 동질감과 소속감으로 인해 과거 학창시절을 회상하면서, 당시 선생님과 학교에 대한 추억을 서로 교환한다면 순식간에 선후배 사이로 관계가 형성된다. 그리고 처음 만났는데도 낯설지 않고 자연스럽게 또다시 연락하게 된다. 그래서 고향 선후배, 학교 선후배 모임 등에 참석하여 과거 추억들을 회상하면서 편한 마음으로 만나게 된다.

경쟁정보 담당자들은 소스(협조자)를 발굴하기 위해서 많은 시간과 노력을 기울여야 한다. 처음 만날 때에 서로 공감대, 동질감 등의 감정을 느끼지 못하기 때문에 어떤 말을 해야 할지 고민에 빠진다. 처음 만나는 사람과의 대화로서 가장 손쉬운 방법은 날씨를 화제로 삼으면서 이야기를 시작하는 것이다. 한

여름 장마철에는 장마 피해 상황을 화제로 꺼내거나, 겨울에는 폭설과 추위를 소재로 대화하는 것도 좋다. 우리나라는 사계절을 갖고 있어 계절에 대한 소재는 풍부하다. 계절과 더불어서 휴가철, 입시, 설, 추석, 연말연시, 전 세계적으로 유행되었던 코로나19 사태 등과 같이 평범한 사람들이 일상생활에서 공유할만한 소재를 놓고 가볍게 서두를 꺼내는 것도 서로 동질감을 확보하기 위한 좋은 방법이다. 최근 들어 코로나19 사태가 사실상 종식됨에 따라 국내에서 해외 관광여행이 급속도로 증가하고 있다. 2023년 4월 기준으로 전년 동기에 비교해서 해외여행이 15배나 폭증하였다. 그동안 코로나19의 영향으로 쌓여 있던 해외여행 욕구가 한꺼번에 분출되고 있다. 해외여행도 대화를 위한 좋은 소재감이다.

상대방의 취미 생활과 좋아하는 스포츠를 파악하여 화제로 삼으면 상대편이 거부감을 보이지 않고 적극적으로 대화에 동참한다. 예를 들어 소스가 골프, 야구, 농구, 축구, 테니스 등 다양한 운동을 좋아한다고 가정할 경우, 경쟁정보 담당자가 가장 인기 있는 운동선수와 팀 성적을 주제로 삼아 자연스럽게 대화를 시작하면 좋다. 짧은 시간 내에 서로 유쾌한 시간을 보낼 수 있으며, 금방 친해질 수 있기 때문이다.

경쟁정보 담당자와 소스가 이러한 대화를 통해 서로 공통점을 발견한 이후에 실제로 주말에 축구, 골프, 테니스 등 각종 운동을 함께할 수 있는 인간관계로 발전시켜야 한다. 등산, 낚시, 수중 다이빙, 요트 등 다양한 취미 생활을 공유한다면 친밀한 관계를 유지할 수 있다. 처음에는 비록 업무적인 관계로 만났지만, 취미, 운동 등을 매개체로 사적인 관계로 발전시킨다면 이러한 사적인 친분을 토대로 점차 공적인 영역에서도 협력관계를 유지하게 될 것이다. 경쟁정보 담당자들은 평소 다양한 분야에서 많은 상식을 갖고 있어야 한다. 소스가 와인 애호가라면 상대편의 기호에 맞추어 레스토랑에서 와인을 마시면서, 원산지나 와인 시장에 대한 최신 정보 등을 주제로 담소를 나눈다면 소스의 호감을 사게 될 것이다. 상대방을 내 편으로 만들기 위해서는 먼저 나에 대해 호감을 느끼게 만드는 것이 중요하다.

그림 8 대화 포인트 Design

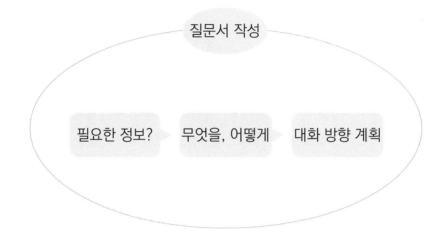

경쟁정보 담당자는 경쟁정보 수집업무 활동을 할 때 협조자를 만나서 어떻게 대화를 이끌어 갈 것인지 고민해야 하며, 원활한 대화 진행을 위해 대화 소재와 알고자 하는 정보 등 대화 포인트를 사전에 디자인하는 습관을 지녀야 한다. 그 이유는 이러한 만남이 개인적인 친목 모임이 아니며, 제한된 시간에 원하는 정보를 파악해야 하는 목적을 띠고 있기 때문이다.

대화 포인트 디자인은 상대방과의 접촉과정에서 대화 방향을 내가 원하는 쪽으로 이끌어 가기 위해 내가 파악하려는 정보가 무엇인지 정확하게 인지하는 것이다. 소스 등 상대방을 접촉하기 전에 상대방에게 질문하려는 핵심요지 2~3개 정도 적어본다. 그리고 핵심요지를 어떻게 질문할 것인지에 대해서도 고민해 본다. 상대방을 접촉하여 먼저 날씨 등의 가벼운 소재로 대화를 꺼내면서 자연스럽게 파악하고자 하는 정보 쪽으로 화제 방향을 유도한다.

Target 설정

휴민트 활동에서 경쟁사 CEO, 주요 임원 등을 타깃으로 삼아 정보수집 활동을 추진하는 것이 경쟁정보 담당자의 중요한 업무 중 하나이다. 국제전시회나 동종업계 행사 등에서 흔히 사용하는 방법이며 다양한 소스를 통해서 타깃에 접근하는 것이다. 핵심 비밀을 가지고 있는 경쟁사 임원들을 직접 접촉하여 답변을 알아내면 좋겠지만, 현실적으로 직접 만나서 정보를 들을 수는 없다. 타깃을 잘 아는 소스를 통해 간접적으로 타깃에 접근하여 획득하고자 하는 기업정보를 알아내는 것이 중요한데, 이러한 테크닉을 잘 활용하기 위해서는 먼저 소스와 타깃 간의 관계를 이해해야 한다.

흔히 영화에서 볼 수 있는 장면을 상상해 보자. 국제마약 거래상이나 테러집단의 두목을 잡기 위해서 미국의 정보기관 등에서 두목을 타깃으로 설정하고 타깃에 접촉할 수 있는 소스를 발굴하기 위해 고심하는 것을 자주 볼 수 있다. 상대국의 국가안보 비밀을 입수하기 위해 상대국 외교관이나 공무원을 타깃으로 삼아 공작 활동을 벌이는 장면도 심심치 않게 영화에서 볼 수 있다. 경쟁정보가 미국 정보기관의 국가정보 활동을 벤치마킹하여 시작되었다고 앞서 언급하였다. 전직 CIA 요원들이 민간업계로 자리를 옮기면서 정보기관에서 활용했던 국가정보 기법을 기업들에 전수하였으며 이제 기업들이 경쟁회사의 기업정보를 수집·분석하는 방법으로 활용하고 있다.

CIA 요원들이 타깃에 접근할 수 있는 신규 정보원을 발굴하는 데 활용하는 CIA 첩보 활동 테크닉을 리크루트먼트 사이클(The Recruitment Cycle)이라고 하는데, 이 과정은 물색(Spotting), 평가(Assessing), 육성(Developing), 리크루트말 꺼내기(Delivering The Final Recruitment Pitch) 등 4단계로 되어있다.[74] CIA 요원들은 타깃을 접촉하는 방법을 찾기 위해 집중하고 있으며, 처음에 어떻게 타깃과 접촉해야 할지가 가장 중요한 고민이라고 한다.

SNS가 등장하기 이전에는 타깃에 대한 사전연구에 많은 시간을 투자해야 했으나, 이제 사람들 대부분이 SNS를 사용하고 있으며, 특히 젊은 세대들은 페이스북, 인스타그램 등에 자신에 대한 정보를 노출하고 있기에 타깃에 대해 조금만 주의를 기울인다면 타깃이 지금 어디에서 무엇을 하는지도 쉽게 파악할 수 있으며, 잘 가는 장소, 좋아하는 음식, 스포츠, 취미, 종교 등 타깃에 대한 다양한 정보도 수집할 수 있다.

이러한 사전정보를 바탕으로 타깃을 처음 접촉할 장소를 섭외하고 구실을 마련하면 될 것이다. 만약 타깃을 접촉하는 것에 성공했다면, 타깃과 친해지기 위해 꼭 필요한 것은 타깃과 두 번째로 만나야 할 이유를 만들고, 두 번째 만남을 성사시키는 것이다.[75] CIA 교육과정에서 두 번째 만남을 성사시키는 데 상당한 중요성을 부여하고 있다고 한다. 영화 장면에서 나오는 정보기관 활동에서 볼 수 있는 타깃 공략방법과 경쟁정보 활동에서의 타깃 접근 방법 간에 가장 큰 차이점은 합법성이다. 경쟁정보 활동에서는 산업스파이 활동이 허용되지 않으며, 정상적이고 합법적인 방법을 통해 얼마든지 원하는 정보를 수집할 수 있다.

War Room 테크닉과 경쟁정보 수집 활동

워룸이란 용어는 1993년에 제작된 영화 〈워룸〉이 나오면서부터 대중화되기 시작하였으며, 미국에서 선거 활동은 물론 국방부 등 각 부처에서도 사용되었다. 기업체들이 국제전시회 및 콘퍼런스 등 각종 현장 활동에서 경쟁사의 경쟁정보를 수집하는 데 활용되고 있으며 계약수주, 기업 인수합병 등에도 사용된다.[76]

스티븐 M. 셰이커와 마크 P. 짐비키는 2001년에 출판된 저서 『워룸 가이드』에서 워룸을 활용한 CI 가공과정을 설명하면서 워룸의 개념을 "경제전쟁에서 승리를 거두기 위한 3대 전략의 핵심요소 중 하나인 최적의 의사결정 시스템을 개발하고 실행하는 것이다"라고 정의하고 있다. 그들은 "1991년 걸프 전쟁 당시에 사막의 폭풍 작전으로 이라크군을 공격하여 승리를 이끌었던 사령관 노먼 슈워츠코프 장군이 워룸을 사용하였으나, 이제 산업체에서 경쟁정보 전문가들이 시장 점유율 확대를 위한 치열한 기업경쟁에서 워룸기법을 활용하고 있다"라고 설명하였다.[77]

그림 9 ▸ 현장수집 테크닉

출처: 스티븐 M. 셰이커, 마크 P. 짐비키, 정범구 등 옮김, 『워룸 가이드』(시유시, 2001), p. 85.

    기업에서 워룸을 만드는 데 많은 돈을 들일 필요는 없다. 사무실과 간단한 게시판으로도 충분히 워룸을 꾸밀 수 있다. 기업이 인수합병, 전략기획 등 중요한 안건을 결정하기 위해서 워룸을 설치하면 의사결정 프로세스 전체를 쉽게 조망할 수 있다는 것이 장점이다. 경쟁정보 책임자, 분석 담당자, 수집 담당자를 비롯하여 다양한 부서에서 파견 나온 팀원들이 워룸에서 경쟁사와 관련된 다양한 정보를 한눈에 파악할 수 있도록 시각화하는 것이 중요하다. 정부에서 홍수, 코로나19 사태 등 국가 비상사태 발생 시에 종합상황실을 운영하면서 전국 각 지역의 상황을 종합하는 장면을 뉴스에서 간혹 보았을 것이다. 실제로 정부, 기업 등에서 워룸이 다양하게 활용되고 있다.

국제전시회에서의 경쟁정보 활동

스티븐 M. 셰이커와 마크 P. 짐비키가 가장 역점을 두고 설명하고 있는 부분은 쿼터백(Quarterback) 작전이다. 박람회나 업계회의 등에서 워룸 테크닉을 활용하여 합법적으로 경쟁사의 숨겨진 비밀 정보를 파악하여 자사의 의사결정에 활용하는 방법이다. 이 수집방법에는 정보분석 담당자, 정보수집 담당자, 소스, 타깃이라는 인물들이 등장하며 각자 맡겨진 임무를 공식적, 또는 비공식적 행사에서 수행하여 정보를 획득하는 과정을 설명하고 있다.[78]

〈그림 9. 현장수집 테크닉〉은 현장에 워룸인 현장 지휘소(Command Post)를 설치하고 경쟁정보(CI) 활동을 전개하는 전체 과정을 설명하고 있다. 일반적으로 워룸은 전시회 등 행사장에서 기술개발, 마케팅 전략, 시장진입 여부 등 경쟁사의 숨겨진 의도를 신속히 파악하는 데 적합한 휴민트(HUMINT) 수집 활동이다.

매년 라스베이거스에서 열리는 CES와 같은 국제전자제품 박람회에 참석하여 경쟁사의 신기술 동향을 파악한다고 가정하자. CI팀 책임자와 담당자들이 CES 전시장 인근인 호텔에 CP를 설치하고 CES 행사가 열리는 동안 경쟁정보 수집활동을 벌이는 것이다. CI팀 책임자는 회사 CEO로부터 경쟁사의 첨단 기술 동향을 수집하라는 특명을 받아 호텔 객실을 CP로 삼고 CI팀 직원들을 CES에 참가시켜 다양한 수집 활동을 통해 원하는 정보를 획득한다.

이 활동은 경쟁정보의 기본 사이클인 수집기획, 정보수집, 정보분석, 보고라는 4단계를 거치게 된다. 그리고 CEO의 요구사항을 받아 경쟁사의 첨단기술 동향에 대한 정보를 가진 타깃을 결정하고 타깃에 접근할 수 있는 인물(소스)을 확보하는 작업이 필요하다. 소스 발굴이 결정되었으면, CES에서 소스를 통해 타깃으로부터 정보를 획득하는 행동(action) 단계를 거쳐 이를 정보분석 담당 직원에 전달하는 과정으로 돌입하게 된다. CI 담당자는 타깃에 접근하기 위해 소스에 대한 사전 교육과 훈련이 필요하다. CES에서 타깃에 의심받지 않고 자연스럽게 접근할 수 있는 시나리오 등을 만들어 교육하고 소스가 타깃을 접촉한 이후에 확보한 정보를 소스로부터 입수한다.

CES 현장에서 수집된 정보는 정보분석 담당자가 분석을 통해 종합적으로 판단을 한 후, 현장 지휘소(CP)를 총괄하는 CI 책임자를 통해 회사의 CEO에게 보고되는 과정을 거친다. CEO는 이 고급정보(Intelligence)를 활용하여 중요한 의사결정을 내리게 된다. 이 방법은 주로 현장에서 실시되는 경쟁정보 수집 테크닉이며 주로 휴민트 활동에 의존하므로 고도의 집중력과 뛰어난 경쟁정보 활동능력이 필요하다. 경쟁사들이 유명한 국제전시회나 콘퍼런스에 참석하기 때문에, 경쟁사의 기술, 제품, 전략 등을 파악하는 좋은 기회를 얻을 수 있다.

기업들이 CES와 같은 대규모 전시회 등에 짧으면 2~3일, 길게는 1주일 이상씩 체류하고 있기에 주어진 시간 내에서 경쟁사 임직원을 타깃으로 설정하고 필요한 정보를 수집해야 한다. 자사 직원이 세미나 장소에서 타깃을 직접 접촉하거나 외부인사를 소스로 투입하여 정보수집 활동을 전개하기도 한다. 이때 유의해야 할 점은 CI팀 책임자가 철저하게 사전 시나리오를 기획해 놓아야 한다는 것이다. 전시회에서 짧은 기간 내에 휴민트 활동이 진행되기 때문에 소스가 타깃을 처음 접촉할 때에 다시 한번 더 접촉할 수 있는 구실을 잘 만들어야 한다.

서로가 구면일 경우 자연스럽게 약속을 다시 할 수 있겠지만, 처음 만나는 상황에서 다시 만나자고 하면 특별한 이유가 아니면 대부분이 거절할 것이다. 타깃인 경쟁사 임직원이 쉽게 거절할 수 없을 정도의 영향력 있는 인사를 소스로 섭외해 놓거나, 다시 만나자는 약속의 이유가 설득력이 있어야 한다. 천신만고 끝에 소스가 경쟁사 임직원인 타깃과 공식 행사장 또는 오·만찬 식사 등에서 다시 만날 약속을 하였을 경우, 이 순간을 최대로 활용하여 얻고자 하는 정보를 확보해야 한다. CI팀 책임자는 소스와 경쟁사 타깃 간의 접촉과정에서 어떻게 대화해야 할 것인지에 대한 대화 포인트를 디자인해야 한다(그림 8). 짧은 시간 내에 많은 정보를 얻을 수 없다. 이미 확보한 1·2차 소스들을 통해 경쟁사의 비밀에 대한 큰 그림을 그려보고, 빠진 정보가 무엇인지를 확인한 후에 2~3개 정도의 결정적인 정보 조각 수집에 주력해야 한다. 필요한 정보가 무엇인지 소스에 다시 한번 상기시키고, 타깃과의 접촉과정에서 의심받지 않고 자연스럽게 질문할 수 있도록 시나리오를 미리 기획해야 한다.

성공적인 협상전략과 보디랭귀지

협상전략

우리는 일상생활이나 기업활동에서 수시로 주변 환경과 협상을 한다. 예를 들어 주택을 사거나 전셋집을 구하기 위해 공인중개사무소에서 가격협상을 하거나 자동차 대리점에서 자동차 구매를 둘러싸고 세일즈맨과 협상을 해본 경험이 있다. 스마트폰 대리점에서 자신에 맞는 제품을 구매하기 위해 대리점 사장과 협상을 벌였던 기억도 있다. 동남아 등 해외 여행지에서 물건을 구매할 때, 가격을 흥정해보았을 것이다. 특히 기업에서 협상은 매우 중요한 부분을 차지한다. 대기업과 노조 간의 연봉협상이 진행되는 것을 볼 수 있다. 연봉협상이 아주 힘겹게 타결되기도 하고 때로는 서로 의견이 맞지 않아서 결렬되는 상황도 본다. 기업 인수합병 시에도 이러한 모습을 자주 보게 된다. 천문학적인 금액이 달려있기 때문에 협상 과정에서 매수자와 매도자는 제각기 전문가를 고용하여 협상에 임하게 된다.

회사에서 각 부서 간에도 업무협조나 업무분담을 위해 직원 간에는 물론 부서장 간에도 회의를 통해 협상한다. 이렇듯이 협상은 개인 간에는 물론 기업 간 늘 발생하는 중요한 일이다. 경쟁정보 수집 활동에서 휴민트의 중요성을 설명한 바 있다. 휴민트 활동을 한다는 것은 기본적으로 상대방의 마음을 사로잡아 협조자로 만들어 내가 원하는 방향으로 이끌어 가는 것이다. 사람 마음을 사로잡는다는 것이 쉽지만은 않다. 특히 처음 상대하는 사람에게 호감을 주고 향후 또다시 만날 수 있도록 하며, 서로 간의 이해가 충돌될 때 적당한 선에서 양보를 하면서, 내가 원하는 방향으로 결론을 이끌어 가는 기술이 필요하다. 협상력을 높이기 위해서는 우선 상대방과의 신뢰감을 구축하는 것이 아주 중요하며, 이를 위해서는 상대방이 무엇을 말하려는지 그 의도를 정확하게 파악해야 하며 경청해야 한다. 상대방이 충분히 자신의 상황을 마음 놓고 편하게 설명하도록 들어주는 능력이 필요하다. 통상 양자 간의 대화 중 70%는 들어주고 30% 정도는 내가 원하는 방향으로 대화를 진행할 수 있도록 적절히 피드백을 주거나 적당한 질문을 하여 상대방이 계속 대화를 이어가도록 지원해주는 것이다.

대화 시에는 상대방을 진지하게 쳐다보면서 경청해야 한다. 상대방이 말하는데 딴 곳을 본다든지, 자주 하품을 하여 상대방에게 불쾌감을 주어서는 안 된다. 대화가 어느 정도 진전된 이후 상대방이 자신의 의견을 충분히 피력하였다면, 대화를 마무리하기 전에 상대방의 말을 요약하여 다시 한번 다짐을 받는 것이 좋다.

상대방에게 질문하는 테크닉도 중요하다. 나의 질문에 상대방이 단답형으로 대답하는 폐쇄적인 방법은 지양해야 한다. 상대방이 생각과 의도를 폭넓게 설명할 수 있도록 유도하는 화법이 필요하다. FBI는 인질극을 벌이는 범인들을 상대로 협상하는 과정에서 개방형 질문방법을 활용한다.[79] 수사기관에서는 5W·1H라는 육하원칙 중에서 주로 어떻게(How), 무엇(What)이라는 단어를 즐겨 사용한다.

영화를 통해 FBI나 CIA 요원들이 테러리스트를 심문하는 장면을 간혹 본다. 국내 영화에서도 검찰 수사관이나 경찰 형사가 범인을 심문할 때 범인이 질문에 대답하지 않아 애를 태우는 장면을 보게 된다. 전문 프로파일러가 살인범을 대상으로 과거 살인범죄 행위까지 알아내기 위해서 치열한 두뇌 싸움을 벌인다. 범인 심문 과정에서 다양한 테크닉이 사용되지만 가장 기본적인 것은 범인에게 질문을 회피할 기회를 주지 않는 것이다. 범인에게 열린 개방형 질문을 던져 마치 범인이 수사관과의 대화에서 범인 자신이 대화를 주도하는 것처럼 착각을 일으키게 만드는 방법이다.[80] 이것이 개방형 질문의 위력이다. 최근 전직 FBI, CIA 요원들이 자신의 수사경험을 바탕으로 효과적으로 협상하는 방법과 관련된 책들을 출간하고 있다. 정보기관에서 범인을 다루는 테크닉이 이제는 민간기업이나 일반인들에게도 대중화되고 있다.

대기업이나 중소기업들은 구매자와 공급업체 관계의 중요성을 잘 알고 있을 것이다. 납품업체 대표가 자신의 상품을 납품하기 위해 흔히 구매업체의 담당 직원들과 비즈니스 미팅을 하게 된다. 협상 과정에서 애초 의도와 달리 상대방의 자존심 등을 건드려서 결렬되는 경우가 간혹 발생한다. 협상 과정에서 개방형 질문을 던지는 것이 효과적일 때도 있다. 예를 들자면 "당신 회사가 처해 있는 가장 큰 문제점은 무엇이라고 생각하십니까?", "당신 회사에서 중요시하는 것은 어떤 점입니까?", "우리 회사에서 어떻게 하면 좋겠습니까?", "우리 제품의 어떤 점이 끌리셨나요?", "우리 회사제품을 어떻게 생각하시나요?" 등의 방법으로 상대방에게 질문을 던질 경우, 상대방이 자신이 생각하고 있는 점들을 막힘없이 설명하게 된다는 것이다. 협상 과정에서 상대방을 설득하거나 많은 정보를 얻기 위해서는 단답형의 질문이 아니라 개방형 질문을 통해 상대방이 스스로 입장을 상세하게 설명하도록 유도하는 것이 중요하다.

기업 임직원들이 협상 파트너를 만나는 기회가 빈번하다. 바이어와 협력업체 간의 관계 속에서 바이어 측의 직원들이 갑질을 하는 경우도 종종 발생한다. 바이어와 협력업체의 관계는 갑을 간의 관계가 아니라, 서로 함께 상생하는 관계로 발전되는 것이 가장 바람직스럽다. 먼저 협상 파트너와 우호적인 관계를 구축하는 것이 협상 과정에서 필요하다. 가능하다면 상대방이 좋아하는 음식점에서 식사하면서 상대방의 감정을 우호적인 분위기로 끌어내는 것도 필요하다. 과도한 접대는 오히려 불필요한 오해를 초래하게 된다. 요즘은 MZ세대도 골프를 치면서 데이트를 하거나 사교모임을 하는 세상이다. 주말에 협상 파트너와 함께 골프장에서 시간을 보내면서 서로의 속마음을 타진하는 것도 필요하다. 국가 간의 정상회담에서도 원만한 협상을 위해 상대방 국가원수를 극진히 대접하여 우호적인 분위기를 조성한다. 기업이나 개인 간에도 마찬가지다.

기업 간의 중요한 협상에서 상대방 기업의 CEO나 협상단 대표에 대한 인적사항, 협상 스타일 등을 사전에 파악하는 것도 도움이 된다. 경쟁정보팀 직원들은 인수합병, 기업투자, 기업 간의 협상, CEO 회의, 국내외 입찰참가 등에서 대상기업의 CEO에 대한 프로파일링을 추진하는 것이 필요하다. 회사의 운명을 좌우하는 중대한 사안에 대해 경쟁사 CEO가 어떠한 생각을 하고 있는지 예상해 보는 것도 좋다. 여기서 한 발짝 더 나가서 협상에 임하는 상대편 업체 임원들의 협상 스타일을 미리 알아내어 그 스타일에 맞추어서 협상 방식을 전개한다면 효과를 거둘 수 있다. 협상 상대방의 성향이 사교적인지, 성과 지향적인지, 분석적인지 등 다양한 형태로 분석해 볼 수 있다. 최근 MZ세대에서 인기 있는 MBTI를 활용해도 도움이 될 것이다.

보디랭귀지

기업 간의 협상이나 휴민트 활동 중에 상대방이 거짓말을 하고 있는지를 파악해야 할 때가 종종 발생한다. 경쟁정보팀 직원들은 경쟁사 직원들의 역정보에 당황한 적이 한 번쯤 있을 것이다. 경쟁정보 담당 직원이 휴민트 활동을 위해 소스를 만나서 대화를 할 때, 소스가 거짓말을 하거나 소스가 제공한 정보가 정확한지를 확인해야 할 때가 있을 수도 있다. 이때 상대방의 말, 표정, 몸짓 등으로 거짓말 여부를 판단할 수 있다.

우리가 상대방과 대화할 때 말하는 사람의 음성(목소리 톤)과 보디랭귀지가 상대방에게 각각 38%, 55% 정도 영향을 주는 반면 정작 전달하려는 대화(말) 내용은 단지 7%밖에 영향을 미치지 않는다는 연구결과가 있다. 앨버트 메라비언 교수가 만든 7-38-55 법칙이다.[81] 몸짓과 음성은 대화 과정에서 상대방에게 자신의 숨겨진 의도를 드러낸다. 따라서 FBI, CIA 등에서는 범인들을 심문하는 과정에서 범인들의 몸짓과 음성 등이 질문에 맞는 반응을 보이는지 유심히 관찰한다. 예를 들면, 보통 상대방의 질문에 대해 맞으면 고개를 끄떡이면서 '예'라고 답변한다. 그러나 고개를 끄덕이면서 '아니요'라고 대답하던지, 고개를 좌우로 흔들면서 '예'라고 대답한다면 범인들의 답변과 몸짓이 일치하지 않게 된다. 이것은 범인이 거짓말을 하고 있다는 증거이다. 전 CIA 요원인 필 휴스턴은 거짓말을 나타내는 신체적 신호들을 발견하는 전술행동평가(TBA, Tactical Behavior Assessment)를 개발하였다.[82]

전 FBI 수사관인 조 내버로는 저서 『FBI 비즈니스 심리학』(2010)에서 FBI 수사관 재직시절 범인들을 심문하던 테크닉을 민간부문에서도 활용하도록 상대방의 보디랭귀지를 해석하는 다양한 방법을 설명하고 있다. 조 내버로는 이 책에서 손, 팔, 다리, 표정, 몸 등 다양한 동작을 통해 인간이 본능적으로 감정을 드러내고 있다고 설명하고 있다. 경쟁정보 담당자들이 협상 장소에서나 소스 등과의 접촉 등 다양한 환경에서 대상자의 보디랭귀지를 잘 해석한다면, 상대방이 어떤 점에 불편해하고 있고 나의 어떤 제안에 만족하고 있으며, 혹은 거짓말을 하고 있다는 것을 파악할 수 있다. 기업에서 직원들이 평소 보디랭귀지 해석에 대한 집중적인 훈련을 하고, 실제 비즈니스 현장에서 이를 잘 활용할 경우, 상당한 효과를 얻을 수 있다.

서방국가의 정치인들은 보디랭귀지를 통해 자신의 의도를 대중들에게 확실하게 전달한다. 대표적인 인물이 트럼프 전 대통령이다. 트럼프는 항상 대중들에게 자신감이 넘치는 표정과 손짓 등을 하였다. 특히 양손으로 '첨탑 모양'을 만드는 행동을 수시로 하는데, 이는 본인 생각과 입장을 확신한다는 자신감에 찬 모습을 보여주는 것이다. 트럼프 전 대통령은 2016년 11월 미 대선에서 대통령에 당선된 이후 정권 인수인계를 위해 오바마 대통령과 만난 자리에서도 '첨탑 모양'을 하였으며, 한미정상회담, 미북정상회담 등에서 자신감을 나타내기 위해 이러한 몸짓을 하였다.

표 4 ▸ 거짓말 징후로 보이는 보디랭귀지·말 표현 Check Point[83]

☑	동공이 확대되고 잦은 말실수를 한다.
☑	상세한 설명을 피하려 한다.
☑	모두, 항상, 모든 사람, 아무도, 어느 누구도 등 '모두'를 뜻하는 말을 많이 사용한다.
☑	솔직히, 정직하게 말해서, 기본적으로 등의 단어를 자주 사용한다.
☑	종교를 들먹이는 말(신께 맹세하건대 등)을 한다.
☑	대화하면서 연필을 정돈하거나 테이블 위의 클립들을 나란히 세운다.
☑	평소와 다르게 시선을 피하려 하거나 시선을 더욱 마주치려고 한다.
☑	자신의 신체 일부를 자주 만지고, 갑자기 땀을 흘린다.
☑	목소리 톤이 높아지고, 그럴 만한 이유도 없는데도 얼굴이 붉어진다.
☑	평소보다 눈을 더 많이 깜빡이며 손으로 입을 가리고 닦는 시늉을 하거나, 문지르고 입술을 물어뜯는 행동을 보인다.
☑	헛기침하며 코를 문지르고 침을 자주 삼키며 입술 안쪽을 깨문다.

4. 경쟁정보형 비즈니스맨

경쟁정보형 비즈니스맨이 되기 위해서는 평소 꾸준한 노력을 해야 한다. 가장 기본적인 방법은 산업 동향, 경쟁사 등의 내용이 담긴 경제기사를 숙독하는 것은 물론이고 현재 세계 정치·경제 상황이 어떻게 전개되고 있는지에 대한 동향도 파악해야 한다. 신문과 전문잡지 등을 꾸준히 읽는다면, 기술 트렌드, 국제정세, 국제경제 전망 등에 대한 상식이 축적되어 향후 다가올 미래사회에 대한 통찰력을 가지게 된다.

4차 산업혁명시대에 돌입한 이후 첨단 기술변화 속도는 하루가 다르게 빨라지고 있다. 국내외 정치·경제·문화에 대한 일반상식을 갖고 있어야만 기업에서 경쟁정보 활동을 무난하게 할 수 있다. 경쟁정보 담당자는 회사 안에 있는 영업·마케팅·기술개발·생산·기획 등 다양한 부서 직원들과 관계를 구축해야 함은 물론 회사 밖에서 정부 관료, 교수, 산업전문가, 경쟁사 직원, 협력업체 간부, 기자, 협회 간부, 금융권 인사, 증권사 직원 등 다양한 인사들과 교류하고 인맥을 구축해야만 한다. 회사 내외에서 어떤 종류의 사람들을 접촉하더라도 업무적인 대화를 할 수 있어야 하기에 평소 다양한 분야에서 전문가 수준의 지식을 꾸준하게 쌓아야만 한다.

경쟁정보 담당자들은 회사 내에서 대부분 시간을 보내면 안 된다. 광범위한 인맥 네트워크를 구축하는 것은 각 담당자의 역량에 비례한다. 담당자가 소극적인 성향을 갖고 있어 점심시간이나 저녁시간을 회사 동료들과 함께 보내면 경쟁정보 임무를 수행하는 데 어려움을 겪을 것이다. 점심시간을 활용하여 회사 밖에 있는 사람들과 인맥을 확장해야 한다. 사회 각계 인사들과의 인맥 확장은 하루아침에 이룰 수 있는 일이 아니다. 꾸준하게 시간과 열정을 투자해야만 얻을 수 있다. 미리 사전에 만날 사람을 선정하는 일정표 계획을 세워 놓고 다양한 사람들을 만나야 한다. 일반적으로 직장인들은 동료들과 함께 맥주나 소주 한 잔 등으로 하루의 스트레스를 풀기도 한다. 경쟁정보 담당자들은 저녁 시간이 업무를 수행하는 황금시간이다. 적어도 몇 주 전부터 필요한 인물들과의 오·만찬 약속을 정해 놓고 만나야 하기에 개인 시간이 별로 없다. 갑작스럽게 떨어질 새로운 미션을 성공적으로 수행하기 위한 투자라고 보면 된다. 평소 다져놓은 다양한 소스들과의 네트워크는 후일 값진 보상을 해줄 것이다.

가끔 시간을 내어 대형 서점에 가서 최근 가장 유행하는 책들을 통해 경제 동향, 트렌드, 국민 관심사, 소비자 동향 등을 확인해보는 것이 바람직하다. 대화 소재로도 중요하다. 분기별이나 정기적으로 대형 서점에 가면, 최근 유행하는 기술 및 산업과 관련된 책들이 서점 한가운데 놓여 있는 것을 보게 된다. 메타버스, NFT와 연관된 책들이 수년 전에만 해도 거의 찾아볼 수 없었다. 그러나 지금 서점을 방문하여 확인해보면 메타버스, NFT, 챗GPT와 관련된 서적들이 많이 나와 있다. 베스트셀러 책들은 그 시대의 흐름을 반영하고 있기에 읽어보는 것이 좋다.

현재 메타(페이스북)는 물론이고 SK텔레콤, KT 등 국내외 기업들이 미래 신개척지인 메타버스 산업을 선점하기 위한 경쟁에 돌입하고 있다. 네이버의 제페토가 이미 글로벌 플랫폼으로 자리를 잡았고, 네이버는 메타버스 분야를 강화하기 위해 새롭게 아크버스를 시작했다. 현재 우리는 SNS에 익숙해 있는데 메타버스라는 새로운 세상이 등장함에 따라 SNS 사용자들이 이곳으로 대거 이동할 날도 멀지 않았다.

경쟁정보형 비즈니스맨은 어떤 문제에 직면할 때 몰입을 통한 해결능력이 뛰어나야 한다. 문제를 발견하는 능력뿐만 아니라 해결책을 제시하고, 실제로 시장에서 수익을 창조할 수 있어야 한다. 경쟁정보 담당자는 CEO로부터 중요한 일들을 파악해보라는 지시를 받는다. 주어진 시간 내에 그 현안과 관련한 문제점을 파악하는 동시에 CEO에게 해결책을 제시해야 한다. CEO가 그 해결책을 채택하고 경쟁사와의 대결에서 승리하게 되면 경쟁정보팀 담당자는 제 역할을 다한 것이다.

이러한 능력을 발휘하기 위해서는 평소 특별한 훈련을 해야 한다. 빌 게이츠는 마이크로소프트(MS)에서 회장으로 재직했던 시절에 정기적으로 'Think Week' 행사를 하곤 했다. 일상적인 업무에서 벗어나 한적한 곳에서 앞으로 해야 할 기업의 전략적인 방향을 구상하였다. 삼성 이병철 회장은 일본에서 새해 구상을 하였으며 이건희 회장도 사색을 무척 좋아했다. 성공한 기업인들은 새로운 아이디어를 얻기 위해 사색 활동을 즐겨한다. 경쟁정보 활동은 참으로 복잡한 작업이다. 경쟁사, 시장, 소비자에 대한 정보를 끊임없이 수집하고 분석하는 과정을 거쳐야 하기에 창조적인 생각이 필요하다. 가끔 산책하면서 사색 활동을 통해 머릿속의 생각을 정리하고 새롭고 창조적인 생각을 끊임없이 공급해야 한다.

기업환경이 4차 산업혁명시대로 급격하게 전환될수록 대기업들이 기술변화를 따라가기 위해서 기술집약 스타트업을 많이 인수하게 된다. 구글, 페이스북, 아마존, 마이크로소프트, 애플 등 미국의 대표적인 기업들은 새로운 첨단기술, 우수인력 확보 등의 이유로 발 빠르게 시장에서 인수합병 활동을 벌이고 있다. 구글의 대표적인 성공사례는 Youtube를 인수한 것이다. 구글은 광고가 주력 수익원인데 Youtube는 광고로 수익을 창출하는 핵심적인 역할을 하고 있다. 페이스북도 인스타그램을 인수합병하여 인스타그램이 젊은 층에서 선풍적인 인기를 얻고 있다.

글로벌 IT·BT 산업에서는 대기업들이 혁신적인 기술을 보유한 스타트업 인수를 위해 철저하게 시장조사를 하고 있다. 중국 기업들은 글로벌 브랜드 확보를 위해 세계적인 업체들을 인수해왔다. 대표적인 사례를 보면 중국의 가전회사인 하이얼이 100년 이상의 전통을 가진 백색가전의 대표기업인 GE의 가전 부분을 인수하여 성공적으로 글로벌 시장을 확대해 나가고 있으며, 중국의 PC 회사였던 레노버도 IBM의 PC 부분을 인수한 후에 구글로부터 모토로라의 휴대폰 사업까지 인수한 바 있다. 중국 가전기업들은 유럽기업들을 대상으로 인수를 해왔으며, 대만 폭스콘이 일본의 가전회사 샤프를 인수했고 마이크로소프트로부터 노키아의 휴대폰 사업을 인수했다. 애플도 인공지능 회사인 시리를 시작으로 해서 수많은 스타트업을 인수하고 있다. 미래에셋은 증권업계 1위였던 대우증권을 성공적으로 인수하여 현재 미래에셋대우로 다시 탄생하여 증권업계의 큰손으로 위력을 발휘하고 있다.

인수합병(M&A) 과정에서 실패한 사례도 있다. 구글과 마이크로소프트가 휴대폰 사업에 진출하기 위해 각각 모토로라와 노키아의 휴대폰 사업 부문을 인수했으나 큰 손해를 보고 매각하였다. 메르스 벤츠사도 크라이슬러사를 인수한 후 사업문화가 맞지 않아 다시 매각하였다. 중국의 대표적인 가전업체인 TCL도 프랑스 통신장비 업체인 알카텔과 휴대폰 합작법인을 만들었으나 실패로 끝났다.

한국에서도 인수합병이 실패로 끝난 사례를 찾아볼 수 있다. '승자의 저주'라는 말이 있다. 금호아시아나그룹이 대우건설을 비싼 가격으로 인수한 후에 유동성 위기를 얻게 되어 다시 매각하였다. 금호아시아나그룹이 대우건설(2006년)과 대한유통(2008년)을 무리하게 인수함에 따라 모기업인 아시아나항공까지 매각하는 비운을 겪었다. '승자의 저주'라는 트라우마를 극복하지 못하였다. 금호아시아나그룹은 CEO의 과욕으로 인해 어려운 상황에 빠지게 되었다.

대기업들이 가장 조심해야 할 문제가 CEO 리스크이다. 만일 CEO가 독선적인 태도로 잘못된 판단을 내릴 경우, 기업 전체가 큰 타격을 입게 되어 침몰 위기에 빠질 수도 있다. 금호아시아나그룹은 대우건설과 대한유통을 인수하는 과정에서 시중 감정가보다 훨씬 많은 돈을 주고 무리하게 매입하여 재정적인 문제를 초래하였다. 대우건설과 대한유통은 헐값으로 다시 매각되었으며, 산업은행 등 주거래 은행들의 성화에 못 이겨서 금호아시아나그룹의 주력기업인 아시아나항공을 시중에 인수합병 매물로 내놓았다. 미래에셋대우와 손을 잡았던 현대산업개발이 최종 우선협상자로 지명되었으나, 코로나19 사태로 항공업계의 재정 상황이 악화하자 인수를 포기하였으며 대한항공이 산업은행과의 협상을 통해 아시아나항공을 인수하였다.

웅진그룹도 극동건설을 무리하게 인수하여 모기업인 웅진 코웨이까지 매각하여 큰 위기를 겪은 바도 있다. 한편 쌍용그룹이 해체된 이후 쌍용자동차의 주인이 수차례 바뀌었다. 중국, 인도 자동차회사를 거쳐서 지난 2022년 중견기업인 KG그룹이 쌍용자동차를 인수하였다. 그동안 쌍용자동차는 중국·인도 업체의 인수합병 과정을 거치면서 현대차, 기아차, GM, 르노코리아 등과 치열한 경쟁이 벌어지고 있는 국내 자동차 시장에서 핵심 경쟁력을 확보하지 못했다. 빈번한 경영진 교체, 소극적 투자와 기술 혁신 부족 등이 문제점으로 작용했다. 최근 세계 자동차산업은 중대한 전환점을 맞이하고 있다. 전기차 시대의 본격적인 진입, 모빌리티 시대 전환, 소프트웨어와 하드웨어와의 결합 등 다양한 변화들이 일어나고 있다. KG그룹은 그동안 쌍용자동차가 주력해왔던 내연기관 중심의 자동차 생산체제를 과감하게 버려야 한다. 전기차 시대에 맞는 생산체제로 전환해야 한다. CEO의 결단력이 매우 중요한 시점이다. 산업변화를 감지하고 새로운 도전을 위해서는 경쟁정보 활동이 필요하다.

한편 인수합병 과정에서 인수대상 업체에 대한 재정적인 결함이 발견되어 중간에 인수를 포기한 사례도 있다. 2018년 호반건설이 대우건설 인수를 위한 실사 막바지 과정에서 해외사업의 부실상황이 발견되어 인수를 포기하였다.[84] 호반건설이 대형건설사인 대우건설을 인수할 경우, 덩치 면에서 굴지의 재벌기업으로 커질 수는 있겠지만, 인수 후에 대우건설의 해외사업 문제점이 악재가 되어 호반건설의 발목을 잡을 위험도 있었다.

저가 항공사인 이스타나 항공사 인수자로 예상되었던 애경그룹의 제주항공사도 이스타나의 부실한 재정상태로 말미암아 인수를 포기하였다. 무리한 기업 인수는 모기업까지 악영향을 미치는 '승자의 저주'에 빠질 수 있기 때문이다.

경쟁정보 활동은 글로벌 기업들의 인수합병에도 상당한 영향력을 발휘하고 있다. 서구기업들은 기업 성장 동력으로 스타트업이나 경쟁기업들을 인수합병하는 사례가 비일비재하다. IT산업에서는 수많은 인수합병이 일어나고 있으며, 스타트업 인수를 통해 신기술을 장착하고 소비자들의 새로운 니즈를 충족시킨다. 마치 초식 공룡이 엄청난 체구를 유지하기 위해 주변의 풀을 남김없이 먹어버리는 장면이 연상된다. 서구지역에서는 대기업과 스타트업 간에 상생 관계를 유지하고 있다. 스타트업 CEO와 동료들은 대기업에 엄청난 금액으로 회사를 매각하여 거액을 챙기는 행운을 갖게 된다. 그들은 이 자금을 종잣돈으로 삼아서 다른 스타트업에 도전하고 있다.

인수합병은 스타트업 생태계를 유지하는 역할을 한다. 스타트업이 대기업들의 매각 요청에도 불구하고 끝까지 버티면서 대기업으로 성장한 사례도 많다. 페이스북의 마크 저커버그가 대표적인 사례다. 마크 저커버그는 회사를 매각하라는 달콤한 제안에도 불구하고 이를 거절하고 혁신가로서 족적을 남기고 있다. 구글, 페이스북, 애플 등 IT 기업들은 끊임없는 인수합병을 통해 기업의 덩치를 키우고 있다. 구글은 유튜브라는 신생업체에, 페이스북은 인스타그램이라는 스타트업에 천문학적인 돈을 지급하고 인수하였다. 그 결과는 대성공이었다. 유튜브는 세계적인 SNS로 자리 잡았으며, 인스타그램도 전 세계 이용자들의 사랑을 받고 있다. 유튜브와 인스타그램은 구글과 페이스북이 이뤄내지 못했던 동영상, 사진이라는 새로운 혁신적인 영역을 개척하였다.

새로운 시장을 선점하기 위해 잠재력이 풍부한 스타트업들을 주저하지 않고 인수한 구글과 페이스북 CEO의 전략적인 의사결정이 구글·페이스북 주주들에게 막대한 이익을 주었다. 잠재력이 있는 스타트업을 발굴하고 CEO에게 새로운 산업의 중요성을 설득하는 것이 경쟁정보의 역할이다.

인수합병은 기업의 운명을 좌우할 정도의 파괴력을 보인다. CEO가 전략적인 의사결정을 잘못할 경우, 모기업까지 파산할 정도로 그 파급영향이 위협적이다. 넷플릭스 창업자인 리드 헤이스팅스가 창업 초창기인 2000년, 재정적인 어려움에 빠져서 블록버스터 CEO 존 안티오코에 넷플릭스 매각을 제안하였다. 그러나 블록버스터 CEO는 일언지하에 거절하였다. 블록버스터 CEO는 넷플릭스의 잠재적인 가치를 제대로 알아보지 못했고, 향후 블록버스터를 파산에 이끌 수 있는 위협적인 존재라는 사실도 전혀 인식하지 못하였다. 만약 그 당시 블록버스터가 넷플릭스를 인수하였다면, 블록버스터는 파산하지 않았을 것이며, 현재까지 OTT 업계의 가장 강력한 경쟁자 중 하나로 자리매김을 하고 있을 것이다. 구글, 페이스북, 애플 등은 이러한 실수를 하지 않기 위해서 끊임없이 미래의 경쟁자들을 대상으로 사냥감을 찾고 있다.

CEO가 맹점을 갖고 인수합병에 매달렸을 때 닥쳐올 위기는 '승자의 독배'이다. 인수합병 작업을 추진하는 기업은 인수합병에 따른 장·단점과 향후 모기업에 미칠 파장, 인수합병 이후 산업지형 변화도, 소비자의 선호도, 자금 사정, 기술력 및 인재확보 등 다양한 측면을 면밀하게 검토해야 한다. 경쟁정보팀(CI팀)이 이러한 역할을 담당하며 인수합병 전부터 후보자 물망에 거론되는 기업들을 찾고, 해당 기업들의 장·단점, 현재 여건, 문제점, 인수합병에 대한 정부 제재, 국제사회 동향 등을 다각적으로 분석한다.

가장 중요한 것은 인수합병 여부에 대한 최종 결정을 내리는 CEO의 태도이다. CEO가 합리적이고 전략적으로 인수합병을 추진해야 '승자의 독배'를 마시지 않게 된다. 만일 CEO가 시장 상황을 제대로 분석한 경쟁정보팀의 보고서를 무시한 채 자신 생각만을 고집하고 개인적인 영웅주의에 심취한다면 그 인수합병의 결과는 엄청난 후유증을 초래할 것이다.

최근 국내시장도 글로벌 시장의 축소판이 되어가고 있으며 다양한 분야에서 인수합병이 진행되고 있는데 대표적인 사례는 MZ세대 소비자들이 관심을 쏟고 있는 음식배달앱 시장이다. 배달의 민족이 국내 음식배달앱의 발전을 주도해 왔으며, 선두주자로서 요기요, 배달통과 함께 치열한 경쟁을 벌였다. 딜리버리히어로는 이미 한국 시장에서 배달의 민족의 경쟁자였던 요기요와 배달통을 인수하였다. 딜리버리히어로가 막대한 자본을 앞세워 공세적으로 추격해오자 배달의 민족 CEO인 김봉진은 시장 수성에 어려움을 느끼고 배달의 민족 지분을 경쟁사인 딜리버리히어로에 넘겨주었다.

최근 건설업계에서도 지각변동이 생겼다. 2022년 중견기업인 중흥건설이 국내 1위의 건설업체인 대우건설을 2조 671억 원에 인수하였다.[85] 중흥건설은 호남지방을 기반으로 성장한 중견기업이다. 시중에서는 "새우가 고래를 삼키었다"라는 말을 하고 있다. 중흥건설이 업계 1위의 대우건설 인수에 나섰을 때 많은 고민을 했을 것이다. 재무여건이 튼튼한 호반건설도 한때 대우건설 인수를 위해 도전장을 내밀었던 적이 있었다. 우선협상자에 선정되어 대우건설을 실사하던 중 대우건설의 해외공사와 관련된 문제가 발견되어 인수를 포기했던 사례가 있다. 대기업에 대한 인수합병을 잘못 추진할 경우, '승자의 저주'를 받을 소지가 많아 조심스럽게 접근하게 된다. 인수합병의 후유증이 발생하지 않고 기존 기업 조직과 잘 융합한다면 기업의 사세가 확연하게 커지게 될 것이다. 중흥건설은 2022년 기준으로 재계 20위권에 진입하였다. 중흥건설이 대우건설과의 시너지 효과를 낼 경우, 대우건설에 대한 인수합병은 국내 건설업계에서 성공사례로 남게 될 것이며 경쟁정보 활동도 성공적이었다는 평가를 받게 될 것이다.

　인수합병 과정에서 주의해야 할 사항도 있다. CI팀은 원활한 인수합병을 위해 인수할 대상업체들의 리스트를 확보하고 이 회사들의 장·단점을 잘 파악해야 하며, 특히 CEO가 인수를 원하는 목적에 맞춰 대상업체를 물색해야 한다. 글로벌 기업들은 첨단기술이나 뛰어난 기술인력 확보 등을 목적으로 스타트업을 인수한다. 우리나라의 경우에는 그룹 해체 또는 모기업의 재정난으로 인해 매각하는 사례가 많은데, 이럴 땐 적절한 인수 가격을 책정하는 것이 중요하다. 인수 가격을 결정하는 과정에서 인수하는 기업의 CEO 의지가 과다하게 반영될 경우, 자칫 대상업체의 인수 가격을 시중에서 평가하는 가격보다 더 비싸게 매입하는 실수를 저지를 수 있어 조심해야 한다.

　우리나라에서 인수합병은 중견기업이 대기업으로 도약하는 몸집 키우기 수단으로 활용되어왔다. 과거 우리나라 대기업 상당수가 정부의 산업합리화 정책 등에 따라 인수합병을 추진해 온 경험이 많다. 경쟁정보팀 활동이 인수합병에서 중요한 역할을 하게 된다. 경쟁정보를 활용하면 체계적이고 효율적인 인수합병 활동을 하게 될 것이다. CEO도 개인적인 감정을 억누르고 CI팀 보고서를 토대로 현명한 의사결정을 한다면 '승자의 저주'와 같은 큰 실수를 범하지 않을 것이다.

인수합병 Tip

인수합병을 추진하면서 먼저 대상기업을 선정하는 데 많은 시간과 노력을 들여야 한다. 경쟁정보팀은 대상 후보 기업군 중에서 적절한 기업을 발견하고 회사 및 주주현황, 재무제표, 시장 점유율, 인적자원, 기술력 및 연구개발 실적, 노사관계, 중요계약, 새로운 사업 등의 기초자료를 수집하기 위해 비밀리에 조사 활동을 진행한다.

인수합병 절차에서 가장 중요한 점은 적정한 가격에 인수하는 것이다. 인수회사 처지에서는 평가가격을 낮출 수 있는 흠집을 많이 찾아야 한다. 상대방 기업의 부실한 재무상태, 노후화된 공장설비, 기술력 부재, 회사 임원진의 능력 부족 등 약점을 들춘다. 매각하려는 기업의 숨겨진 의도를 찾아내어 협상 과정에 적절하게 활용한다. 만일 상대방이 심각한 자금난을 겪고 있어 급매하려 한다는 정보를 파악할 경우, 가격흥정 과정에서 유리한 고지를 점령할 수 있다.

상대방 기업이 과거 사양산업에 속하는지, 아니면 미래 성장산업에 해당하는지에 따라 인수 가격도 달라진다. 대상기업 CEO의 개인적인 상황도 매각 가격에 영향을 미친다. 후계자가 없거나 질병이 있어 회사를 매각할 수도 있으며 개인적인 부채로 기업을 매각해야 하는 상황도 있다. 대상기업의 사정을 종합적으로 고려해 인수 가격과 인수 여부를 결정 짓는다.

특히 대상기업과 본격적인 인수합병 협상을 시작하기 전에 상대방에 대해 많은 정보를 수집한다. 예를 들면, 대상기업 CEO에 대한 프로파일링, 기업정보, 증권가 소문, 산업정보 등 다양한 측면의 정보를 확보한다.

대상기업에 대한 인수를 시도할 때, 상대방 기업 CEO의 정확한 의중이 무엇인지를 파악해야 한다. 인수합병이 종료될 때까지 철저한 보안을 유지한다. 만일 유능하고 잘 훈련된 경쟁정보팀을 보유하고 있다면 인수합병에 필요한 각종 정보를 수집하는 데 아무런 문제가 없을 것이다.

출처: 김택수, 『M&A 최후의 승자는 누구인가』(삼일인포마인, 2015) [87]

6. 글로벌 기업의 특허전쟁

경쟁정보 활동에 있어 특허문제도 점점 그 중요성이 커지고 있다. 치열해지고 있는 산업환경 속에서 IT 및 BT 글로벌 기업들이 경쟁력을 강화하기 위해 특허문제에 많은 신경을 쓰고 있다. 4차 산업혁명시대의 핵심기술을 보유하고 있는 스타트업의 특허를 획득하기 위해 인수합병을 추진하는 사례도 있으며, 경쟁자들의 특허에 맞대응하기 위해서 전략적 제휴를 추진하거나, 경쟁사를 인수하는 일도 발생한다. IT분야에 있어서 경쟁사들을 견제하기 위해 특허소송이 빈번히 일어나고 있다. 삼성과 애플의 특허전쟁, 삼성·마이크로소프트, 삼성·화웨이 간의 특허소송 등 많은 특허소송이 전략적으로 추진되고 있다. 소송 규모도 크고, 소송 기간도 매우 길다.

특허문제는 대기업에만 중요한 것이 아니다. 스타트업의 경우 오히려 특허문제가 더욱 중요하다. 기술 중심의 스타트업이 특허문제에 소홀히 대처할 경우, 자칫 대기업과의 마찰이나 경쟁사들과의 소송문제에 휘말릴 소지가 다분하다. IT나 BI 분야의 스타트업은 특허기술이 핵심역량이다. 따라서 대기업 직원들은 물론 스타트업 직원들도 각종 특허문제에 대한 지식을 갖고 있어야 하며, 기업 내부에서도 체계적으로 특허 관리를 해야 한다. 특허와 관련한 기본적인 절차나 경쟁사들의 기술능력을 평가하기 위해 특허청 사이트를 활용하는 것이 좋다. 선행기술을 파악하는 등 적극적으로 특허문제에 대응해야만 경쟁력 있는 스타트업이나 중견기업으로 발전할 수 있다.

삼성전자나 LG전자 등과 같은 글로벌 기업들은 특허 전담부서를 갖고 있으며, 전문가들이 특허문제에 관여하고 있다. "2011년을 기준으로 삼성전자는 약 550명이 특허 전문부서에서 일하였으며, LG전자는 약 300명의 특허전문가를 보유하였다."[87] 10년이 지난 현재 이들 기업에서 일하고 있는 특허전문가들이 전보다 훨씬 더 많을 것으로 추정한다.

특허 분쟁이나 소송문제가 빈번해지고 있어 특허 부서의 중요성이 커지고 있다. 삼성전자는 스마트폰 분야에서 세계 1위의 시장 점유율을 자랑하고 있다. 화웨이, 샤오미 등 중국업체들이 삼성을 뒤쫓기 위해 연구개발(R&D) 분야에 많은 투자를 하고 있으며, 국제 특허 획득에도 상당한 심혈을 기울였다. 스마트폰의 경우, 애플과 삼성전자 등 선두주자들이 이미 선진국 시장에서 수많은 특허를 보유하고 있기에 중국의 후발주자들이 선진국 시장에 진입하기 쉽지 않다. 따라서 후발주자들은 저개발국가나 개발도상국을 타깃으로 시장 점유율 확대에 열을 올리고 있으며, 선진국 시장진입을 위해 특허 확보에 노력을 다하고 있다. 샤오미와 화웨이 등이 최근 급격하게 특허 보유량을 늘리고 있다.

중소기업들이나 중견기업들의 경우에는 특허문제 전담인력을 대기업만큼 보유할 사정이 되지 못한다. 따라서 CEO나 임원들이 직접 특허문제에 적극적으로 대응해야 한다. 국내시장 자체도 국제화되었으며, 기업들도 세계시장을 대상으로 수출하고 있어, 특허문제는 국내에서뿐만 아니라 해외에서도 매우 중요하다. 해외기업들은 특허문제에 매우 적극적으로 대응하고 있다. 특허는 물론 상표, 디자인 등 지식재산권 전반에 걸쳐 철저하게 전략적으로 관리하고 있다.

향후 돈이 될 만한 기술을 미리 선점하고 특허를 국제적으로 등록하여 세계적인 기업들을 대상으로 수익을 창출하고 있는 기업을 특허 괴물(Patent Troll) 또는 NPE(Non-Practicing Entities)로 부르고 있다. 대표적인 기업이 퀄컴, Intellectual Ventures, InterDigital Inc. 등이다. 이들은 해당 기업들을 대상으로 경고를 하거나 소송을 제기하여 상대편들로부터 수익을 취득하고 있다.[88] 이들은 수많은 특허 및 라이선스를 확보하고 있어 보통 기업들이 상대하기 쉽지 않다. 과거 삼성전자와 LG전자 등 국내기업들도 이들에게 피해를 보았다. BT 분야에서 특허문제를 잘 활용하면 많은 수익을 창출할 수 있다. 특허가 만료될 경우, 그 기술을 활용하여 유사제품을 만들 수 있기 때문이다. 제약회사들이 만료된 특허를 활용하여 수익을 창출하고 있다.

특허는 기업경쟁에 있어 자사를 지킬 수 있는 중요한 보호장치이며 경쟁사와의 기술적인 차별화를 구축할 수 있는 좋은 전략이기도 하다. 통상 특허를 출현한 후 20년 동안 안정적으로 법의 보호를 받을 수 있다. 경쟁사의 기술 경쟁력을 살펴보기 위해서는 경쟁사가 어떠한 특허를 보유하고 있는지 살펴보아야 한다. 경쟁사의 특허기술은 출원일로부터 18개월 이후에 공개한다.[89] 경쟁사가 보유한 첨단기술을 알고 싶다면 경쟁사의 특허를 먼저 살펴보아야 한다. 경쟁사가 자랑하는 특허 경쟁력이 언제쯤 사라지는지 알고 싶다면, 경쟁사의 특허권 만료 날짜를 찾아보는 것이 현명하다.

기업 간의 치열한 기술경쟁에서 특허의 존재는 매우 중요하다. 특히 경쟁사와의 차별화를 추구하기 위한 신제품을 개발하기 위해 많은 돈을 투자하기 전에 먼저 특허정보를 활용하여 경쟁사가 보유한 첨단기술 특허가 무엇인지 확인해야 한다. 자칫하면 거액의 투자금이 중복투자가 될 수 있어 조심해야 한다. 경쟁사가 이미 첨단기술 개발을 위한 특허를 보유하고 있다면 새로이 추진하는 신기술 개발이 쓸모없이 될 수 있기 때문이다. 이러한 실수를 방지하기 위해서는 선행기술 조사와 특허맵을 통한 특허정보 조사를 신제품 개발에 앞서 사전에 철저하게 조사해야 한다.[90]

글로벌 기업들이 전략적으로 특허소송을 어떻게 활용하는지를 삼성과 애플의 특허소송 사례를 통해 알아보자.

삼성 vs 애플 특허전쟁

2011년 애플은 삼성전자를 대상으로 캘리포니아 법원에서 특허소송을 시작하면서 기술·디자인 특허, 상표권 침해, Trade Dress 등의 지적 재산권 침해를 받았다고 주장하였다. 애플은 삼성 갤럭시 시리즈 외관이 애플을 모방하고 있다고 비난하였다. 이에 질세라 삼성전자도 애플이 표준특허를 침해하였다면서 양사 간의 기술적인 쟁점 사안을 확산시키는 전략을 추진하였다.

애플이 삼성전자를 겨냥한 원인을 자세히 들여다보면 스마트폰 운영체제의 양대산맥인 안드로이드와 iOS 체제하에서 구글의 안드로이드 그룹을 견제하기 위한 속셈이 있었다. 삼성전자가 안드로이드 운영체제의 스마트폰 회사 중 선두주자이며, 애플의 강력한 경쟁자로 부상하고 있기 때문이었다. 당시 애플과 삼성은 경쟁자이면서 협력관계를 유지하는 불편한 동거를 하고 있었다. 삼성전자의 경쟁자인 애플이 삼성전자로부터 아이폰의 핵심 반도체 칩을 공급받고 있었다.

애플과 삼성전자 모두 제각기 다양한 분야에서 상당한 특허를 보유하고 있었기에 애플과 삼성전자의 특허 전쟁이 확대될 경우, 양사 모두 피해를 볼 수 있는 불확실한 상황이었다. 결국 2018년 6월 애플과 삼성전자 양사는 우호적인 협정문서를 법원에 제출하면서 특허 전쟁을 마치게 되었다. 양사 간의 소송이 진행 중이던 2015년부터 애플은 경쟁자인 삼성전자에서 가져다 쓰던 반도체 칩을 TSMC에 맡겨놓았다. 불편한 관계였던 전략적 동맹도 끝나고 말았다.

출처: 정우성·윤락근, 『특허전쟁』(에이콘, 2011) 등[92]

7. 기업의 위기관리 전략

　기업에 있어 경쟁업체와의 치열한 전쟁에서 승리해서 살아남는 것이 가장 큰 목적이다. 그러나 때로는 예상치 못한 일로 인해 기업들이 타격을 입는 사례가 종종 발생한다. CEO 리스크, 또는 기업 내부갈등 등으로 큰 위기를 맞아 CEO가 사퇴하는 상황까지 일어나게 된다. 기업들이 매출을 늘려 수익을 많이 남겨 주주들에게 많은 이익을 주는 것이 중요하지만, 기업들이 간혹 직면하는 위기에 대해 심각성을 인지하고 이를 조기에 수습할 수 있는 해결능력도 요구된다. 기업들은 평소 다양한 위기상황에 대한 시나리오를 만들어 이에 대응하는 능력을 배양해야 한다.

　기업의 내부 문제에 있어 CEO 리스크는 매우 중요하다. 회사의 전략적인 문제를 최종적으로 결정해야 할 최고책임자가 이해할 수 없는 실수를 종종 저지른다. 평소 경쟁정보팀은 CEO 리스크에 대해 면밀하게 검토하여 보고해야 한다. CEO가 이러한 실수를 범하지 않도록 사전에 권고해야 할 것이며 만일 우려했던 사태가 발생했을 경우, 매뉴얼에 입각하여 조기에 수습되도록 대응해야 한다. 특히 CEO 리스크는 CEO의 독단적인 행동에 제동을 걸 수 있는 회사 내부장치가 마련되지 않았을 경우 흔히 발생하게 된다. 이사회를 통해 CEO를 견제할 수 있는 제도적 장치를 마련하거나 회사 내부 위원회를 통해 CEO 리스크를 사전에 견제할 수 있는 기업문화를 조성해야 한다.

　세계적인 기업들과 성공한 스타트업에서 많은 시행착오가 발생하고 있다. 스타트업의 경우에는 비교적 기업의 조직관리 부문이 취약하다. 스타트업은 짧은 기간에 폭발적으로 성장해왔으며 회사 외부에서 많은 인원이 유입되어왔기에 조직 내부의 문제점이 발생할 소지가 다분하다. 우버의 경우, 전직 우버 직원이 성희롱, 성차별 등 기업 조직 내부에 잠재된 문제점을 폭로하는 한편 창업자이자 CEO인 트래비스 칼라닉이 방조하고 있다고 언급하였다. 이와 함께 트래비스 칼라닉이 우버 기사에 막말하는 동영상이 공개되어 우버를 더욱 난처하게 만들었다. 우버 조직을 책임지고 있는 CEO 트래비스 칼라닉의 자질 문제까지 거론되어 결국 2017년 회사를 떠났다.[92]

우버, 에어비앤비와 함께 스타트업의 간판스타로 알려졌던 WeWork도 CEO 리스크로 위기에 놓였다. 창업자이자 CEO인 아담 뉴만의 부도덕한 행동으로 인해 WeWork의 기업가치가 2019년 9월 상장을 앞두고 1/3로 폭락하는 사태를 맞았다. 뉴만이 전용기에서 친구들과 대마초를 피웠다는 것이 알려지게 되었고, 보유주식을 담보로 해서 대출을 받았으며, 자신의 건물을 WeWork에 재임대하여 이익을 얻은 사실이 발각되었다.[93] 세계적인 투자가이자 소프트뱅크 회장인 손정의가 WeWork에 막대한 자금을 투자하였는데, 창업자 아담 뉴만의 비도덕적인 행동으로 주가가 폭락하여 심각한 재정손실을 입었다. 아담 뉴만은 CEO 직위에서 쫓겨났다.

2018년 11월 1일 전 세계에 있는 구글 직원 수천 명이 나서서 구글 조직 내부에 잠재해 있는 성추행 문제를 제기하였다. 시위에 참여한 구글 직원들은 "구글 직원 중 여성이 차지하는 비율이 31%에 지나지 않고, 임원도 남성이 3/4으로 남성 위주의 조직문화로 인해 성차별 의식이 뿌리 깊게 자리 잡고 있다"라고 주장하였다.[94] 실리콘밸리에 있는 세계적인 IT 회사인 구글에서도 성차별과 성추행 등의 문제로 인해 몸살을 앓고 있는 모습을 보인다. 기업들이 이러한 문제들에 대해 적극적으로 해결책을 마련하지 않을 경우, 기업 이미지 실추로 이어져 기업의 주가도 폭락하게 된다.

페이스북 창업자인 마크 저커버그도 가짜 뉴스와 내부고발자 폭로로 어려움을 겪었다. 2016년 미국 대선 과정에서 트럼프 진영의 반대세력들로부터 "러시아 측이 광고, 게시물로 가짜 뉴스를 퍼트리는 것을 내버려두어 사실상 러시아의 대선 개입을 허용했다"라는 비난을 받았다. 이와 관련하여 페이스북은 언론계, 법조계, 정책 전문가들이 참여하는 감독위원회를 만들어 '광고, 게시글 삭제 여부'에 대한 평가를 하도록 했다.[95]

페이스북은 내부고발자의 폭로에도 직면하였다. 페이스북 전 수석 프로젝트 매니저인 하우건은 "페이스북이 가짜 뉴스 유포를 내버려두고 대중의 분노와 증오를 자극한다. 가장 큰 문제는 CEO인 저커버그 스스로 잘 알면서도 바로잡으려 하지 않는다"라고 비난하였다. NYT, CNN 등 미국의 주요 언론사들도 컨소시엄을 구성하고 페이스북의 문제점을 고발하는 기사를 시리즈로 내보냈다.[96] 이에 마크 저커버그는 상호를 메타버스로 변경하였다. 빠르게 변화하는 기술 혁신에 대응하기 위한 포석일 수도 있으나, 페이스북이 대내외적으로 직면해 있는 위기상황을 극복하기 위한 출구전략의 일환이라는 주장도 있다.

국내에서도 CEO 리스크나 기업의 부적절한 정책 등으로 CEO가 퇴진하는 사태들이 발생했다. 유통업체의 경우 타깃 소비자가 MZ세대인 만큼 투명성과 공정성을 중요시하는 MZ세대의 생활방식에 따르지 않을 수 없다. 기업 CEO의 부적절한 행동이나, 회사의 잘못된 정책이 소비자에게 직접적인 영향을 미치게 되어 빠른 수습책으로 CEO 사퇴라는 대안 카드를 사용하고 있다. 국내 기업들은 윤리적 측면의 중요성을 인식하고 있다. 2021년 GS리테일은 홍보물 이미지에 '남혐' 논란이 제기되자, 편의점 사업부장을 교체하였으며, 남성복 플랫폼 기업인 무신사도 쿠폰 남녀차별, 홍보물 이미지 '남혐' 문제가 논란거리로 확대되자, 수습을 위해 창업자를 사임시켰다.[97] 판교 데이터 센터에 화재가 발생하여 카카오톡이 먹통 되는 사태가 발생하였을 때도 카카오 대표가 책임을 지고 사퇴하였다.

이번 장에서 여러분은 경쟁정보 수집방법에 대해 배우셨습니다. 이제 학습한 내용을 실전에 활용할 시간입니다. 다양한 과제에 대해 도전해 보시기 바랍니다. 과제를 잘 마치신다면 여러분은 경쟁정보 수집에 있어 전문가로 가는 길에 한 발짝 다가서게 된 것입니다.

Training 1. 〈 H그룹 김선달 대리, 경쟁정보 개념 배우다 〉

Training 2. 〈 CI팀 김 대리의 경쟁정보 업무 하루일과 〉

Training 3. 〈 CI팀 김 대리, 신문 경제면 정독하기로 결심하다 〉

Training 4. 〈 CI팀 김 대리, CI 수집계획서 작성하다 〉

Training 5. 〈 CI팀 김 대리, Source Profiling 작성하다 〉

Training 6. 〈 CI팀 김 대리, Target 설정 훈련하다 〉

Training 7. 〈 CI팀 김 대리, War Room 테크닉 배우다 〉

Training 8. 〈 CI팀 김 대리, 국제전자 전시회에 참가하다 〉

Training 9. 〈 CI팀, 위기상황 대응 매뉴얼 작성하다 〉

Training 10. 〈 꼭 필요한 인물, 협조인맥으로 만들다 〉

Training 11. 〈 CI팀, 미국 첨단기술 도시에 출장가다 〉

H그룹 김선달 대리, 경쟁정보 개념 배우다

　H그룹 계열사인 H전자 경영기획실에서 근무해오던 김선달 대리는 2023년 9월 1일 H그룹 비서실 산하 경쟁정보팀(CI팀) 담당자로 발령을 받았다. 경쟁정보 업무가 생소한 김 대리는 첫 출근 후 CI팀 책임자인 홍기동 상무로부터 경쟁정보에 대한 개념을 설명 들었다. 홍기동 상무는 김 대리에게 오늘 교육받은 내용을 참고로 하여 경쟁정보와 관련된 사례를 생각해 보고 자신에게 브리핑해달라고 지시를 하였다. 김선달 대리는 경쟁정보 개념을 아직 완전하게 숙지하지 못하였는데, 상사인 홍기동 상무에게 경쟁정보 사례를 브리핑하려니 머리가 아팠다. 김선달 대리는 퇴근 후 며칠 동안 교육받은 내용을 곰곰이 생각해 보며, 최근 신문이나 뉴스에 나오는 경제기사를 참고해 보기로 하였다. 한결 마음이 가벼워졌다.

🚩 여러분이 김선달 대리라고 생각하고 신문이나 인터넷 기사 경제면에서 경쟁정보 사례를 찾아보고 설명해 보십시오.

CI팀 김 대리의 경쟁정보 업무 하루일과

　H그룹 경쟁정보팀 김선달 대리는 출근 후 CI팀 책임자인 홍기동 상무로부터 CI팀 업무 전반에 걸쳐 OJT 교육을 받기 시작했다. 홍 상무는 국내기업들의 경쟁정보 활동과정, H그룹 CI팀의 경쟁정보 활동상황, 시중 정보유통 경로, H그룹의 대 언론관계 등에 대해 교육을 한후, 김 대리에 조속히 업무를 파악하라는 지시를 하였다.

　김 대리는 본인 자리로 돌아와 앞으로 무엇을 해야 할지 고민을 하면서 그동안 전임자가 했던 자료들을 숙지하였다. 그리고 주요 모임, 정보원, 그룹 출입 기자 등 관련 인사들의 연락처를 살펴보고, 우선 먼저 전화로 인사를 한 뒤 만날 약속을 한다. 김 대리는 다음 날 오전부터 홍기동 상무가 주관하는 일일 CI 회의에 참석하여 H그룹 주요 현안과 향후 집중적으로 파악해야 하는 경쟁정보에 대한 지시를 받은 후 경쟁정보 유통경로에 있는 관계자들을 접촉하는 일과를 시작한다.

🚩 여러분이 김 대리라고 생각하고, CI 담당자의 하루 업무를 상상해서 구체적으로 작성해 보세요.

H그룹 CI팀 홍기동 상무는 김선달 대리를 불러 커피 타임을 갖고 업무 파악이 잘되고 있는지 물어보았다. 그리고 그는 회사 선배로서 김 대리에게 유능한 경쟁정보 전문가가 되는 방법에 대해 조언을 해주었다. 홍 상무는 "CI팀 담당자로서 잘 적응하기 위해서는 무엇보다 다방면에 다양한 지식을 갖고 있어야 한다. 특히 경제에 대한 기초 상식을 갖고 있어야 하며, 신문의 경제면, 경제전문지 등을 꾸준히 읽어 경제, 산업, 정부 정책 등에 대한 폭넓은 지식을 갖고 있어야 유능한 경쟁정보 담당자로서 통찰력을 갖고 임무를 성공적으로 수행할 수 있다."라고 격려하였다.

김선달 대리는 본인 자리로 돌아와서 홍기동 상무의 충고를 고맙게 생각하였다. 김 대리는 시간을 할애하여 앞으로 3개월 동안 회사와 집에서 신문의 경제면을 집중적으로 정독함은 물론이고, 정치, 사회, 문화와 관련된 기사를 관심 있게 읽기로 하였다. 짧은 시간 내에 업무를 파악하기 위해 꼭 필요한 투자라고 생각했다. 그 후 김 대리는 매일 경제기사를 읽다 보니, 세계 경제와 국내 경제 상황에 대해 점차 이해하게 되었고, 재계 동향도 눈에 들어오기 시작했다. 업무에 대한 자신감도 생겨서 회사 생활도 즐거웠다.

🚩 여러분이 김선달 대리라고 생각하고 향후, 1주일 동안 신문 기사 경제면을 읽어보고, 경쟁정보와 연관성이 있는 가장 인상적인 기사 한 편을 선택하여 기사 날짜, 제목을 적고, 기사 선정이유를 설명해보세요.

Training 4　　CI팀 김 대리, CI 수집계획서 작성하다

김선달 대리는 2023년 9월 1일 H그룹 CI팀 담당자로 발령을 받은 후 CI 업무와 관련한 OJT 교육을 받고 업무를 시작하였다. 우선 업무와 관련된 그룹 출입 기자, 기존 소스 등을 접촉하고 인간적인 유대관계를 구축해 왔으며, 신규로 소스를 개척하기 위해 밤낮으로 각종 인맥을 활용하여 업무에 필요한 네트워크를 확장하고 있다. 그동안 김 대리는 CI 책임자인 홍기동 상무로부터 경쟁정보 수집, 분석, 배포 등 순환과정에 대해 이론적인 설명을 듣고 CI 업무에 대해 더욱 체계적인 지식을 갖게 되었다. 특히 H그룹에 필요한 경쟁정보 활동을 하기 위한 계획서인 CI 수집계획서를 작성하여 홍기동 상무에게 먼저 보고한 후 활동을 해야 한다는 점이 새롭고도 부담스러웠다.

김 대리는 9월 18일 홍기동 상무로부터 특별지시를 받았다. H그룹과 경쟁관계에 있는 S 그룹이 바이오산업에 진출할 것인지를 파악하라는 긴급지시가 떨어졌다. 김 대리는 자리로 돌아와서 긴급 사안인 특별지시를 수행하고자 우선 CI 수집계획서 작성을 위한 아이디어 구상에 몰두하였다. CI 수집계획서를 작성한 후, 홍 상무에게 보고하고 피드백을 받아야 하기에 심적 부담감이 커서 고심이다.

▶ 여러분이 김 대리라고 생각하고, CI 수집계획서를 실제로 작성해 보세요.

Training 5 　CI팀 김 대리, Source Profiling 작성하다

CI팀 김선달 대리는 OJT 과정에서 타깃과 소스(협조자) 관계를 배웠다. 경쟁정보 수집을 위해 타깃을 정하고 타깃에 접근하기 위해 다양한 소스(협조자)를 개발해야 한다는 것도 이해하였다. 소스는 다양한 종류의 인물이 있을 것이다. 타깃에 소스를 접근시키기 위해서는 먼저 소스의 성향에 대해 정확하게 파악해야 한다. 소스와의 친분을 발전시키는 데 노력해야 한다. 홍기동 상무는 김선달 대리를 불러 OJT 시간에 배운 소스 프로파일링에 대한 지식을 활용하여 가공인물 소스를 정하고 그 인물이 어떤 성향을 지녔는지에 대해 다음날 오전에 설명해줄 것을 지시하였다.

▶ 여러분이 김 대리라고 생각하고, 가공인물을 소스로 정하고 그 인물의 성향을 설명해 보세요.

Training 6 　CI팀 김 대리, Target 설정 훈련하다

김선달 대리는 컨설팅회사의 세미나에 참석하여 War Room 테크닉과 타깃 설정 훈련을 배웠다. War Room 테크닉은 다양한 분야에서 경쟁정보를 수집하는 데 유용하며 글로벌 기업들이 해외 전시회 등에서 경쟁사 동향을 파악하는 데 활용한다. 김 대리는 흥미로웠다. 컨설턴트는 타깃과 소스 관계를 가르치기 위해 타깃 설정 훈련을 하였는데, 많은 도움이 되었다. 김 대리는 CI 팀원들에게 세미나에서 배운 '타깃 설정 개념'을 알려주기로 생각했다.

먼저 김 대리는 배운 대로 다시 한번 실습을 해보기로 하였다. '나는 알지만 서로 잘 모르는' 내 주변에 있는 인물 3명을 타깃으로 선정하였다. 그리고 타깃별로 어디에서 어떤 식으로 접촉할 것인지 생각해 보았으며, 타깃과 안면이 있고 나와도 잘 알고 있는 사람 중에서 타깃에 소개해 줄 만한 사람이 있는지 곰곰이 찾아보았다. 한편 내가 작성한 타깃 3명에 대한 목록을 비교해 보고, 내가 접근하는 데 대한 상대방의 반응도 예상해 보았다. 김 대리는 컨설팅회사에서 받은 타깃 훈련 자료를 참고하여 타깃 리스트 및 접근방법, 예상반응 등에 대한 리포트를 작성해 보았다.

⚑ 여러분이 김 대리와 같이 타깃 설정 훈련과 관련하여 직접 리포트를 작성하고 설명해 보세요.

Training 7 CI팀 김 대리, War Room 테크닉 배우다

H그룹 CI팀 김선달 대리는 9월 22일 H그룹 CI팀에서 초청한 저명한 CI 컨설턴트로부터 CI 수집기법인 War Room 테크닉을 팀 소속 직원들과 함께 배웠다. 매우 흥미로웠다. 도표를 활용하니 개념을 정리하는 데 편리하였다. 김 대리는 개념을 확실하게 숙지하기 위해 세미나에 참석하지 못한 동료 직원에게 War Room 개념을 설명해주었다.

⚑ 여러분이 김 대리라고 생각하고 금일 배운 War Room 테크닉의 개념을 동료들 앞에서 설명해 보세요.

Training 8 CI팀 김 대리, 국제전자 전시회에 참가하다

H그룹 CI팀은 오는 10.26~30간 홍콩 컨벤션센터에서 열리는 국제전자전시회에 참가하여 경쟁사인 K사의 무선진공청소기 핵심기술 개발 동향을 파악하기로 하였다. (K사 무선진공청소기의 차세대 핵심기술 개발 방향이 무엇인지 파악하는 것이 중요)

컨설팅회사의 도움을 받아 인텔리전스 활동인 현장수집 테크닉(그림 9)을 사용해 보기로 하였다. 이번 전시회에는 경쟁사인 K사 기술담당 백두산 이사가 직접 참가하여 전시회 기술

세미나에서 차세대 무선진공청소기 기술에 대해 발표(10.27)할 예정이며, 비공식 행사로 만찬(10.28)과, 칵테일 파티(10.26 저녁)에 참석한다는 경쟁사 일정을 수집하였다.

CI팀 홍기동 상무는 김선달 대리를 불러 현장수집 작전(암호명 진주)을 설명하고 K사 백두산 이사를 타깃으로 설정하고, 전시회에서 H그룹이 필요한 첩보를 수집하기 위해 소스, 수집 담당, 분석 담당, 현장 CI책임자 등 역할을 분담하는 등 세부 작전을 기획하라는 지시를 하였다.

김 대리는 자리로 돌아와서 세미나에 참석해서 배웠던 War Room과 현장수집 테크닉을 다시 한번 복기하면서, 제각기 역할을 담당할 적임자가 누구인지, 전시회장에서 타깃인 백두산 이사를 어떻게 접촉하여 원하는 정보를 자연스럽게 얻을 것인지에 대해 고민하기 시작했다.

🚩 여러분이 김 대리라고 생각하고 홍콩 국제전자전시회에 참석하여 K사 기술담당 백두산 이사를 타깃으로 하는 현장수집 작전계획을 수립해보세요.

Training 9 　CI팀, 위기상황 대응 매뉴얼 작성하다

H그룹 CI팀 책임자인 홍기동 상무는 CI팀 직원들과 함께 외부 세미나에 참석하여 기업이 직면할 수 있는 각종 위기상황과 대응 능력 향상에 대한 방안을 배웠다. H그룹도 재난 상황, 국감 출석, 오너 리스크 등 다양한 상황 때문에 어려움에 부닥칠 수 있다는 것을 인식했다. 홍 상무는 회사에 돌아와서 다음날 CI팀과 함께 워크숍을 개최하고, 향후 H그룹이 각종 위기 상황에 직면했을 경우를 대비하여 위기상황과 수습방안에 대해 장시간 브레인스토밍을 하였다. 그리고 홍 상무는 김 대리에게 브레인스토밍 내용을 기초로 하여 위기대응 매뉴얼을 작성하라고 지시하였다.

김 대리는, 향후 H그룹에서 당면할 다양한 위기상황을 상상해 보면서 효과적으로 대응하는 방안에 대해 고민을 해보았다. 그동안 CI팀에 와서 배웠던 Publicity 등 각종 방법을 활용해서 현실적으로 사용할 수 있는 위기대응 매뉴얼을 작성해 보기로 하였다.

🚩 여러분도 H그룹이 직면할 수 있는 위기상황 중 한 가지를 상상해보고, 이와 관련한 수습방안이 담긴 위기대응 매뉴얼을 작성해 보시기 바랍니다. (그동안 배운 방법을 활용하세요)

H그룹은 4차 산업혁명시대의 핵심기술인 로봇기술 전문가들을 그룹의 기술자문으로 위촉하기 위해 노력하고 있다. 이와 관련 최근 H그룹 CI팀은 인맥 관리 전문 컨설턴트를 초청하여 직원들에게 인맥 구축을 위해 도움이 될 만한 테크닉을 교육했다.

CI팀 홍기동 상무는 그룹 임원 회의에서 로봇 관련 계열사 임원의 지원을 받아 H그룹의 로봇기술 역량을 강화하는 데 도움이 될 만한 전문가 명단을 확정하였다. 로봇연구원 K 박사, 우주 대학 로봇학과 P 교수, 로봇부품 회사 A 대표 등 3명이다.

홍기동 상무는 임원 회의를 끝내고 김선달 대리를 호출하여 인적 네트워크를 구축해야 할 3명의 대상자에 대한 간단한 특징을 설명하고, 3개월 내로 상호 협조를 할 수 있도록 친분을 구축하여 기술자문으로 위촉하라는 지시를 하였다.

대상자들의 특징은 다음과 같다. K 박사는 저돌적이고 업무 지향적 성향이며, P 교수는 상당히 분석적인 성격이고, A 대표는 상냥한 성격으로 인간관계를 중요시한다. 홍 상무는 김 대리에게 대상자들과 접촉과정에서 도덕적으로나 윤리적으로 문제될 행동을 해서는 결코 안 된다는 점을 강조하였다.

이와 관련하여 김선달 대리는 그동안 닦은 실무경험과 컨설턴트로부터 배운 테크닉 등을 활용하여 대상자 3명과 친분을 만들고 3개월 이내에 기술자문으로 위촉시킬 방안을 마련하기 위해 고민하기 시작하였다.

김 대리는 먼저 대상자들을 어떤 방식으로 접촉할 것이며, 첫 번째 만남에서 무엇을 할 것인지, 두 번째 만남으로 어떻게 연결할 것이며, 두 번째 접촉 후 완전한 친분을 구축하기 위해서 어떻게 해야 할지에 대한 3개월 로드맵을 마음속으로 생각해보았다. 대상자 3명 제각기 다른 성격을 갖고 있어 3명에 대한 접근방식도 달라야 할 것으로 판단하고, 구체적인 계획을 짜기 시작했다. 이틀 후 전체 로드맵을 만들었다. 이제 계획대로 차근차근 행동을 실행하면 성공할 것이라는 자신감을 느끼고 프로젝트를 시작하였다.

🚩 여러분이 김선달 대리라고 생각하고, 대상자 3명 중 1명을 선정하여 3개월 내로 기술자문으로 위촉시킬 수 있도록 인맥 관계를 구축하는 방법을 계획해 보세요. 그리고 수업시간에 가장 어려웠던 부분을 함께 토의해 보세요.

H그룹은 향후 그룹의 주력사업으로 IT분야에 진출하기로 하고 첨단기술의 메카인 실리콘밸리에 CI팀 김선달 대리를 한 달간 출장 보내기로 했다. H그룹은 실리콘밸리에 있는 대기업, 연구소, IT 엔지니어 등과 접촉하도록 하여 향후 H그룹이 어떤 방식으로 IT분야에 진출해야 하는지를 파악하도록 할 계획이다.

김선달 대리는 홍기동 상무로부터 이 사실을 통보받고 출장 1개월간 실리콘밸리에 체류하면서 만나야 할 사람들과 어떻게 접촉할 것인지에 대해 고민하기 시작했다. 해외 출장과 관련한 계획서를 작성하여 홍기동 이사에게 사전에 보고하여 자문받기로 했다.

🚩 여러분이 김선달 대리라고 생각하고, 실리콘밸리 장기출장을 위한 해외 출장 계획서를 작성하고 중요한 사항이 무엇인지 발표해 보세요.

경쟁정보 분석

1 경쟁정보 분석 개념

2 경쟁정보 분석 테크닉

3 경쟁정보 조직 구축

1. 경쟁정보 분석 개념

    경쟁정보 분석은 기업의 경쟁정보 활동에서 가장 핵심적인 부문이다. 경쟁정보팀에서 수집해온 자료들이 분석 전문가들의 손에 의해 분석 가공작업을 거쳐서 기업의 최고 의사결정 책임자인 CEO에 전달되는 것이다. 세계 유명 컨설팅회사들은 컨설팅 업무 수행을 위해 자신만의 특별한 기법을 개발하여 고객을 대상으로 컨설팅 서비스를 제공하고 있다. 세계적인 기업이나 국내 대기업들도 각기 다른 기업 고유의 특성을 기반으로 한 분석방법을 개발하여 적용하고 있다. 일반적으로 기업들의 경영진이 단기수익에 집착하여 재무제표상의 수익 숫자에 집착하고 있다.

    그러나 여러분은 경쟁정보라는 새로운 시각으로 시장에서 경쟁기업과의 치열한 경쟁에서 승리하는 방법을 배우고 있다. 경쟁정보 활동에서 다양한 분석 도구가 사용되고 있다. 일반적으로 많이 활용되고 있거나, 경쟁정보 담당자들이 꼭 이해해야 하는 분석방법을 소개하고자 한다.

2. 경쟁정보 분석 테크닉

중점적으로 다뤄볼 경쟁정보 분석 테크닉으로는

- 거시환경리스크 분석
- SWOT 분석
- Five Forces 산업분석
- Trend 분석
- Scenario 분석
- Business War Game
- 조기경보 분석
- Red Teaming 분석

거시환경리스크 분석

기업의 외부환경을 분석하는 도구로 거시환경리스크 분석법이 사용된다. 사회(Social), 경제(Economic), 정치(Political), 환경(Ecological), 기술(Technological), 법적(Legal), 인구(Population), 자원(Resource)의 앞 자를 따서 PEST, STEEP, PESTEL, STEPPER 등 다양한 이름으로 불린다. 일반적으로 PEST와 STEEP 방식을 사용한다.[98]

기업은 외부환경이 어떻게 변화되고 있는지를 수시로 분석해야 한다. 기업 CEO가 기업 내부에 대한 역량분석과 산업분석을 철저히 한다고 해도 정치·경제·사회·기술 등 기업을 둘러싸고 있는 외부환경 변화의 추세를 정확하게 읽지 못한다면 경쟁사와의 경쟁에서 생존할 수 없다.

그림 10 기업을 둘러싼 거시환경(PEST)

사회적 요소의 경우 주로 소비자와 연관된 추세변화를 파악해야 한다. 예를 들면, 인구통계, 관습, 문화, 교육수준, 소비자 기호 등을 파악하여 기업의 새로운 전략 수립에 반영해야 한다. 기술적 요소는 우리가 있는 현 사회의 기술 변화 속도를 파악하는 것이다. 4차 산업혁명이라는 거대한 물결 속에서 인공지능, 자율주행기술, 생명공학, IOT, 로봇 등 다양한 분야에서 기술 혁신이 일어나고 있다. 이러한 과학기술의 발전이 소비자 생활에 미치는 영향을 파악하여 새로이 출시될 제품이나 서비스에 반영해야 한다.

경제적 요소는 소비자들의 소비 결정에 가장 많은 영향을 미친다. 임금수준, 취업률, 실업률, 이자율, 인플레이션, 환율변화, 가처분소득, 소비성향 등 각종 경제적 지표들이 포함된다. 소비자의 소비수준을 파악할 수 있는 척도이다. 1970년대 오일쇼크로 인해 기름값이 상승하여 세계적인 불황이 닥쳤으며, 1997년 우리나라는 국가 부도라는 최대의 위기에 봉착하였다. 이른바 IMF 외환위기 사태로 불렸다. 당시 한국경제가 위태로워졌으며 기업들이 부실경영으로 법정관리되었고 금융기관이 도산되는 상상할 수 없는 혼란이 발생하였다. 환경적 요소는 최근 들어 사회의 주요 관심 사안으로 급부상하고 있다. 탄소중립, 친환경 제품 등의 환경문제는 MZ세대 소비자들이 제품과 서비스를 구매하는 데에 있어 가장 먼저 고려하는 요소이다.

정치적 요소는 제품에 대한 각국의 정책적 규제와 법안 등을 포함하고 있다. 한국과 중국 간에 사드 배치 문제를 두고 갈등을 초래한 적이 있었다. 사드 배치 문제가 촉발되기 전에는 명동이나 면세점에 중국 관광객들이 붐비는 호황을 맞이했었다. 그러나 양국 간 정치적인 이해관계 파장에 따라 중국 관광객의 한국방문 발길이 뚝 끊어지고, 중국에서도 한국상품에 대한 불매운동이 벌어져 중국에 진출한 한국기업들이 어려움을 겪었다. 이마트와 롯데마트가 중국에서 철수하였다. 이마트와 롯데마트가 경영 부진을 극복하지 못한 원인이 있었으나, 양국 간의 정치적 갈등에 따른 소비자들의 불매운동도 한몫을 담당하였다.

법적 환경의 대표적인 사례는 타다 금지법이다. 2020년 운수업계 종사자들의 반발로 인해 국회에서 타다 금지법이 통과되어 현재 우버와 같은 승차공유 사업이 우리나라에서는 추진될 수 없는 상황에 놓여 있다. 미국, 중국 등 해외에서 허용되고 있는 승차공유 사업이 국내에서 이해당사자 간의 갈등으로 법적 규제를 받고 있다. 2022년 바이든 대통령은 인플레이션 감축법(IRA)에 서명하여 미국 밖에 있는 전기차 제조기업들의 반발을 초래하였다. "미국 내에서 생산되는 전기차에 보조금을 지급하겠다"라는 내용이 현대차의 경쟁력을 감소시키고 있다. 한국과 유럽국가는 미국에 대해 IRA 조치의 부당함을 지적하고 있으나, 개선의 여지는 보이지 않고 있다. 유럽 각국은 미국의 부당한 정책에 대응하여 '핵심원자재법(CRMA)' 등 유럽판 IRA법 제정을 추진하고 있다.[99]

미국 시장이 중국 기업의 주요 수출 무대인 만큼, 중국 기업들은 미·중 간의 패권경쟁에 따른 미국의 대중국 압박 정책에 대한 상세한 분석이 필요하다.

트럼프 정부에 이어 바이든 정부는 중국과의 기술경쟁에서 우위를 점하기 위해 중국 IT 기업들을 대상으로 수입규제, 투자규제, 기술이전 규제 등 각종 제재정책을 발표하고 있다. 트럼프 정부 시절부터 중국 스마트폰 회사인 화웨이에 대한 미국의 제재 수위가 높아지고 있다. 이러한 정치적·법적 변화에 대한 분석이 글로벌 기업에 매우 중요하다. 한국기업도 마찬가지다. 미국의 글로벌 공급망 재구축 활동에서 핵심이 되는 전기차, 반도체, 전기차 배터리 산업에 대한 미국의 정책변화에 주목해야 한다. 미국은 물론, 중국에 대한 한국기업의 투자 결정에 막대한 영향을 미치기 때문이다.

거시환경리스크 분석기법은 경쟁정보 분석에 있어 가장 기본적인 도구이다. 글로벌 기업의 경쟁정보 활동을 분석하기 위한 '약방의 감초'와 같은 역할을 한다. 일반적으로 경쟁사를 분석하는 데 필요한 기초 도구는 외부환경 변화를 분석하는 거시환경리스크 분석, 산업환경을 분석하는 마이클 포터의 Five Forces, 기업 내부역량을 분석하는 SWOT 분석 등이다.

SWOT 분석

SWOT 분석은 강점(Strength), 약점(Weakness), 기회(Opportunity), 위협(Threats)의 앞 글자를 따서 만든 것으로 기업의 내부환경을 분석하는 데 가장 손쉽고 편리한 분석 도구로 활용되고 있다. 트렌드 분석, 거시환경리스크 분석 등을 하지 않고 간단히 기업의 현재와 미래 상황 등에 대한 기업의 대처능력과 기업의 핵심역량에 대한 약점과 강점을 따져봄으로써 경쟁기업들에 대해 어떻게 대처해야 할 것인가에 대한 해결책을 비교적 단순하게 도출해낼 수 있다는 큰 장점을 갖고 있다. SWOT 분석을 해보면 경쟁사와 비교할 때 핵심역량이 무엇이며, 보완해야 할 점이 무엇인지, 변화되는 외부환경을 위협과 기회로 구분하고 각각 상황에 대해 적절한 대응책을 마련할 수 있다.

Five Forces 산업분석

그림 11 포터의 Five Forces

거시환경(STEEP)

산업내부 환경
(Five Forces)

신규 진입회사

신규진입 위협

공급사 협상력

공급회사

산업에서 기존
기업들 간의
경쟁관계 강도

구매회사

구매사 협상력

대체재 위협

대체재

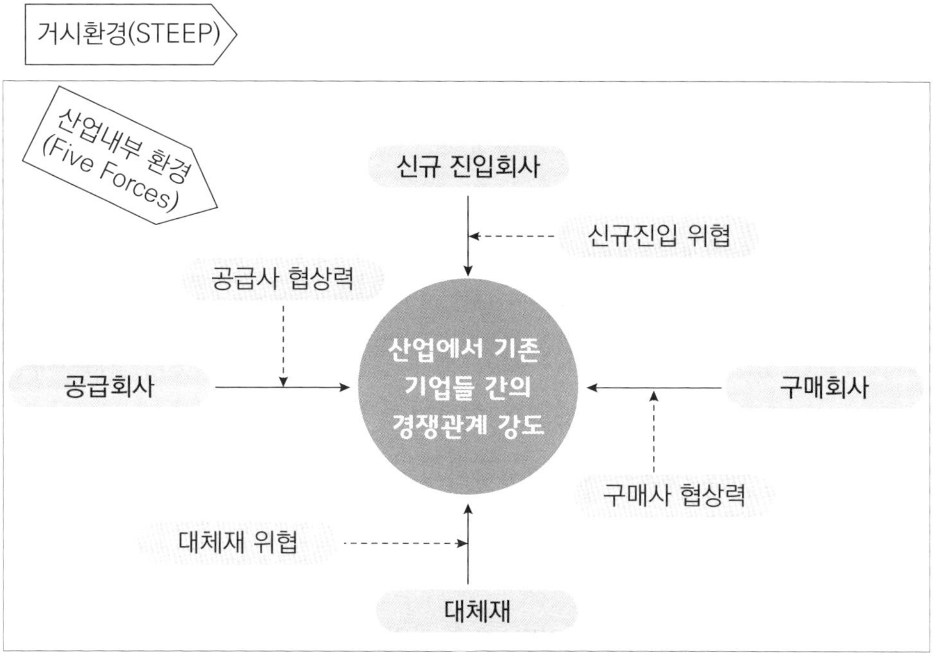

출처: Michael E. Porter, 조동성 등 옮김, 『경쟁전략』(경문사, 1985), p. 14.

마이클 포터는 하버드대 경영대학원 교수이며 35세에 하버드대 최연
소 정년보장을 받은 전략경영 분야의 최고 권위자이다. 그의 대표적인 저서
는 Competitive Strategy(1980), Competitive Advantage(1985), The
Competitive Advantage of Nations(1990)이다. 동종업계에 있는 경쟁자들
과의 경쟁 관계를 분석하는 Five Forces 산업분석은 오랜 세월이 지난 현재에
도 컨설팅회사와 수많은 경영대학원에서 사랑을 받고 있다. 산업 내에서 경쟁
관계를 신규진입자, 공급자, 구매자, 대체재, 기업들 간의 경쟁관계 등 5가지
요인으로 구분하고 있다. 이것은 자동차, 반도체 등의 다양한 산업에서 전통적
파이프라인 제조업체들이 산업 경쟁 강도를 측정할 때 사용된다. 한편 음식배

달앱, e커머스 등 플랫폼 산업에서도 비즈니스 모델 캔버스 등의 도구와 함께 산업환경을 분석하는 데에도 유용하다.

Five Forces에 대해 구체적으로 살펴보면 다음과 같다. 먼저 신규진입자 요인을 살펴보면, 기존에 있는 경쟁자의 시장 점유율과 수익을 빼앗기 위해 신규진입자들이 도전장을 내민다. 반도체, 내연 자동차, 제철, 대형선박 등 대규모 자금이 소요되는 제조업에서는 경쟁자들이 쉽사리 진입하지 못한다. 삼성전자나 TSMC 등이 반도체에서 천문학적인 수익을 내고 있다. 이러한 사실을 알고도 잠재 경쟁자들이 반도체 산업에 섣불리 발을 들여놓을 수 없다. 지속적인 투자가 수반되기 때문이다.

그러나 소규모 자본이나, 저급 기술이 필요한 산업에서는 진입이 손쉬워 언제나 치열한 경쟁을 벌인다. 최근 들어 전기차 산업이 인기가 있다. 기존 내연기관차 업체들이 전기차 생산체제로 전환하고 있는 가운데, 스타트업은 물론 샤오미, 폭스콘 등 스마트폰 제조업체들까지 전기차 생산에 뛰어드는 새로운 현상을 목격하고 있다. 전통적인 내연기관차 산업보다 전기차 산업의 진입장벽이 낮기에 이러한 현상이 벌어지고 있다. 기업 간의 경쟁은 해당 산업에서 경쟁사 간의 경쟁 집중도를 측정하는 것이다. 소수 기업이 시장을 점유할 때 많은 수익을 갖게 되며, 춘추전국시대와 같이 경쟁자들이 군웅할거할수록 수익은 감소한다.

대체재도 기업경쟁 관계에 영향력을 미치게 된다. 대중교통에서 그 사례를 쉽게 찾을 수 있다. 택시, 지하철, 버스의 관계로 설명하겠다. 택시요금이 비싸질수록 시민들은 대중교통 시설인 지하철과 버스를 더 많이 이용하게 된다. 휴가철에도 일상생활에서 대체재의 위력을 느낀다. 땅끝 도시로 유명한 전남 여수시를 방문하는 관광객들이 늘어나고 있다. 여름 휴가철 성수기에 관광객들은 김포와 여수 간의 항공편, KTX, 시외버스 등을 놓고 가격을 비교해 본다. KTX나 시외버스에 비교할 때 비행기 이용가격이 파격적으로 싸진다면, 항공편을 이용하여 여수를 방문하는 관광객들이 증가할 것이다. 공급자 또는 구매자 간의 역학관계는 기본적으로 가격협상을 기본으로 한다. 제품과 서비스의 차별화, 가격 등이 협상 관계에 있어 중요한 요인으로 작용한다.

Trend 분석

트렌드 분석은 기업에서 가장 활발하게 쓰이는 경쟁정보 도구이다. 소비자들의 기호를 한눈에 파악하는 데 편리하다. 트렌드는 유행과 다르며 시나리오와도 다르다. 유행은 흔히 3개월에서 6개월 만에 반짝 소비자들의 인기를 얻었다가 소리 없이 사라지는 특징을 가지고 있다. 반면 트렌드는 일정 기간 지속해서 발전한다. 트렌드는 가까운 미래의 확실성에 힘을 실어준다. 그러나 시나리오는 불확실한 10년 이후의 미래 상황을 설명한다. 트렌드는 시나리오와 비교할 때 단기적 성향을 띤다. 약 5년 이내의 상황에 초점을 맞추면 된다.

트렌드는 일반인에게도 매우 익숙한 용어이다. 매년 연말 서점에 가보면 다음 해의 트렌드에 대한 서적들이 쏟아져 나온다. 다음 일 년 동안 트렌드가 될 만한 문화, 사회적 변화, 디자인 등과 관련한 책들이 가득 전시되어 있다. 트렌드에 가장 민감한 산업은 패션과 섬유산업이다. 패션산업에서는 오래전부터 매년 계절마다 새로운 스타일의 의류 제품들이 나오고 있다. 패션업계 디자이너들은 세계 각지의 트렌드를 파악하기 위해 매년 정기적으로 세계에서 가장 주목받고 있는 도시들을 방문하여 소비자들의 트렌드 변화를 관찰하고 있다.

최근 세계적으로 유명한 의류와 화장품 기업들이 한국 배우와 아이돌 가수들을 대상으로 광고모델을 섭외하는 횟수가 잦아들고 있다. 트렌드는 문화와 밀접한 관계를 맺고 있다. 한국의 아이돌 가수들은 세계적인 명성을 얻고 있다. BTS, 블랙핑크는 이미 세계적인 아이돌그룹으로 인정받고 있고 전 세계적으로 많은 팬을 확보하고 있다. 그 외에도 신생 아이돌그룹들이 세계시장을 겨냥해 성장하고 있다. 영화나 드라마에서도 오래전부터 한류 바람이 세계를 향해 퍼지고 있다. K-팝, K-영화, K-드라마, K-음식 등 각종 장르에서 한국이라는 수식어가 달린 한국문화가 창출되고 있다. 이제 서울은 뉴욕, 파리, 동경, 밀라노 등과 같은 트렌드 성지이다.

우리나라는 세계에서 가장 빠른 정보통신 역량을 갖고 있다. 세계 제1의 스마트폰 회사인 삼성전자라는 명품회사를 갖고 있으며, 가전제품에서도 세계 1위, 2위를 다투는 LG전자, 삼성전자가 있다. 해외에서 탐내는 유명 게임업체들도 있다. 해외기업들과 세계적인 영화 제작자들이 신상품을 출시하거나 영화를 발표할 때에도 첫 번째로 선보이는 장소로 서울을 선택하고 있다. 트렌드를 주도하고 있는 우리나라 소비자의 반응을 살펴보기 위해서이다.

트렌드를 활용하여 소비자 변화를 파악하는 기업들은 제각기 다양한 방법을 활용하여 시도하고 있다. 트렌드를 발견하는 기법은 일반적으로 분석(Scanning)과 현장 관찰(Scouting)이 사용된다.[100] 트렌드 분석방법은 파악하고자 하는 산업에 대한 자료들을 충분하게 숙지해야 한다. 각종 신문, 전문잡지, 협회 전문지 등을 종합적으로 이해한 이후 트렌드를 알기 위한 도구인 거시환경리스크 분석을 통해 가장 중요한 트렌드 변화를 도출해야 한다. 주로 문헌에 의존하는 성향을 보인다.

반면 현장 관찰 방법은 트렌드 스카우팅(Trend Scouting), 타운와칭(Town Watching)이라고 불리는데, 사람들이 많이 몰리는 거리를 방문하여 거리에 지나가는 사람들의 표정, 의류 등을 직접 관찰하고 매장에 가서 최근에 출시된 상품들에 대한 사람들의 반응을 살펴보며 인터뷰하는 등 비교적 많은 시간을 투자해야 한다. 소비자들의 최신 트렌드를 파악하여 다양한 산업에서 신상품 개발 등에 활용한다.

소비자들과 가장 밀접한 경쟁정보 활동이 트렌드 분석이다. 트렌드 분석에 있어 가장 중요한 역할을 하는 것은 트렌드세터(Trendsetter) 또는 얼리어답터(Early Adaptor)로 불리는 소비자 집단이다.[101] 사회에서 가장 혁신적인 상품과 서비스에 민감한 반응을 보이는 집단이며, 이들은 사회적 지위도 어느 정도 갖고 있으며 재정적 여유도 있고, 다른 사람들과 차별화되는 삶을 추구하려는 집단이다. 새로운 것에 대한 호기심이 많아 신상품과 신기술에 대해 편견 없이 수용하려는 자유로운 생각을 하고 있다. 이들은 유행을 창조하며 초기의 트렌드를 형성하는 데 가장 큰 공헌을 하고 있다. 사실상 기업들이 혁신적인 상품과 서비스를 만들어 소비자들에게 제공할 때 가장 먼저 트렌드세터를 찾아야 한다.

대중들에 커다란 영향을 미치는 연예인들이 있다. MZ세대는 BTS와 블랙핑크가 사용하고 좋아하는 상품에 많은 관심을 보인다. 지난 2017년 가수 이

효리가 제주도에 살면서 〈효리네 민박〉이라는 예능방송을 찍어 큰 화제가 된 적이 있었다. 사람들은 인기 연예인들의 일상 삶에 대해 궁금해하고 있으며 그들의 삶을 따라 하려는 성향을 보인다. 유명 연예인들이 트렌드를 주도하고 있기 때문이다. 제주도의 매력적인 삶이 연예인들의 일상생활을 통해서 TV에 소개되었을 때 시청자들의 호기심을 자극하였다.

요즈음 TV에서 셰프(Chef)들이 각종 프로그램에 출연하면서 시청자들의 사랑을 받고 있다. 전직 운동선수들도 대거 예능 프로그램에 진출하고 있다. 씨름 천하장사 출신 강호동·이만기를 비롯해 농구선수인 서장훈·허재, 축구선수 안정환, 야구선수 김병현, 격투기 선수 추성훈·김동현 등 셀 수 없을 정도로 많은 스포츠 스타들이 TV 예능 프로그램에 출연하고 있으며, 시청자들은 연예계 스타인 그들로부터 많은 영향을 받고 있다. 인기 연예인들이 트렌드를 주도하는 트렌드세터이다. 대중에게 유행을 퍼트리고 트렌드를 형성하는 데 트렌드세터의 역할이 매우 중요하다.

헨릭 베일가드는 『트렌드를 읽는 기술』(2008)에서 트렌드 확산의 주역으로 트렌드 창조자와 트렌드 결정자를 지목하면서 이들은 "주로 젊은이, 디자이너, 예술가, 부유한 사람, 유명인사, 보디빌더, 셰프 등 이질적이고 다양한 출신들이며 서로 뒤섞여서 관찰하고 모방하여 새로운 트렌드를 만들어 낸다"라고 주장하고 있다. 그는 트렌드를 만드는 소수 그룹이 만나는 장소는 주로 극장, 콘서트장, 예술품 경매장, 갤러리 개막전, 미술 전시회, 자선행사장, 수상식장, 패션 박람회 등이라고 설명한다. 다양한 집단에서 온 트렌드 결정자들이 이러한 장소에서 서로 스타일을 관찰하면서 다른 트렌드 리더들의 스타일을 수용한다.

또한, 헨릭 베일가드는 트렌드의 확산과정을 '다이아몬드형 트렌드 모델'로 소개하면서 트렌드를 수용하는 참여자들을 트렌드 결정자, 트렌드 추종자, 초기 주류 소비자, 주류 소비자, 후기 주류 소비자, 보수적 소비자 등 6가지 집단으로 구분하였으며 이 중에서 "트렌드를 선도하는 집단인 트렌드 결정자는 불과 5%에 불과하다"[102]라고 설명하고 있다. 신제품 출시에 있어서 소수 트렌드 결정자들의 마음을 사로잡는 것이 매우 중요하다.

에릭 갤랜드는 2008년에 출판된 『미래를 읽는 기술』에서 트렌드를 분석하기 위한 3단계 방법을 설명하였다.

그는 시스템적 사고를 매우 중요시하고 있다. 시스템 도표를 그리고, 트렌드를 시각화한다. 마지막으로 정보의 출처를 파악한다. 맥주의 미래를 사례로 들어 설명하였는데, 1단계로 맥주가 제조되어 소비자에게 전달되고 폐기되는 전 생산공정 과정을 한눈에 알아볼 수 있도록 도표로 그린다. 2단계로 맥주에 영향을 미치는 거시환경 영향을 파악하기 위해 STEEP 분석을 한다. 트렌드를 시각화하는 것이다. 미래 맥주 시장과 연관된 새로운 트렌드에 대한 궁금증을 해소할 질문서를 작성한다. 3단계로 해답을 얻기 위해 최상의 신뢰할 수 있는 정보출처를 발견해야 한다. 전문학술지, 전문잡지, 정부 기관의 공식보고서, 전문 웹사이트, 심층 기업분석 등의 다양하고 전문적인 출처를 발굴하여 2단계에서 제기한 각종 질문에 대한 답변을 작성한다.[103]

표 5 트렌드 분석 절차: 맥주 사례

1	시스템 도표 그리기
2	트렌드 시각화 (STEEP에서 연관성 선별)
3	트렌드 및 맥주 관련 질문 작성
4	질문에 대한 정보출처 개발 (인터넷 + 전문잡지 + 전문가 의견 등)
5	맥주 산업 관련 트렌드 질문에 대한 최근 트렌드 동향(답변) 항목별로 상세하게 작성 (다양한 정보출처에서 트렌드 추출 + 정리)
6	맥주 산업 미래에 영향을 미칠 트렌드 결정 (최종 요약)
7	트렌드를 토대로 기업전략 도출

출처: 에릭 갤랜드, 손민중 옮김, 『미래를 읽는 기술』(한국경제신문, 2008), pp. 66-80.

김선주·안현정은 저서 『트렌드와칭』(2013)에서 트렌드와칭의 개념에 대해 "일상생활 속에서 사람들이 무엇에 관심을 두는지, 어떠한 행동을 하는지 관찰함으로써 변화를 감지하고 변화 속에서 기회를 찾아내는 것, 또는 새로운 기획을 위한 아이디어를 찾아가는 과정"이라고 정의를 내렸다. 그들은 트렌드와칭의 필요성에 대해서도 다음과 같이 세 가지 관점에서 설명하였다. 첫째, 시장과 사회 전반에 걸쳐 환경이 빠르게 변화하기 때문에 기업에서도 대응책을 발 빠르게 마련해야 한다. 둘째, 새로운 아이디어를 계속 내놓아 소비자의 마음을 사로잡을 수 있는 차별화를 시도하여 경쟁력을 확보해야 한다. 셋째, 기업이 소비자들의 잠재적인 니즈를 발견하는 것은 매우 중요하다.[104] 김선주·안현정은 트렌드와칭 방법을 타운와칭(Town Watching), 홈비지팅(Home Visiting), 매장관찰 등 세 가지로 구분하고 있다. 이 중에서 타운와칭은 최근 MZ세대가 선호하는 홍대거리 등에 직접 나가서 다양한 매장, 매장에 있는 상품들, 홍대 앞을 지나가는 사람들을 관찰하여 현재 소비자들의 취향과 트렌드를 파악하는 것이다.

그림 12 ▸ Town Watching 과정

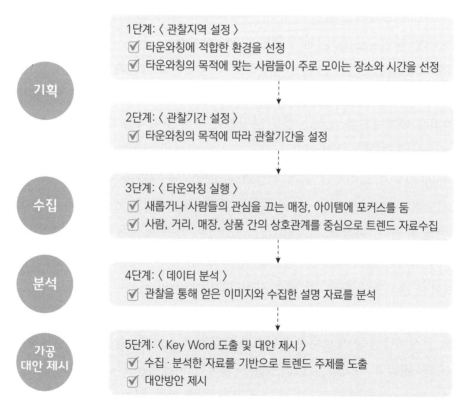

1단계: 〈 관찰지역 설정 〉
☑ 타운와칭에 적합한 환경을 선정
☑ 타운와칭의 목적에 맞는 사람들이 주로 모이는 장소와 시간을 선정

2단계: 〈 관찰기간 설정 〉
☑ 타운와칭의 목적에 따라 관찰기간을 설정

3단계: 〈 타운와칭 실행 〉
☑ 새롭거나 사람들의 관심을 끄는 매장, 아이템에 포커스를 둠
☑ 사람, 거리, 매장, 상품 간의 상호관계를 중심으로 트렌드 자료수집

4단계: 〈 데이터 분석 〉
☑ 관찰을 통해 얻은 이미지와 수집한 설명 자료를 분석

5단계: 〈 Key Word 도출 및 대안 제시 〉
☑ 수집·분석한 자료를 기반으로 트렌드 주제를 도출
☑ 대안방안 제시

기획 / 수집 / 분석 / 가공 대안 제시

출처: 김선주·안현정,『트렌드와칭』(21세기북스, 2013), p. 73.

로히트 바르가바는 『트렌드 큐레이팅 아이디어』(2017)에서 트렌드 큐레이터의 다섯 가지 특성에 대해 다음과 같이 설명하였다. "트렌드 큐레이터는 호기심이 많아서 항상 궁금해하고 조사와 질문을 통해 꾸준히 지식을 늘린다. 다른 사람들보다 뛰어난 관찰력을 갖고 있으며 편견이나 고정관념을 갖지 않고 자유로운 생각을 통해 사물을 바라본다. 충분한 시간을 들여 다양한 차선책을 신중하게 검토한 후에 최종적인 결정을 내린다. 단속적인 개념들을 종합적으로 정리하는 능력이 있으며, 다른 사람들이 쉽게 이해할 수 있도록 아이디어와 생각을 표현한다."[105]

바르가바는 트렌드 찾기를 '건초 더미에서 바늘 찾기'로 비유하면서 그 과정을 수집-종합-상위 개념화-이름 짓기-증명 등의 5단계로 구분해 설명하였다. 특히 수집과정에서 아이디어의 출처로 행사, 모임, 강사연설, TV 프로그램·영화 등 오락물, 논픽션 작품과 소설, 알려지지 않은 박물관, 자신이 잘 모르는 분야를 취급하는 잡지와 신문, 여행을 꼽고 있다.[106]

윌리엄 하이엄은 2012년에 출판된 저서 『트렌드 전쟁』에서 트렌드 시발점을 PEST에 따른 4가지 트렌드 유형으로 규정하면서 다음과 같이 설명하고 있다. 정치적 시발점(Politics)은 법률제정과 국내외 정치 환경변화가 포함된다. 기존법을 폐지하거나 새로운 법을 도입함에 따라 소비자들에게 새로운 트렌드가 형성된다. 경제적 시발점(Economics)은 소비자의 가처분 소득수준 및 축적된 부의 정도가 소비자의 구매 행동과 사고방식에 영향을 미친다. 사회·문화적 시발점(Society)은 인구, 나이, 건강, 교육수준, 라이프 스타일 등 인간사회와 관계가 있다. 기술적 시발점(Technology)은 기술 혁신에 따라 글로벌 소비자들이 혜택을 입게 되었다.[107] 예를 들면, 2007년에 애플의 스티브 잡스가 스마트폰을 출시함에 따라, 전 세계 소비자들의 모바일 사용이 늘어났으며, 모바일을 통한 온라인 구매가 급증하게 되었다. 모바일 앱을 통해 승차공유 사업체 우버, 음식배달앱 등 새로운 비즈니스가 등장하여 소비자들을 편하게 만들었다.

또한, 윌리엄 하이엄은 트렌드를 포착하기 위해서는 "이노베이터, 영향력 집단(Influentials), 얼리어답터 등 소비자와 함께 기자·학자·시장 연구가·기업인 등 트렌드를 관찰하는 사람들을 연구해야 한다"[108]라고 강조하였다.

김선주·안현정은 책 『트렌드 코드에서 비즈니스 기회 찾기』(2009)에서 "트렌드를 읽는다는 것은 다양한 2차 자료 속에서 마치 모래 속의 진주를 찾아가듯 트렌드 정보에서 트렌드 코드를 읽어내는 것이다. 6개월에서 1년 정도 누적된 트렌드 정보를 수집·분석해야 하며 자료 출처는 일간지·경제지, 외부기관보고서, 시장동향 자료·고객동향 보고서 등 기업 내부자료로 구분된다"[109]라고 설명하고 있다.

김용섭은 2010년에 『트렌드 히치하이킹』에서 "트렌드는 발견하는 것이 아니라 해석하는 것이다"라고 주장하면서 트렌드를 분석하기 위해 거시환경분석(STEEP)을 활용할 수 있으며 효과적인 트렌드 정보를 수집하기 위해서는 다음과 같은 활동을 해야 한다고 설명하고 있다. "연말 연초에 출간되는 트렌드 서적들과 경제연구소에서 발표되는 연구자료를 읽는다. 언론에서 제시된 트렌드 정보와 국내외 트렌드 웹사이트를 살펴본다. 전문가들의 SNS와 국내외 경제·시사 잡지에서 트렌드 단서를 찾는다. 사람들이 모이는 핫플레이스를 방문하고 TV 뉴스와 연예 프로그램에서 트렌드를 발견한다."[110]

황성욱은 『트렌드 시드』(2012)에서 트렌드 관찰을 통해 아이디어를 획득하는 방법으로 트렌드 시드 감지, 트렌드 추출, 생각의 확장, 생각의 발견 등 4단계 프로세스인 'S.E.E.D.'를 보여주고 있다.[111] 이 책에서는 4단계 분석방법을 다음과 같이 설명하고 있다. 가로수길, 이태원, 청담동, 홍대 앞 등 많은 사람이 찾는 거리를 직접 탐방하여 다양한 유행 현상인 트렌드 시드를 발견한다. 핫플레이스에서 확인된 여러 가지 트렌드 시드들 속에서 숨겨진 중요한 트렌드 인플루언스를 발견하고 트렌드 방향성을 추출하여 키워드를 정한다. 기존 상품이나 서비스를 트렌드와 비교하여 문제점을 찾아내고 해결방안을 위한 아이디어를 도출한다. 독창성과 현실 가능성을 기준으로 최고의 아이디어를 찾는 과정을 진행한다.

Scenario 분석

우리는 불확실한 미래 세상을 짊어지고 산다. 향후 20년 이후 세상이 어떻게 바뀔 것인지 아무도 확신할 수 없다. 2019년 12월 중국에서 코로나19가 발생하기 전까지 이러한 재앙이 전 세계를 공포로 뒤덮을 팬데믹 사태로 발전될지 아무도 예상하지 못했다. 세계 각국은 코로나19 사태에서 벗어나려고 발버둥 쳤으며, 코로나19를 치료할 백신을 구하지 못해 공포에 빠졌던 기억이 생생하다. 마스크를 구매하기 위해 길거리에 늘어선 인파도 목격했다. 우리는 불확실한 세상 속에서 살고 있으며 한치의 앞도 내다볼 수 없다. 사람들은 연말연시가 되면 신년 운세를 보기 위해 토정비결을 본 기억이 있을 것이다. 자신의 운명이 어떻게 될 것인지 궁금하여 역술가에 묻기도 한다.

국가 차원에서도 향후 국제정세가 어떻게 변화될 것인지 또는 10년 이후 세계 패권정세가 어떻게 변화될지, 복잡한 국제상황 속에서 생존하기 위해서 어느 나라와 손을 잡아야 하는지, 국가발전을 위해 어떻게 해야 할 것인지 등에 대해 많은 궁금증을 갖고 있다. 주요 국가들은 학자들을 통해 국가 미래 전망과 관련한 연구 프로젝트를 진행하고 있다.

기업도 국가나 개인과 마찬가지로 미래 상황에 대해 무척 호기심이 많다. 기업은 국내시장 및 세계시장에서 경쟁자들과 치열한 경쟁을 벌이고 있다. 현재 최고의 경쟁력을 가지고 있는 선두주자 기업들이 20년 후에도 현재와 같이 시장 점유율 1위 기업으로 남기를 바라고 있다. 반면 후발 기업들은 향후 선두 기업들을 제치고 시장을 장악하려는 비전을 갖고 있다.

그러나 10년 또는 20~30년 후의 시장변화와 미래사회를 그 누구도 정확하게 알 수는 없다. 반도체 산업의 경우 삼성전자나 TSMC는 미래에도 반도체 산업의 최강자로 남기를 희망할 것이다. 테슬라의 일론 머스크도 전기차 산업에서 어렵게 얻은 최고의 기업이라는 명성을 앞으로도 계속 유지하기를 바랄 것이다. 페이스북(메타)의 마크 저커버그, 애플의 팀 쿡, 현대자동차의 정의선, 샤오미의 레이쥔 등 최강의 기업 CEO들에게 똑같은 질문을 하더라도 같은 답변을 들을 것이다.

20~30년 이후 미래에 자동차산업, 반도체 산업, 스마트폰 산업, SNS 산업이 어떻게 변화될 것인지 알 수 없다. 기업들이 불확실한 미래 상황에 대비하지 않는다면, 마치 아무런 준비도 없이 사막을 걸어가는 것과 다름없다. 글로벌 기업들이 미래에도 계속 생존하여 '포춘 500대 기업' 리스트 상위권에 자사 이름이 기록되기를 바란다면, 앞으로 다가올 각종 불확실한 상황에 대비하여 리스크를 최소로 줄이고 경쟁력을 확보해야 한다.

세계는 그동안 예상치 못한 일들을 많이 겪었다. 1970년대 두 차례의 석유파동, 1997년 동남아시아 외환위기, 2008년 세계금융위기, 2019년 코로나19 사태, 2021년 바이든 정부의 글로벌공급망 재편, 2022년 러시아의 우크라이나 침공 등 각종 경제적·정치적인 대형사건들이 끊임없이 발생하고 있다. 이러한 사건들은 글로벌 시장에서 경쟁을 벌이고 있는 기업들에 심각한 영향력을 미친다.

기업들은 예상할 수 없는 불확실한 미래 상황에 대비하여 시나리오 기법을 활용하는 것이 필요하다. 시나리오 분석 테크닉은 1950년대 랜드연구소에서 허만 칸(Herman Kahn)이 군사적 목적으로 이 도구를 개발하였으며 1970년대 컨설팅회사와 다국적 기업들이 시나리오 방법을 사용하기 시작하였다. 정유회사인 로얄더치쉘이 1970년대에 시나리오 분석 도구를 활용하여 두 차례의 오일쇼크 가능성을 예측하고 에너지 공급 차질에 성공적으로 대응했으며 1970년대 초 업계 5위권에서 1970년대 후반 2위로 뛰어올랐다.[112] 현재 컨설팅 기업들은 제각기 자사에 맞는 시나리오 기법들을 개발하여 대기업들을 도와주고 있으며 국내 대기업들도 시나리오 기법을 활용하고 있다.

대다수 글로벌 기업들은 단기수익 창출에 급급하며 단기적인 시각으로 경쟁자들을 어떻게 따돌릴 것인지, 소비자의 마음을 어떤 방법으로 사로잡을 수 있을지에 대한 해결책을 모색하는 데 몰두하고 있다. 불확실한 미래에 대한 장기적인 대비책 마련에는 등한시하고 있다.

CEO는 투자자들의 요구에 부응하기 위해 분기마다 성과를 거두어야 하는 부담을 느끼고 있으며, 10년 이후에도 본인이 계속해서 CEO를 할 수 있을지도 모르기에 미래에 닥칠 기업의 위기상황을 예측한다는 것이 썩 내키지는 않을 것이다. 그러나 기술변화의 속도가 너무 빠르고 소비자들의 기호조차 순식간에 바뀌는 4차 산업혁명시대 속에서 미래에 닥쳐올 위험을 외면하고 대비하지 않을 경우, 회사가 엄청난 타격을 입을 수 있다는 점을 인식하는 것이 CEO의 현명한 판단이다.

글로벌 기업들의 경쟁정보 활동에서 시나리오 분석은 상당히 중요한 역할을 한다. 그동안 정유업체들은 석유자원의 중요성 때문에 많은 수익을 올렸다. 사우디아라비아 등 중동국가들도 원유 부국으로서 위치를 즐겨왔다. 그러나 최근 중동국가들은 석유자원이 고갈된 이후 시대를 대비하여 석유 중심의 산업구조에서 탈피하여 산업 다각화를 추진하고 있는 것을 볼 수 있다.

현재 국내 정유회사들도 막대한 이익을 얻고 있으며 '신의 직장'이라는 찬사를 받고 있다. 그러나 향후 20~30년 이후에도 이러한 칭찬을 들을 것으로 생각하는 사람은 그리 많지 않을 것이다. 지금 소비자는 내연기관차 대신 전기차를 이용하기 시작하였으며, 이러한 추세는 점점 세계적인 현상으로 확산되고 있다. 조만간 세계 최고의 내연기관 자동차회사들이 전기차만을 생산할 것이며 미래 주유소는 휘발유 대신 전기충전으로 대체될 것이다.

앞으로 닥쳐올 미래 변화에 대해 국내외 정유사들은 심각한 고민에 빠져 있다. 변화하는 세상에서 기업의 경쟁력을 유지하기 위해 어떻게 해야 할 것인지 각종 시나리오를 작성하고 있을 것이다. 정유회사인 GS칼텍스를 주력회사로 보유하고 있는 GS그룹은 사업 다각화 차원에서 음식배달앱 업계 2위인 요기요를 인수하여 플랫폼 산업에 진입하였다. 이것은 불확실한 미래를 대비한 GS그룹의 장기적 포석이다.

인터넷이 시작되었던 1990년대 후반으로 타임머신을 타고 되돌아가 보자. 신문사 CEO가 현재 독자들이 인터넷 언론을 애용하고 있는 장면을 과연 상상이나 했을까? 전통적인 오프라인 신문사들이 아직 명맥을 잇고는 있으나 인터넷이 나오기 전과 비교할 때, 신문 구독자가 많지 않다는 점이 큰 변화이다. MZ세대는 베이비붐 세대와 같이 신문을 구독할 필요성이 없다. 모바일 앱이 있기 때문이다. 이제는 인터넷 신문들이 모바일 앱에 있는 자신들의 사이트에서 구독료 대신 광고에 의존하여 수익을 획득하고 있다. 과거에는 상상할 수 없는 일들이 현재 당연한 일로 받아들여지고 있다. 스마트폰과 모바일 앱은 세상을 통째로 바꾸어 놓았다. 스티브 잡스가 만든 스마트폰이 2007년 세상에 나오기 전까지만 해도, 전통적인 유통업체 CEO들은 e커머스 업체들이 오프라인 유통업체들을 대신할 것이라고 믿지 않았을 것이다.

MZ세대들은 모바일 세상에서 살고 있다. 모바일에서 쿠팡을 통해 쇼핑하고 배달의 민족을 통해 음식을 주문하며 중고차 플랫폼을 통해 중고자동차를 구매하고 스포티파이에서 음악을 들으며 넷플릭스에서 영화를 감상하고 직방에서 집을 구하며 카카오T로 택시를 부르고 화상통화로 데이트를 하며 장거리에서 줌(Zoom)으로 화상회의를 하고 회사로 출근하지 않으며 메타버스에 있는 가상 사무실에서 근무한다. 이것이 오늘날 변화된 세상이다. 20년 전만 해도 상상할 수 없었던 일들이 현실로 나타나고 있다. 배달도 로봇이나 드론으로 하는 시대가 되었다. e커머스 업체에 물건을 주문하면 다음 날 아침이면 도착한다. 전통적인 제조업 중심의 대기업들이 향후 불확실한 세상을 시나리오라는 도구로 미리 분석해 보지 않는다면 미래환경에 적응하지 못하고 도태될 수 있을 것이다.

테슬라 CEO 일론 머스크는 일찍부터 달의 매력에 빠져서 스페이스X 사업에 많은 투자를 하고 있다. 현재 미·중 간 패권경쟁이 치열해지고 있다. 미국은 4차 산업혁명시대의 핵심인 반도체 산업을 중국에 빼앗기지 않기 위해 글로벌공급망 재구축을 시도하고 있다. 중국은 오래전부터 희귀자원의 패권을 확보하기 위해 주도면밀한 작업을 추진해 왔다. 중국은 세계 희토류 공급망을 장악하고 있다. 앞으로 전기차 등 첨단산업에 필요한 희토류 확보를 둘러싼 글로벌공급망 전쟁이 벌어질 것이다.

그 해결책은 달에 있다. 달에서 희귀자원을 확보하고, 달여행이 대중화되는 세상이 올 것이다. 정부도 2023년 4월 우주항공청 설립 특별법을 국회에 제출했다. 일부 국내기업들이 달에 관심을 보이기 시작하였다. 미래 세상에서 일어날 환경변화와 위기상황에 대해 알고 싶다면 시나리오 도구를 활용해보아야 할 것이다. 기업들의 이러한 노력은 시간과 돈을 낭비하는 것이 아니다. 향후 기업의 운명을 바꾸어 놓을 수 있는 불확실한 상황에 미리 대비하는 것이다. 시나리오 분석방법은 기업에 리스크를 줄이고 새로운 기회를 제공하는 역할을 하게 된다.

다양한 시나리오 분석방법 중에서 두 가지를 소개해 본다

마츠 린드그렌과 한스 반드홀드는 2006년에 출판된 『시나리오 플래닝』에서 미래를 분석하는 방법으로 TAIDA를 소개하였다. TAIDA는 추적(Tracking), 분석(Analyzing), 전망(Imaging), 결정(Deciding), 행동(Acting) 등 5단계를 통해 불확실한 미래에 대한 시나리오를 세우고 대책을 마련하는 것이다. 1단계인 추적(Tracking)은 위험, 기회 등 기업의 외부 환경변화 징후를 추적하며, 2단계인 분석(Analyzing) 과정에서 추적한 결과를 분석하고 복수(4개)의 시나리오를 작성한다. 3단계 전망(Imaging)은 시나리오 중에서 실현 가능성이 있는 것을 찾아내어 바람직한 미래모습의 비전을 만든다. 4단계인 결정(Deciding)에서 각 시나리오를 통해 입수된 정보를 평가하여 전략을 수립하고 선택한다. 5단계인 행동(Acting)은 단기목표를 설정하고 첫 번째 조처를 하며, 행동결과를 관찰한다.[113]

이 책에서는 범죄의 미래와 일간신문의 미래에 대해 각각 4가지 시나리오 사례를 보여주었다. 2008년 기준으로 2020년에 신문의 미래가 어떻게 될 것인지에 대한 4가지 서로 다른 시각의 시나리오를 작성했는데, 잃어버린 원자탄(Thunder ball), 당신만 보세요(For your eyes only), 오늘은 죽지 않는다(Die another way), 다이아몬드는 영원하다(Diamonds are forever)라는 4가지 시나리오를 통해 미래 신문사의 최악의 상황과 긍정적인 상황 등을 전망하였다.[114]

토마스 처맥은 2017년에 저서 『미래전략 시나리오 플래닝』에서 성과중심 시나리오 시스템을 소개하였는데 이 시스템은 프로젝트 준비, 시나리오 탐색, 시나리오 개발, 시나리오 활용, 프로젝트 평가라는 5가지 단계로 구성되어 있다. 단계별 추진내용을 살펴보면 다음과 같다.

1단계인 프로젝트 준비과정에서는 시나리오 프로젝트의 목적을 상세히 정리하고 프로젝트 범위와 일정을 추정한다. 그리고 시나리오팀을 구성하고 각자의 역할을 정한다.

2단계에서는 기업조직의 내외부 환경분석에 역량을 집중한다. 조직의 외부 환경 분석을 위해 STEEP 분석을 활용하며, 내부 분석에는 SWOT 분석, 비즈니스 이론, 비즈니스 아이디어 등의 도구를 활용한다.

3단계에서는 시나리오를 개발하기 위해 먼저 수많은 핵심 원동력 중에서 결정적 불확실 요인 2개를 선택한다. 토마스 처맥은 테크놀로지(주)의 4가지 시나리오로 에어버스, 콩코드, 타이타닉, 마차를 선정하였다.

4단계는 워크숍을 통해 시나리오를 활용하는 과정이다. 현재 전략을 분석하고 신호(선행지표)를 개발해야 한다. 브레인스토밍을 통해 각 시나리오에 대해 기회와 위협요인들을 생각해보고 전략을 고민한다. 마지막 과정인 5단계는 프로젝트를 평가하는 작업이다. 설문 조사, 인터뷰 등을 통해 프로젝트에 대한 만족도를 측정한다.[115]

Business War Game

워게임은 군대에서 하는 모의 전쟁게임이다. 군대에서는 아군의 전투력 향상을 위해 청군과 백군으로 나뉘어 적과 아군을 가장한 모의 침투게임을 하고 있다. 한·미 정부는 만일의 사태에 대비하여 북한의 침공을 가정한 모의훈련을 통해 전투력 향상에 집중하고 있다. 비즈니스 워게임도 기업이 시장에서 경쟁사를 제압하고 시장을 빼앗기 위해 벌이는 모의 전투라고 생각하면 된다. 세계 각지에 있는 유명한 경영대학원에서 비즈니스 워게임을 통해 대학원생들의 경영능력을 제고시키고 있다. 컨설팅회사에서는 기업 임원과 직원들을 대상으로 비즈니스 워게임을 실시하고 경쟁사를 제압할 수 있는 실전 능력을 배양한다.

경쟁정보의 대가인 벤저민 길라드는 저서 『비즈니스 워게임』(2009)과 『미래를 내다보는 창』(2005)을 통해서 비즈니스 워게임의 핵심적인 내용을 설명하고 있다.

그는 경쟁사의 동향을 분석하는 도구로 '마이클 포터의 4코너'를 선택하였으며, 경쟁상대의 움직임을 예측하는 데 가장 강력한 도구라고 평가하고 있다. 길라드의 비즈니스 워게임의 핵심요소는 경쟁사 CEO에 대한 롤플레이이다. 그는 경쟁사의 움직임을 예측하기 위해서 다음과 같이 세 가지 질문을 하였다. "경쟁상대는 현재 시장에서의 지위에 만족하는가 ?", "경쟁상대의 급소는 무엇인가 ?", "경쟁상대의 맹점(Blind Spots)은 무엇인가?"[116] 이를 바탕으로 하여 우리 회사와 경쟁사 간의 경쟁관계를 모의 비즈니스 워게임을 통해 파악하는 것이다.

이 게임에서 경쟁사의 맹점을 파악하는 일이 매우 중요하다. 경쟁사와의 경쟁에서 상대편의 약점을 간파하고 그것을 집중적으로 공략하면 이길 승산이 크기 때문이다. 산업 내 불균형과 시장에 대한 경쟁사 CEO의 가정과 신념을 파악하는 것도 이 게임의 승패를 좌우하는 핵심이 된다.

'경쟁사에 대한 롤 플레이'[117]란 간단히 말해서 경쟁사 CEO나 임원의 머릿속으로 들어가서 그들이 시장에서 향후 어떻게 나올 것인가를 파악하는 것이다. 경쟁사 임원의 머릿속을 들여다보기는 어렵다. 그러나 앞서 설명한 것처럼 CEO 프로파일링 기법 등을 통해 경쟁사 CEO나 임원들의 발언 내용, 생각이 담긴 공개자료들을 종합적으로 수집·분석해 보면 경쟁사의 속셈을 파악하는 것도 불가능한 일이 아니다. 경쟁사 임원들이 취할 향후 전략 방향을 미리 탐색하여 거기에 맞추어서 대응책을 마련할 수 있다면 시장에서 승리할 수 있는 것이다.

글로벌 기업 CEO들이 전략적으로 잘못된 판단을 하여 시장에서 축출당하는 사례를 종종 발견한다. 이것은 CEO가 가지고 있는 맹점 때문이다. 최고경영자의 지나친 자신감은 과거 성공했던 경험에만 의존하게 만들며 새로운 프로젝트도 과거와 같이 성공한다고 착각하게 만든다. 문제는 여기에 있다. 과거와 현재의 기업환경이 다르다는 점이다. 소비자 기호는 물론이고 기업을 둘러싸고 있는 외부환경은 끊임없이 변화한다. 특히 첨단기술은 엄청나게 빠른 속도로 변화되고 있다. CEO가 외부환경 변화를 무시하고 과거 자신의 경험에만 의존한다면 분명히 실수를 저지를 것이다.

즉석 사진의 강자였던 폴라로이드와 아날로그 세대의 필름산업에서 최고의 경쟁력을 보유했던 코닥은 디지털 산업에 적응하지 못하고 파산하였으며, 블록버스터도 넷플릭스에 무릎을 꿇었다. 이 세 가지 사례들은 'CEO가 맹점가지고 있었다'는 공통점을 보여주고 있다. 비즈니스 워게임을 통해 경쟁사 CEO의 맹점을 발견하고 경쟁사의 향후 전략을 예상할 수 있다면, 여러분은 블록버스터에 승리한 넷플릭스의 리드 헤이스팅스, 애플에 도전한 스포티파이의 다니엘 에크, 테슬라의 일론 머스크, 아마존의 제프 베조스와 같은 성공한 기업인이 될 것이다.

벤저민 길라드는 『비즈니스 워게임』에서 랜드스케이프 게임과 테스트게임이라는 두 가지 비즈니스 워게임 방식과 사례를 소개하였다. 랜드스케이프 게임(Landscape Games)은 일명 조기경보 게임으로 알려졌다. 미래 시장의 환경변화가 예상되는 가운데, 기업의 경영진이 경쟁환경 조사를 통해 기존 시장에서 가장 경쟁력 있는 지위를 확보하려는 것이 랜드스케이프 비즈니스 워게임의 주된 목적이다. 한편 테스트 게임(Test Games)은 기업의 기존 전략을 경쟁상대의 예상되는 반응에 따라 비즈니스 워게임을 통해 시험해보는 것이다.[118]

조기경보(Early Warning) 분석

벤자민 길라드는 저서 『미래를 내다보는 창』에서 기업의 경쟁정보 활동에 있어 조기경보(Early Warning)의 중요성을 강조하고 있다. 기획-수집-분석-보고라는 경쟁정보 사이클 속에서 기업들은 경쟁자, 시장변화, 소비자에 대한 정보를 수집하기 위해 끊임없이 활동하고 있다. 기업 경쟁정보팀은 다양한 활동 중에서 기업의 운명을 뒤바꿀 수 있는 전략적인 의사결정에 집중해서 경쟁정보 수집 활동을 해야 한다. 경쟁정보 담당자는 CEO에 산업변화와 경쟁사의 혁신적인 움직임을 신속하게 수집·분석하여 보고해야 한다. 한마디로 CEO에 사전 경고(Warning)를 해주어야 한다. 향후 당면할 위기상황 등 문제점의 심각성을 철저하게 분석하고 파급영향과 대안을 제시하는 메시지를 CEO에 전달해야 한다.

글로벌 기업들은 제각기 자신의 기업활동 여건에 맞는 독특한 방법으로 조기경보 시스템을 운영하고 있다. 경쟁정보팀이 중심이 되어 이러한 활동을 전개한다. 길라드는 즉석 사진 산업의 폴라로이드, 텔레콤 장비산업의 루슨트, 청바지 업계의 리바이스 등의 최고 경영진들이 산업환경 변화를 사전에 인식하지 못하고 뒤늦게 대응하여 시장에서 퇴출당하였다고 강조하고 있다.

폴라로이드 핵심간부들이 CEO에게 디지털 시대의 도래로 인해 즉석 사진 산업의 시대가 막을 내릴 것이라고 충고하였음에도 이를 폴라로이드 CEO가 수용하지 않았다. 루슨트에서도 경쟁정보 부서 전문가들이 다가올 위협에 대해 CEO에게 경고하였으나 CEO가 자신의 맹점으로 인해 이를 무시하였다. 리바이스의 CEO 밥 하스도 자신만의 세계에 몰두해 청바지 업계의 산업환경 변화에 관심을 두지 않았다.[119]

길라드는 폴라로이드와 루슨트의 경우 경쟁정보 부서에서 CEO에 조기경보를 취하였음에도 불구하고 CEO의 무관심으로 인해 파국을 맞이하였다고 분석하고 있다. CEO의 독단적인 행동과 맹점을 방지하기 위해 씨티그룹과 DASA는 각각 WOR(Windows on Risk) 위원회와 본사평가위원회를 설치하여, CEO와 함께 부서장들이 조기경보 시스템 과정에 참여하도록 제도적 장치를 마련하였다.[120] 조기경보 시스템은 기존의 경쟁정보 부서의 역할을 회사 차원으로 확대하여 회사 전체의 조기경보 체제로 확산시키는 것이며, 회사 차원에서 가장 중요한 전략적인 이슈들을 선별하여 CEO가 신속하고도 정확한 의사결정을 내리도록 지원하는 역할을 제도적 장치로 만들어 놓는 것이다.

한때 전성기를 누렸던 기업들이 무분별한 기업확장으로 인해 파산한 사례가 많다. 1980년대와 1990년대까지 최고의 전성기를 구가했던 대우그룹은 1997년 IMF라는 치명타를 맞고 공중 분해되었다. 동아그룹, 한보그룹을 비롯한 수많은 건설업체와 동양그룹, 쌍용그룹 등 한때 잘 나갔던 기업들도 대부분이 기업확장에 대한 CEO의 무분별한 고집 때문에 회사 문을 닫게 되었다. 그 저변에는 CEO의 맹점이 있었다. "대마불사, 대기업은 망하지 않는다"라는 최고 경영진의 잘못된 신념이 CEO의 눈과 귀를 가려서 간부들의 충고와 경고를 외면하였고, 경쟁정보 시스템 자체도 제대로 가동되지 않았다.

현재 우리나라는 세계 10대 무역 대국이며 G20 국가에 속해 있고 반도체 강국이자 자동차 강국으로서의 국제적인 위상을 가지고 있다. 국내기업들은 세계시장에서 글로벌 최강기업들과 경쟁을 벌이고 있다. 글로벌 시장 곳곳에서 경쟁자들이 호시탐탐 노리고 있다는 의미이다. 과거와 같이 CEO의 강력한 카리스마에만 의지한 경영활동이 이제 통하지 않는 세상이 되었다. 경쟁기업들에 대한 면밀한 조사와 검토를 바탕으로 한 전략적인 의사결정이 필요하다. 세계 각 지역에서 발생할 갖가지 위험요소들을 사전에 탐지하고 CEO와 경영진에 경고를 전달해야 한다. 그리고 대안도 마련해야 한다. 이것이 조기경보 역할이다.

Red Teaming 분석

브라이스 호프먼은 2018년에 저서 『레드팀을 만들어라』에서 레드팀의 탄생 배경과 레드팀 분석기법을 설명하고 있다. 레드티밍(Red Teaming)이란 미래에 일어날 최악의 사건을 예측해 보고 이에 대한 대비책을 마련해 보는 것이다.

레드티밍 개념이 본격적으로 알려지기 시작한 것은 2001년 9.11 테러 사건이 발생한 후이며 미 육군과 정보기관이 레드티밍 기법을 활용하게 되었다. 9.11 테러 사태 이전에만 해도 미국은 세계 최강의 군사력을 보유하고 있었다. 1991년 소련의 붕괴로 미·소 냉전체제도 종식되어 미국이 세계패권 국가로서 역할을 주도하고 있었으며, 미국과 다국적군이 걸프 전쟁에서 승리하여 세계 최고의 강대국이라는 위상에 도취되었다. 세계 곳곳에서 경찰 역할을 하고 있었던 미국은 뉴욕에 있는 세계무역센터가 테러리스트에 의해 파괴되고 약 3천여 명의 시민들이 사망한 2001년 9.11 테러 사건에 큰 충격을 받았다.

미 정보기관은 뉴욕과 같은 세계적인 도시 한복판에서 대규모 테러 사건이 발생할 것이라고는 미처 생각하지 못했다. 미국은 2차 세계대전에 참전하게 된 원인이었던 일본의 진주만 공격 사건 이후로 미국 본토를 향해 테러행위를 자행한 국가나 단체들이 없었기 때문이었다. 미 정보기관은 잘못된 판단을 깊이 반성하고 9.11 테러와 같은 사태가 재발하지 않도록 정보분석 작업과정에서 레드티밍 제도를 도입하였다. CIA는 상상하지도 못할 기상천외한 사태들이 발생할 것을 예측하기 위해 레드셀 조직을 신설하였다.[121]

미 육군에서도 향후 세계 각지에서 미군을 대상으로 발생할 각종 최악의 시나리오를 가정하고 이에 대한 대비책을 마련해오고 있다. 특히 '악마의 대변인'이라는 제도를 도입[122]하여 중요한 의사결정을 할 경우, 의도적으로 한 명 이상 인원이 대다수 의견에 반대하도록 제도적으로 장치를 마련하고 있다. 중요한 의사결정을 내리는 과정에서 집단이기주의에 빠져 오류를 범할 것을 우려하여 소수가 대다수의 찬성에 반대의견을 제시하는 것이다.

'악마의 대변인' 기법을 적용한 대표적인 사례는 1962년 쿠바 미사일 위기 사태가 발생하였을 때 케네디 대통령이 이에 대한 대책을 마련하기 위해 취했던 방법이다. 당시 케네디 대통령이 위기대책위원회인 엑스콤을 만들었다는 것은 잘 알려진 사실이다. 국가의 운명을 결정하는 중대한 현안을 논의하기 위해 한 치의 오류도 발생해서는 안 된다. 당시 긴급했던 위기상황은 자칫 미·소 간 핵전쟁으로 확대될 소지가 다분했다. 엑스콤 위원회에서는 다양한 측면에서 해결방안을 검토했다.

케네디 대통령은 엑스콤 위원회에 자신의 보좌관 두 명을 포함하고 위원회 내부에서 제기되는 각종 제안의 단점을 지적하는 임무를 맡겼다.[123] 자칫 집단사고의 함정에 빠질 것을 사전에 방지하기 위함이었다. 정부나 기업에서 의사결정을 할 때 집단사고의 오류에 빠지기 쉬우므로 '악마의 대변인' 기법을 활용하기를 권고해 본다.

한편 브라이스 호프먼은 이 책에서 사분면 차트를 활용한 네 가지 관점 분석, 사전검시분석, 역할연기 기법, 대안미래분석, 다섯 가지 이유 기법 등 레드티밍의 다양한 분석기법들을 소개하고 있다. 이러한 분석기법 중 일부는 경쟁정보 분석에 유용하게 활용될 것으로 본다. 네 가지 관점 기법은 스티브 로트코프 대령이 고안한 분석기법이며, 호프먼이 이를 응용하여 경쟁사와의 경쟁속에서 현명한 의사결정을 내릴 수 있는 미래 통찰력을 배양하는 분석 도구로 활용하였다. 그는 넷플릭스와 블록버스터의 경쟁관계에서 "블록버스터 CEO가 레드티밍 도구인 네 가지 관점 분석을 적용하여 경쟁 관계를 냉철하게 분석하였더라면 넷플릭스에 무참하게 패배하지 않았을 것이다"[124]라고 주장하고 있다.

레드티밍 기법에서 흥미로운 또 다른 분석기법은 사전검시 분석이다. 많은 돈을 주고 비싼 컨설턴트를 고용할 필요가 없으며 복잡하지 않고 손쉽게 회사가 처해 있는 문제점을 발견해 낼 수 있다는 점이 특징이다. 원래 이 도구는 게리 클라인이 개발하였다. 브라이스 호프먼은 회사에서 중대한 프로젝트를 시행하기에 앞서 사전검시 분석을 먼저 해보라고 권장하고 있다. 사전검시 분석의 핵심 부분을 간단히 설명하면 다음과 같다. 어떤 프로젝트를 시행하기 전에 '그 계획을 추진해보니 완전히 실패했다'고 상상한다. 그리고 그 계획의 실패 원인을 철저하게 파악한다. 이 과정에서 원래 추진하려 했던 프로젝트의 문제점을 다각적으로 파악할 수 있다. 그 문제점을 바탕으로 개선책을 마련하여 원래 계획안을 수정하여 실행한다.[125]

여러분은 TV 뉴스에서 정부 정책에 문제점들이 발생하여 비난을 받는 장면을 본 경험이 종종 있을 것이다. 옛 속담에도 "소 잃고 외양간을 고친다"라는 말이 있다. 기업이 새로운 마케팅 전략을 추진하거나 신제품을 출시할 때, 만일 실패할 경우 기업은 치명타를 맞게 된다. 실패한 이후 전열을 재정비하여 다시 시도하기에는 너무 늦기 때문이다.

사전검시 분석기법은 기업뿐 아니라 정부에서도 신규 프로젝트나 정책을 추진할 때 활용하면 유용할 것이다.

오랜 전통을 가지고 있는 대기업의 경우, 고유의 기업문화에 젖어 들어 있는 임원들이 혁신적인 사고를 수용하기 쉽지 않다. 기업의 성장 과정에서 공유해왔던 문화, 가치관, 경영기법 등에 몰입되어 외부 환경변화를 미처 따라가지 못할 수 있기 때문이다. 자칫 CEO는 물론 임원들까지도 총체적인 난국에 빠지게 될 수 있다.

맹점(Blind Spots)이라는 그물에 걸려서 경쟁사의 변화와 기술 혁신 물결을 제대로 인식할 수 없게 된다. 이러한 기업을 쇄신하기 위해서는 기존 임원들과 다른 시각을 보유하고 있는 CEO를 외부에서 영입하고 기업문화를 변화시켜야 한다. 그 과정에서 내부조직의 저항이나 새로 영입된 CEO의 영웅심 또는 기존 조직과의 불협화음으로 인해 기업혁신이 실패하기도 한다. 회사를 근본적으로 변화시키기 위해서 CEO가 혁신을 직접 주도하거나 회사 철학에 기업혁신 정신을 못 박아 놓은 사례도 있다. 우리가 잘 아는 애플의 경우이다. 스티브 잡스의 'Think different'라는 말은 애플이 혁신을 추구하고 있는 기업이라는 사실을 강조한다. 회사 철학으로 명시하여 직원들에게 혁신적인 사고를 요구하고 조직문화 자체도 항상 도전적이고 혁신적으로 유지한다.

4차 산업혁명이라는 기술변화 속에 있는 IT 기업은 혁신이 생명이다. 테슬라의 일론 머스크, 페이스북의 마크 저커버그, 아마존의 제프 베조스는 혁신의 아이콘이다. 기업혁신을 추진하는 데 기업조직이 집단주의 사고에 빠져 있어서는 안 된다. 앞서 언급한 것처럼 '악마의 대변인' 기법은 정부의 핵심 구성원들이 집단주의적 사고에 빠져 정책추진에 실수하는 것을 사전 예방할 수 있으며, 군부 지휘관들이 적군에 대한 고정관념에 빠져 적의 도발을 과소평가하는 실패를 범하지 않게 한다. 만일 미국이 9.11 테러 사태가 발생하기 이전에 '악마의 변호인' 기법을 정보기관, 군부, 국방부 등에 도입하여 과격 테러단체들의 사소한 움직임까지 면밀하게 모니터링하고 분석했더라면, 9.11 테러와 같은 참혹한 사건이 발생하지 않았을 것이다. 미국은 값비싼 대가를 치르고 나서야 범정부 차원에서 '악마의 대변인'이란 기법을 활용하고 있으며 글로벌 기업들도 이를 비즈니스 영역에 적용하고 있다.

3. 경쟁정보 조직 구축

대기업이 경쟁력을 강화하고 경쟁사와의 치열한 전쟁에서 승리하기 위해서는 경쟁정보 조직을 구축하고 효율적으로 운영해야 한다. 미쓰비시상사, 미쓰이물산, 스미토모상사 등 일본 종합상사들의 정보력이 뛰어나다는 것은 잘 알려진 사실이다. 종합상사라는 조직이 글로벌 시장을 타깃으로 세계 각지에 있는 현지법인 등의 네트워크를 통해 각종 정보를 수집하는 활동을 전개해 왔다. 일본의 종합상사 제도를 벤치마킹한 우리나라의 종합상사 조직도 일본에 버금갈 정도로 뛰어난 정보력을 갖고 있었다. 종합상사 제도는 우리나라가 외화를 벌어들이기 위해 수출주도형 기업이 필요했기 때문에 만든 기업조직이다.

종합상사와 소속 기업집단을 살펴보면, 삼성물산(삼성그룹), ㈜쌍용(쌍용그룹), ㈜대우(대우그룹), 효성물산(효성그룹), LG상사(LG그룹), ㈜선경(선경그룹), 현대종합상사(현대그룹) 등이다. 종합상사들은 전 세계에 있는 정보 네트워크를 통하여 무역 거래와 해외투자에 관심이 있는 기업들에 해외시장 규모, 환율변동, 해외 각국의 수입규제 제도, 관세 및 비관세 장벽, 해외유통, 무역 거래 파트너의 신용상태, 해외 소비자, 정부 관료 등 광범위한 정보를 제공하는 역할을 담당하였다.[126] 국내 종합상사 조직에서 정보와 조사, 사업계획과 업적을 평가하는 부서들은 기획실(삼성·현대), 기획부(쌍용), 기획관리실(효성), 기획팀(LG), 기획조정실(선경)이었으며, ㈜대우의 경우에는 조사 및 정보업무는 조사홍보부에서, 사업계획과 업적평가는 경영기획에서 업무를 담당하였다.[127]

1997년 IMF 사태 이후 국내 재벌기업들은 회장비서실 산하에 구조조정본부를 설치하였으며 홍보팀, 기획홍보팀, 경영정보팀 등에서 기업정보 업무를 수행하였다. 재벌그룹의 자동차, 전자, 통신 등의 계열사들이 글로벌 기업으로 성장하면서, 종합상사들은 재벌의 주력기업으로서 기능을 상실했다. 현재 삼성물산 상사부문은 삼성그룹의 주요 계열사로 남아 있지만, 과거와 같이 그룹의 핵심적인 역할을 담당하지는 못하고 있다.

대우그룹의 핵심기업이었던 ㈜대우는 대우그룹 해체에 따라 포스코에 편입되어 포스코 인터내셔널 이름으로 활동하고 있으며, LG그룹의 LG상사도 LG그룹에서 분리된 LX그룹에 편입되어 상호를 LX인터내셔널로 변경하고 활동하고 있다. ㈜선경은 SK그룹의 종합상사였는데, 상호를 SK네트웍스㈜로 변경하였다. 현대종합상사는 2016년 현대중공업그룹에서 분리된 후 회사명을 현대코퍼레이션으로 바꾸었다. 최근 국내 종합상사들은 무역 의존도를 낮추면서 탄소중립을 비롯한 친환경 사업 강화에 나서고 있으며, 바이든 정부의 글로벌공급망 재구축 추진에 따라 자원의 대중국 의존도를 낮추는 움직임이 강화되면서 종합상사의 역량이 다시 관심을 받고 있다.[128]

일본 종합상사 5위권에 있는 마루베니의 경쟁정보 조직을 살펴보자. 종합정보센터 역할을 담당하는 조사정보부는 경영정보조사실, 산업조사실, 국제경제연구실, 시사편찬실로 구성되어 있으며 주로 국내외 정치, 경제, 산업 등 전 분야의 정보를 종합적으로 취급하고 있다. 이 중 경영정보 조사실은 국내외 경제, 무역정보를 수집하여 경영계획 수립에 반영하는데, 상사 임원들은 거래처를 비롯하여 관청 등에 대한 대내외 활동을 수행하고 있다. 산업조사실은 주로 거래처에 대한 대책 등 업계 내부조사 활동에 치중하고 있다.[129]

최근 일본은 종합상사가 일본경제를 다시 견인하고 있다. 2023년 6월 5일 일본 증시가 3만 2,217포인트로 33년 만의 최고치를 경신하였으며 반도체와 종합상사 업종이 상승세를 주도하고 있다. '투자의 귀재' 워런 버핏 회장도 지난 2022년 말부터 2023년 1분기까지 대만의 TSMC 지분을 모두 매각하는 대신 미쓰비시·이토추·스미토모·마루베니 등 일본 종합상사 지분을 늘렸다.[130] 그 이유는 자원사업이 주력부문인 일본 종합상사가 원유와 천연가스 등 자원 가격 급등으로 순이익이 늘어나고 있기 때문이다.

미·중 간의 기술패권경쟁과 러시아의 우크라이나 침공에 따라 국제사회에서 에너지 자원 확보 문제가 경제안보와 맞물리고, 전기차 배터리·반도체 등의 글로벌공급망 재구축 문제의 중요성까지 높아지자, 일본 내에서도 일본 종합상사의 역할에 대한 긍정적인 인식이 높아지고 있다. 미쓰이물산·미쓰비시상사 등 종합상사들이 미래사회에 대비한 신기술 개발 및 새로운 시장에도 적극적인 태도를 보인다. 미쓰이물산은 인도·싱가포르의 카쉐어링 기업에 투자하고 있으며, 미쓰비시상사는 일본과 인도네시아에서 자율주행 On-Demand Bus 사업에 관여하고 있다.[131]

경쟁정보 활동이란 정보를 취득해서 향후 시장환경 변화를 분석하여 예측하고 이를 바탕으로 기업의 최고 의사결정권자인 CEO에게 전략적인 권고를 해야 하는 작업이다. 간단한 일은 아니다. 경쟁정보 조직을 만들기 위해서는 비용이 많이 들어가며, 능력 있는 인력도 확보해야 한다. 기업들이 경쟁정보 조직을 만들었다고 해서, 모두 경쟁정보 활동에 성공하는 것은 아니다. 그 기업 내에서 경쟁정보 조직이 정상적으로 가동하기 위해서는 시간이 필요하며, CEO의 전폭적인 지지와 신뢰가 필요하다. 대기업들은 경쟁정보 조직을 전략적인 의사결정을 내리는 전략기획실 내부에 두거나, 각 사업 부문의 최고책임자를 지원하기 위한 조직으로 활용하고 있다.

경쟁정보 활동은 회사 내부와 외부 자원을 활용하여 진행된다. 먼저 회사 내부에 있는 여러 부서와 협력관계를 구축하는 작업이 중요하다. 이는 경쟁정보팀에서 마케팅, 생산, 인사, 전략, 제품개발 등 다른 조직에 필요한 정보를 맞춤형으로 공급해야 하기 때문이다. 한편 경쟁정보팀은 회사 내부 부서들과의 네트워크 구축을 통해 경쟁업체들이나 산업환경에 대한 정보도 효율적으로 수집할 수 있다. 경쟁정보 활동에 익숙하지 않은 회사 내부 직원들과의 공감대를 형성하는 작업이 먼저 수반이 되어야 한다. 경쟁정보팀은 회사 내의 다른 부서들에 '서로 경쟁 관계가 아니라 귀중한 기업정보를 전달해주는 창구'라는 인식을 심어주어야 한다.

기업은 경쟁정보팀을 구성하기 전에 경쟁정보 미션을 먼저 지정해야 한다. 경쟁정보를 수행하는 담당자들의 임무를 명확하게 설정함으로써 효율적인 경쟁정보 활동을 할 수 있기 때문이다. 글로벌 기업이 경쟁정보 미션을 지정한 사례를 보면 다음과 같다.

Telcordia Technologies사는 "제품개발, 마케팅 부서, 상급 경영진에게 경쟁사의 역학에 대한 정확한 현황을 제공한다. 윤리적인 지침을 마련하고 실

행하며, 정보수집과 정보 소스 개발을 위해 직원을 교육한다."라는 경쟁정보 미션을 지정하고 있다.[132]

　경쟁정보 조직을 담당할 직원들을 선발하는 작업이 중요하다. 경쟁정보 담당자가 갖추어야 할 요건은 원만한 대인관계, 수집·분석 능력, 기업 및 산업환경에 대한 지식 등이다. 국내 대기업들은 경쟁정보 부서 직원들을 선발할 때 기업 내부 또는 각 계열사에서 대리급이나 과장급 이상 직원들을 차출하여 경쟁정보 업무를 수행하도록 한다. 기업문화, 산업환경 등을 잘 알고 있는 경험이 풍부한 직원들을 선발하는 것이 효율적이라고 판단하기 때문이다. 기업 규모와 사정에 따라 각기 다른 패턴을 보이기도 한다. 외국에서는 경쟁정보팀을 새로이 설치할 때 외부에서 경쟁정보 전문가를 영입하여 조직을 담당하도록 한다. 이때 경영진의 전폭적인 지원이 필요하다. CEO는 전문가가 기업 내부에서 경쟁정보 조직을 제대로 운영할 때까지 인내력을 갖고 기다려주어야 한다. 담당 직원들에게 경쟁정보를 수집하고 분석하는 능력도 교육해야 한다. 기업 내부에서 경쟁정보 조직이 새로 만들어지고, 정상적으로 제 역할을 다하는 데 최소 2~3년이 걸린다.[133]

　국내 대기업들의 최근 경쟁정보 조직을 보면 다음과 같다. 롯데그룹의 경우 2017년까지 롯데 정책본부(책임자 부회장) 산하에 운영실, 인사실, 개선실, 비전전략실, 비서실, 커뮤니케이션실, 지원실로 구성되어 있었다. 현재는 지주·HQ로 이원화된 재무 컨트롤타워 체제를 구축하고 있으며 ESG 경영혁신실은 롯데그룹의 신사업 발굴과 인수합병, 사업 포트폴리오 고도화 등의 기능을 전담하고 있다. SK그룹은 SK수펙스추구협의회(의장)를 중심으로 전략위원회, 글로벌 성장위원회, 커뮤니케이션 위원회, 윤리경영위원회, 인재육성 위원회, 동반성장위원회가 포함되어 있다. 삼성그룹의 미래전략실(실장: 부회장)은 차장(사장) 하부조직으로 전략팀, 인사지원팀, 법무팀, 커뮤니케이션팀, 경영진단팀, 기획팀, 금융일류화추진팀으로 구성되어 활동하였다. 삼성그룹의 미래전략실은 2017년 해체되었다.[134]

여러분은 이번 장에서 경쟁정보 분석방법에 대한 다양한 테크닉을 배우셨습니다. 이제 여러분이 스스로 실습해 보실 시간입니다. 다양한 과제에 도전해 보시길 바랍니다.

Training 1. 〈 H전자, CI 부서 만들다 〉

Training 2. 〈 경쟁사 CEO Profiling 작성하다 〉

Training 3. 〈 유통업계 환경 리스크 분석하다 〉

Training 4. 〈 소니, 전기자동차 산업환경 분석하다 〉

Training 5. 〈 소주 시장 Trend 분석하다 〉

Training 6. 〈 미래 국내 자동차 시장 시나리오 작성하다 〉

Training 7. 〈 맹점과 산업불일치 사례 설명하다 〉

Training 8. 〈 스마트폰 시장 비즈니스 워게임 하다 〉

Training 9. 〈 넷플릭스 vs 블록버스터: Red Teaming 분석하다 〉

Training 10. 〈 애플 Red Team, '악마의 대변인' 역할하다 〉

Training 11. 〈 성공하는 경쟁정보(CI) 조직 만들다 〉

H전자, CI 부서 만들다

H그룹의 주력기업인 H전자는 국내는 물론 해외시장에서 국내외 기업들과 치열한 경쟁을 벌이고 있다. H전자는 경쟁력을 제고시키기 위해서 CI(Competitive Intelligence) 부서가 필요하다는 조언을 받고 CI팀을 책임질 부서장(상무)으로 CI 전문가인 홍기동을 외부에서 영입하였다. 홍기동은 글로벌 기업에서 CI 업무를 오랫동안 경험한 CI 전문가이다. 홍 상무는 입사한 지 3주일간 회사 전반에 대해 업무를 숙지한 후 H전자 CEO에게 향후 CI 부서 설립 및 운영에 대해 업무보고를 해야 하는 일정이 잡혀 있다.

⚑ 여러분이 홍 상무라고 생각하고 H전자 CEO에게 CI 부서 설립 및 운영에 대해 어떻게 보고할 것인지 생각해보고 구체적으로 설명해 보십시오.

경쟁사 CEO Profiling 작성하다

1) 중국의 스마트폰 업체인 샤오미 CEO 레이쥔은 세계 스마트폰 시장에서 시장 점유율 1위인 삼성전자를 따라잡겠다고 말했다. 샤오미는 경쟁사인 삼성전자의 경쟁력을 살펴보기 위해 삼성전자 CEO에 대해 프로파일링을 하고자 한다. 여러분이 샤오미의 경쟁정보팀 책임자라고 가정할 때 삼성전자 CEO에 대해 어떻게 프로파일링할 것인지 설명하세요.

2) 애플 CEO 팀 쿡이 전기자율주행차 시장에 진출하기 위한 전략적 파트너사로 H사를 고려하고 있다고 한다. 애플은 H사의 경쟁력을 살펴보기 위해 H사 CEO에 대해 프로파일링을 하고자 한다. 여러분이 애플의 경쟁정보팀 책임자라고 가정할 때, H사 CEO에 대해 어떻게 프로파일링을 할 것인지 설명하세요.

⚑ 두 가지 사례 중 하나를 선택하여 CEO 프로파일링을 해보세요.

유통업계 환경 리스크 분석하다

H그룹 계열사인 H유통 CEO는 코로나19 사태가 장기화함에 따라, H유통의 수익성이 점점 악화하고 있다고 판단하고, 대책을 세우기 위해 그룹 경쟁정보팀 책임자인 홍기동 상무에

게 유통업계의 최근 거시 환경변화를 분석해달라고 요청하였다.

홍기동 상무는 김선달 대리에게 '거시환경리스크 분석(PEST)'을 통해 H유통이 당면하고 있는 거시환경변화를 분석하고 H유통이 취해야 할 행동을 제시해보라고 지시하였다.

🚩 여러분이 김 대리라고 생각하고, '거시환경리스크 분석'을 활용하여 H유통이 처해 있는 거시환경변화를 분석하고 대안을 제시해 보세요.

Training 4 소니, 전기자동차 산업환경 분석하다

소니는 2022년 초 전기차 산업에 진입하겠다고 선언했다. 현재 테슬러가 전기차 시장을 주도하고 있으며, GM, 현대차, 폭스바겐은 물론 중국 전기차업체들이 각축전을 벌이고 있다. 여러분이 소니사의 경쟁정보팀 책임자라고 가정하고, 소니사가 바라보는 전기차 산업구조와 경쟁우위 전략을 마이클 포터의 Five Forces 분석기법 등을 활용하여 보고서를 작성하시기 바랍니다.

Training 5 소주 시장 Trend 분석하다

H그룹 계열사인 H식품 김하늘 사장은 최근 H그룹 경쟁정보 책임자인 홍기동 상무를 만나 사업 다각화를 위해 국내 소주 시장에 진출할 것을 고민 중이라고 설명하면서 이에 대한 조언을 요청하였다.

홍기동 상무는 경쟁정보 실무자인 김선달 대리를 불러 국내 소주 시장의 미래에 영향을 미칠 Trend를 분석해 보라고 지시했다. 김선달 대리는 컨설팅 업체에서 배운 Trend 분석방법을 활용하여 국내 소주 시장의 Trend에 대해 분석한 후 홍기동 상무에게 그 결과를 보고할 예정이다.

🚩 여러분이 김 대리라고 생각하고, Trend 분석기법을 활용하여 국내 소주 시장의 미래에 영향을 줄 Trend를 분석해 보세요.

H그룹은 4차 산업혁명시대에 맞는 그룹 경쟁력을 확보하기 위해 H전자의 AI 기술을 활용하여 자율주행 자동차산업과 승차공유 산업에 진입을 검토하고 있다. 그러나 10년 후 미래상황이 불확실하여 의사결정에 고심 중이다. H그룹 회장은 주력 계열사인 H전자의 경쟁정보 책임자인 홍기동 상무를 불러 10년 후 우리나라 자동차산업에 대한 시나리오를 작성해 보라는 지시를 하였다.

🚩 여러분이 4개의 시나리오 각각의 이름을 작성하고, 4개 시나리오 중 1개를 선택하여 상세한 스토리를 작성해 보세요.

Training 7 맹점과 산업불일치 사례 설명하다

여러분은 Polaroid, Lucent 등 사례를 통해 CEO들의 맹점과 산업 불일치에 대해 상세한 설명을 듣고 이해를 하였습니다. 여러분이 이해하고 있는 '맹점(Blind Spots)과 산업불일치' 개념을 '넷플릭스와 블록버스터' 사례에 적용하여 설명해 보세요. 그 이외에도 맹점과 산업 불일치 사례를 한 가지 찾아보고 설명해 보세요.

Training 8 스마트폰 시장 비즈니스 워게임 하다

H전자는 스마트폰 사업 부문에서 오랜 기간 연속 적자를 기록하였다. H그룹 박 회장은 스마트폰 사업 부문의 회생 가능성을 판단하기 위해 H전자 경쟁정보팀 책임자인 홍기동 상무를 불러 H전자 스마트폰 사업 부문의 문제점과 대책을 마련해 보도록 지시하였다. H전자 CI팀 홍 상무는 회장 지시를 수행하기 위해 H전자 스마트폰 사업 부문 내 여러 부서에서 중간관리자를 선발하여 비즈니스 워게임을 통해 대책 방안을 마련해 보기로 하였다. 홍 상무는 비즈니스 워게임에 참여하는 팀으로 H전자, S전자, A사, 중국업체 등 4개 팀을 선정하였다.

🚩 여러분이 비즈니스 워게임에 참가하는 H전자 중간관리자라고 생각하고, 각 팀을 담당하여 비즈니스 워게임을 실시해 보기 바랍니다.

넷플릭스 vs 블록버스터: Red Teaming 분석하다

비디오 대여업계의 대부였던 블록버스터가 넷플릭스의 온라인 대여와 정액제도라는 새로운 비즈니스 모델과 소비자 욕구에 대한 인식 부족으로 파산하였다. 여러분이 블록버스터의 경쟁정보팀 책임자라고 생각하고, 블록버스터의 입장에서 '네 가지 관점 기법'을 사용하여 소비자를 분석하고, '사전검시분석'을 활용하여 넷플릭스가 블록버스터를 어떻게 퇴출했는지를 파악해보세요.

애플 Red Team, '악마의 대변인' 역할하다

2020년 12월 로이터 통신은 "애플이 2024년 자율주행 전기자동차를 출시할 예정이다"라고 보도하였다. 애플 CEO 팀 쿡이 애플 내 Red Team에 '자율주행 전기자동차 생산' 문제와 관련하여 '악마의 대변인' 역할을 맡겼다고 가정해보자. 여러분이 애플의 Red Team이 되어서 악마의 대변인 역할을 해보시길 바랍니다.

성공하는 경쟁정보(CI) 조직 만들다

여러분은 경쟁정보 분석과정을 처음 배우면서 'H전자 CI 부서 만들다(Training 1)'를 작성해본 기억이 날 것입니다. 그동안 경쟁정보 조직과 전략에 관하여 다양한 사례를 배우고 익혔습니다.

이제 여러분이 H전자 경쟁정보(CI) 책임자인 홍기동 상무라고 가정하고 그동안 배웠던 지식을 바탕으로 하여 H전자 CEO에게 '성공하는 경쟁정보(CI) 조직'을 만들기 위한 대책을 다시 보고한다는 가정하에 보고서를 작성해 보세요.

COMPETITIVE
INTELLIGENCE

Chapter **04**

디지털 트랜스포메이션과 경쟁정보

1 디지털 트랜스포메이션과 경쟁정보

2 비즈니스 모델과 플랫폼 기업의 경쟁력

3 중국 IT산업과 디지털 이노베이션 전략

4 Startup과 경쟁정보

5 미래사회의 혁신 아이콘과 경쟁정보

그림 13

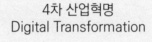

4차 산업혁명
Digital Transformation

경쟁 치열
Pipeline(전통적 제조업체) vs. IT업체 vs. 플랫폼 업체

4차 산업혁명시대 물결

지난 2016년 '4차 산업혁명의 이해'를 주제로 개최된 다보스포럼을 계기로 4차 산업혁명시대의 물결이 본격적으로 불어오기 시작했으며, 전통적인 제조업을 기반으로 하는 기업들이 향후 기술변화에 어떻게 맞서야 할지 고민을 해왔다. 혁신적인 기업(Early Bird)들은 일찍부터 미래 기술변화를 감지하고 전통적인 제조업체라는 허물을 벗기 위해 몸부림쳐왔으며, 기술변화에 앞장서서 소비자의 관심을 한몸에 받는 혁신 아이콘으로서의 이미지를 만들고 있다.

전통적인 파이프라인 기업들은 기존의 오래된 기술과 이미지를 벗어던지고 디지털 트랜스포메이션을 통해 혁신을 추구해야 살아남을 수 있다. 전통적인 제조업체와 유통업체들이 세계시장을 주도했던 시대는 지났다. 미국의 대표적인 기업들을 살펴보면 기술 트렌드를 한눈에 파악할 수 있다. 20년 전 미국 재계의 상위권 기업들은 제조업 기반의 업체들이었다. 그러나, 최근에는 구글, 아마존, 마이크로소프트, 애플, 테슬라 등 IT 기업과 혁신적인 기업들이 상위권을 차지하고 있다. 미국 IT 기업들과 경쟁을 벌이는 중국의 대표적인 기업들도 텐센트, 바이두, 알리바바, 샤오미, 화웨이, 바이트댄스(틱톡) 등 IT분야에서 활약하고 있다.

전통적으로 세계 경제에 막대한 영향을 끼쳤던 산업은 내연기관 자동차산업이다. 대표적인 기업으로 미국의 GM·포드, 일본의 도요타, 유럽의 BMW·벤츠·폭스바겐·아우디, 한국의 현대자동차 등이 있다. 그러나 자동차업계에서도 혁신의 바람이 불었다. 한때 스타트업이었던 테슬라가 내연기관 자동차들을 위협하기 시작하더니 몇 년 전부터 자동차업계에서 최고의 시가총액을 기록하면서 전기차 시대를 이끌어 가고 있다. 전 세계 소비자들이 필수적으로 이용하고 있는 자동차산업에서부터 혁신의 바람이 불고 있다.

내연기관 자동차들은 그동안의 기득권을 버리고 테슬라와 경쟁하기 위해 새로운 기술변화에 발맞추어 전기차 생산에 총력을 기울이고 있으며, 경쟁력 확보를 위해 전기차 배터리업체들과 전략적 제휴에 주력하고 있다. 자동차업체들은 미래 모빌리티 사회를 주도하기 위해 전기차 생산과 함께 자율주행기술, 로봇기술 개발 경쟁에 박차를 가하고 있다. 현대자동차는 이제 내연기관 자동차업체가 아니다. 전기차 생산 선두주자로서 이미지를 구축하고 있고 세계 제1의 로봇업체인 보스턴 다이내믹스를 인수하여 글로벌 소비자들에게 기술혁신의 아이콘으로서 위치를 구축하였다. 테슬라의 일론 머스크도 휴머노이드 로봇개발, 스페이스X 등으로 혁신기업가라는 수식어가 항상 따라다니고 있다.

한편 자동차산업에서는 모바일 앱을 활용한 승차공유라는 혁신적인 공유경제 비즈니스 모델이 탄생하였으며 미국의 우버를 비롯한 경쟁자들이 세계 각 지역에서 치열하게 경쟁을 벌이는 중이다. 혁신의 아이콘이었던 우버가 중국에 진출하여 중국업체들과 치열한 경쟁을 벌였으나, 토종기업인 디디추싱에 패배하고 일부 지분을 확보하는 조건으로 중국 시장에서 철수하였다. 인도에서는 올라, 동남아 지역에서는 그랩 등 승차공유 업체들이 각 지역에서 혁신을 이끌고 있으며, 스타트업들의 롤모델이 되고 있다.

혁신 기업

앞에서 언급했듯이 인터넷 발전으로 인해 세계 경제는 오프라인 중심에서 온라인으로 이전되고 있다. 모바일 앱을 활용하는 혁신적인 비즈니스 모델이 우후죽순으로 매일같이 탄생하고 있다. 인터넷 기술과 모바일 혁명을 기반으로 한 플랫폼 경제라는 신조어가 나온 것도 오래전의 일이 되었다. MZ세대에 플랫폼 경제와 플랫폼 비즈니스 모델은 매우 익숙하며, 그들에게 모바일 앱과 플랫폼 기업이 없는 세상은 상상할 수 없는 일이다. 이제 플랫폼 경제는 일상생활 속으로 깊숙하게 스며들어 있다.

2000년대 초반에 발생한 IT 버블현상 이후 구글, 마이크로소프트, 페이스북, 아마존, 애플 등이 IT 혁신을 이끌어 왔다. 2007년 애플의 스마트폰이 탄생한 이후 모바일 앱을 통한 플랫폼 경제와 공유경제 비즈니스 모델이 형성되기 시작하였다. 공유경제가 시작되어 글로벌 소비자들은 택시 잡기가 힘들었던 나쁜 기억에서 벗어나 택시 대신 승차공유 비즈니스 모델을 활용할 수 있게 되었다. 에어비앤비라는 스타트업으로 인해 호텔을 이용하는 대신 모바일 앱을 활용하여 어디에서나 손쉽게 게스트룸을 활용할 수 있게 되었다. 플랫폼 혁명으로 이베이, 아마존 등 세계적인 인터넷 상거래 플랫폼이 나타났으며 국내에서도 e커머스 시장에서 소비자들과 판매자들이 네이버, 쿠팡, 이베이코리아 등에서 쉽게 물건을 사고팔 수 있게 되었다.

삼성전자는 반도체, 스마트폰에서 세계 1위 기업으로서 면모를 자랑하면서 인공지능, 로봇, 전기차 배터리, BT 등 미래 핵심산업을 선점하기 위해 혁신 강도를 높이고 있다. 2022년 12월 삼성전자는 애플과의 디자인 경쟁에서 경쟁력을 확보하기 위해 세계적인 디자이너 영입에 성공하였다. 영입 대상자는 벤츠사의 디자인을 주도했던 인물이다.[135] 기업의 기술력, 디자인의 경쟁력을 높이기 위해서는 좋은 인재영입이 관건이다. 인재영입에 있어 경쟁정보팀의 역할이 매우 중요하다. 이미 오래전부터 세계적인 IT 기업들 간에 인공지능 전문가 영입작업을 위해 치열한 경쟁을 벌여왔다.

대표적인 국내기업인 LG그룹도 보수적인 이미지를 탈피하고 디지털 트랜스포메이션에 적극적이다. 국내 가전산업에서 삼성전자와 LG전자 간의 경쟁은 오래전부터 잘 알려진 사실이다. 삼성전자의 혁신적인 이미지에 비교할 때 LG전자의 기업문화는 다소 보수적인 색채를 지니고 있었다. 삼성전자와 LG전자는 TV, 냉장고, 세탁기 등 가전제품에서 국내시장은 물론 세계시장에서도 1위, 2위를 놓고 치열하게 격돌하고 있다.

2007년 애플의 스마트폰이 출시되기 전까지만 해도, 세계 휴대폰 시장에서 LG전자가 3위를 기록한 시절이 있었다. 애플의 스마트폰이 출시된 이후 삼성전자는 재빠르게 애플의 스마트폰 기술을 따라잡기 위해 혁신을 주도하였으나, LG전자 경영진은 스마트폰 기술이 기존 휴대폰 시장을 대체하는 데 상당한 시간이 소요될 것으로 잘못 판단하고 대응에 소홀하였다. 그 결과가 참혹했다. LG전자는 최고 경영진의 맹점으로 인해 산업변화를 제대로 읽지 못하고 스마트폰 사업에서 추락의 길을 걷게 되었다.

2021년 4월 LG전자가 스마트폰 시장에서 철수 결정을 내리기 전까지 2015년 2분기부터 연속해서 23분기 동안 5조 원의 누적적자를 기록하여 LG전자의 골칫거리로 전락하였다.[136] LG전자는 아픈 손가락인 스마트폰 사업을 철수하는 대결단을 내렸고, 대신 기업의 주력부문을 전기차 전장 부문으로 이전하여 새로운 돌파구를 모색하였다. LG그룹은 젊은 CEO인 구광모 회장을 후계자로 결정한 후, 그룹 전체의 변화를 추구하기 시작했다. 구광모 회장은 LG그룹 전체에 디지털 트랜스포메이션이라는 화두를 던져 새로운 변화를 모색하고 있다.

공룡기업과 중소기업

세계시장은 스타트업 출신의 글로벌 기업들이 변화를 주도하고 있을 뿐 아니라, 전통적인 제조업체들도 소비자 니즈, 기술변화를 따라가기 위해 과감하게 디지털 트랜스포메이션을 추구하고 있다. 스타트업들은 기술 혁신의 틈바구니에서 새로운 기술과 아이디어를 장착하여 니치 마켓을 개척하고 있으며 시장변화에 민감하게 반응한다. 그러나 공룡기업들의 경우 외부 시장변화에 신속하게 대응하는 것이 말처럼 쉽지만은 않다. 대기업 임원들은 과거 좋았던 시절을 회상하면서 현실에 안주하기 쉽기 때문이다.

바다에서 대형 유조선의 선장이 배의 방향을 변경하라고 지시하였을 때, 유조선이 천천히 움직이는 모습을 볼 수 있다. 마찬가지로 공룡기업들의 혁신에도 시간이 걸린다. CEO는 직원들과 조직이 재빨리 변화하도록 독려하고 있으나, 직원들의 공감대 속에서 기존 사업과의 보조를 맞추면서 새로운 사업 방향으로 움직이는 것이 말처럼 쉽지는 않다. 이 때문에 대기업들은 환경변화에 적응하기 위해 끊임없이 고민하고 있다. 기업에서 경쟁정보팀은 혁신을 위해 주도적인 역할을 담당해야 한다.

일부 기업들이 경쟁력 제고를 위해 디지털 트랜스포메이션에 성공했다고 만족하고 있지만, 아직도 상당수 기업은 디지털 트랜스포메이션을 어떻게 성공적으로 추진할지, 미래의 새로운 시장에서 어떻게 승자가 될 것인지를 놓고 고민에 빠져 있다. 전통적인 기업들의 경우에는 심각한 상황이다. 오프라인 중심의 전통적인 제조업계와 유통업계는 온라인 스타트업, 플랫폼 기업들과 어떻게 경쟁해야 할지 내심 걱정스럽다. 이러한 궁금증과 갈증을 풀어주는 것이 경쟁정보의 역할이다.

국내 경제의 주춧돌 역할을 하는 중견기업들과 중소기업들도 디지털 트랜스포메이션 문제를 놓고 어려움을 겪고 있다. 외부 환경변화에 대한 해결책을 적기에 마련하지 못한다면 시장에서 축출될 수 있다는 위기의식이 팽배해 있다. 이들은 대기업들과 비교할 때 전문인력이 턱없이 부족하다. 대기업의 경우, 그동안 쌓아온 노하우와 우수인력을 확보해 놓고 있기에 환경변화를 감지하는 능력이 상대적으로 뛰어나며 외부 컨설팅회사 등의 자문을 통해 변화를 시도할 수도 있다. 그러나 중소기업의 경우, 자체적으로 대안을 마련할 능력도 부족하며 재정적인 여건상 전문가 자문도 쉽지 않다. 대부분 중소기업이 하루하루 먹고사는 데 급급한 상황이며, 장기적인 차원에서 변화와 혁신을 위한 목적의식도 미흡하다.

국내 자동차산업의 경우, 수십만 협력업체가 종사하고 있다. 현대자동차는 내연기관차에서 전기차로 사업 중심을 이전해 가고 있다. 아직 내연기관 자동차를 생산하고 있으나 세계의 큰 흐름인 전기차 생산체제로 완전하게 전환하는 것은 시간문제다. 완전한 전기차 시대가 도래될 경우 기존 중소기업 협력업체들은 큰 타격을 입을 것이다. 내연기관차에서 전기차로 전환한다는 의미는 기존 자동차 부품의 40~50%가 사라진다는 뜻이다.

기존 자동차 부품업체들은 어두운 미래 상황에 직면해야 한다는 위기감이 고조되고 있다. 조만간 닥칠 변화에 국내 중소기업들이 적극적으로 대응하지 않는다면 끔찍한 사태가 벌어질 것은 분명하다. 글로벌 자동차 부품업체들은 지각변동에 발 빠르게 적응하기 위해 전기차 생산에 도전하기도 한다. 글로벌 시장에서 살아남기 위해서는 과감한 도전이 필요하다. 향후 미래 시장에서 창과 같은 역할을 하는 무기는 디지털 트랜스포메이션이다.

몰스킨, Apple vs Spotify

소비자들의 사랑을 받아왔던 업체들이 기술변화의 물결을 타기 위해 혁신적인 행동을 시작하였으며 많은 성과도 내고 있다. 전통적인 파이프라인 기업 CEO들은 기업의 변화를 위해서 고정관념을 버려야 한다. 과거 시장을 독점했던 시절에 심취해서 옛날의 경영 스타일을 고집하면 안 된다. 세계적인 수첩회사인 몰스킨도 디지털 혁명의 트렌드에 자극을 받아 일찍부터 전통수첩의 디지털화를 시도하였고, 구글 앱, 애플 스토어 등에 자사 플랫폼을 만들었으며, 다른 디지털 업체와의 협력을 통해 혁신을 추구하고 있다.[137] 만약 이 업체가 이러한 디지털 트랜스포메이션을 추구하지 않았다면, 현재 이 회사는 생존해 있지 않았을 것이다.

나이키 브랜드는 오랜 세월 동안 신발과 스포츠웨어의 세계적인 브랜드로 자리매김을 해왔다. 고정관념의 시각으로 볼 때 "나이키와 같은 전통적 파이프라인 업체가 신발산업에서 디지털 기술 혁신을 추구할 수 있을 것인가?"라는 의구심이 생길 수 있다. 단순한 제조업이기 때문이다. 나이키는 프로농구선수 등의 경기력 향상을 위한 신발 기능을 개선하는 기술 혁신도 시도하였다. 그러나 나이키의 CEO는 우리가 일반적으로 생각할 수 있는 고정관념을 훨씬 뛰어넘는 혁신적인 아이디어를 갖고 도전하였다. 나이키 운동화에 칩을 장착하고 플랫폼 앱과 연동하여 인간의 신체활동을 측정하며 운동 애호가를 상대로 나이키 플랫폼에서 각종 운동을 즐기면서 자신의 신체역량을 측정하는 플랫폼 개발까지 영역을 확대하였다. 나이키 밴드를 만들어 플랫폼과 연결하고 사람들이 운동하면서 생산해 내는 건강정보를 활용하여 또 다른 비즈니스를 추진하는 파괴적이고 혁신적인 도전을 해왔다.

음반업계에서 기술 혁신이 끊임없이 일어나고 있다. 음악 애호가들이 좋아하는 가수의 레코드나 CD를 사던 시절이 있었다. 당시 음반 업체는 음반 시장에서 가장 큰 영향력을 끼쳤던 당사자였다. 그러나 음반업계의 큰손들도 산업 환경 변화에는 속수무책이었다. 애플이 음반업계의 기존 틀을 깨는 시도를 하였다. 애플은 아이튠과 아이팟을 통해 소비자가 가장 좋아하는 노래 한 곡만 내려받을 수 있는 혁신적인 방법을 제시하여 음반업계의 혁명을 일으켰다. 이는 음반업계를 뒤흔들어 놓는 충격적인 혁신이었다. 그러나 곧 Spotify라는 신생업체가 또 다른 기술혁명을 통해 애플의 아성에 도전하였다. Spotify는 스트리밍이라는 신기술을 개발하고 음악 애호가들이 음악을 무료로 마음 놓고 들을 수 있는 비즈니스 모델을 개척하여 세계 음악 시장을 뒤흔들어 놓았다. 음악 애호가들은 무료로 음악을 즐기고 Spotify는 광고업체들의 광고를 통해 수익을 창출할 수 있었다.

혁신은 또 다른 혁신으로 깨어지고 있다. 기술변화 속도가 매우 빨라 멀지 않아 인류는 '5차 산업혁명시대'를 맞게 될 것이다. 스티브 잡스의 기술혁명이 스포티파이에 의해 경신되었다. 애플을 비롯한 음반업계의 경쟁사들은 이제 모두 스트리밍이라는 기술로 소비자들을 만족시키고 있다. 당분간 Spotify가 음악 시장을 주도할 것이지만, 또다시 새로운 스타트업이 나타나서 우리가 미처 생각하지 못했던 혁신적인 아이디어를 가지고 Spotify에 도전하는 새로운 역사를 쓸 것이다. 기업의 경쟁정보 활동은 잠시라도 멈출 수 없다. 경쟁정보 활동이 잠시 느슨해질 때 예상치 못했던 도전자들이 발톱을 드러내면서 시장을 빼앗기 위해 도전장을 던질 것이기 때문이다.

넷플릭스 vs 블록버스터

세계적인 팬데믹 현상을 보여주었던 코로나19 사태의 긴 터널이 사실상 끝났다. 세계 곳곳에서 정상적인 일상생활로 돌아갔으며, 세계를 공포로 내몰았던 코로나19에 대한 두려움도 사라졌다. 수년 전 악몽과 같은 상황을 잠시 되돌아보자, 시민들이 집 밖에 나가기를 꺼렸으며 일상생활을 인터넷에 의지하며 살아야 했던 시절이었다. 언택트(Untact) 상황에서 시민들의 주목을 가장 많이 받았던 기업이 넷플릭스(Netflix)일 것이다. 사람들은 영화관에 가는 대신 케이블 TV를 통해 자신들이 좋아하는 영화를 넷플릭스와 같은 OTT 기업을 통해 즐길 수 있었기 때문이다.

관광산업과 항공산업이 최대의 위기상황을 맞이했던 반면에 넷플릭스와 줌(Zoom)과 같은 업체는 큰 호황을 누렸다. 그 덕분에 OTT 산업의 덩치도 커졌으며, 새로운 도전자들이 넷플릭스의 아성에 도전장을 던지고 있다. 넷플릭스를 떠올리면 K-영화, K-드라마가 생각난다. 넷플릭스에서 대표적으로 성공한 것이 〈오징어 게임〉이다. 이 드라마로 인해 한국 드라마와 배우들의 진가가 전 세계적으로 드러나게 되었다. 넷플릭스는 OTT 업계에서 최고의 자리를 차지하기까지 수많은 혁신을 시도했으며, 과거 비디오 대여업계의 최강자였던 블록버스터(Blockbuster)의 경쟁력을 뛰어넘는 차별화를 추구하기 위해 많은 고민을 하였다.

비디오 대여업을 한 블록버스터는 2000년대 초반까지 무너뜨릴 수 없는 업계 최고의 기업이었으며 미국 전역에서 소비자들로부터 사랑을 받고 있었다. 그러나 블록버스터는 시장을 독차지하는 상황에서 CEO의 자만심으로 인해 기술변화와 소비자들의 불만을 제대로 알아차리지 못하는 실수를 저질렀다. 경쟁정보 관점에서 볼 때, 선두주자인 블록버스터는 스트리밍이라는 기술혁신과 산업변화의 흐름을 제대로 읽지 못하였다. 블록버스터 CEO는 소비자들이 비디오를 제시간에 반납하지 못해 물어야 할 페널티에 불만이 있다는 사실을 간과하였다. 넷플릭스의 잠재력을 과소평가하여 넷플릭스의 인수합병 제안도 거절한 전략적 판단 실수도 저질렀다.[138]

블록버스터 CEO는 경쟁사, 소비자, 기술변화 등에 대한 맹점을 지녔기에 결국 넷플릭스와의 경쟁에서 무릎을 꿇고 2010년 파산하였다. 넷플릭스는 블록버스터와의 경쟁에서 승리하여 소비자들의 사랑을 한몸에 받고 있지만, 현재 디즈니, 아마존 등 거대한 기업들과 또다시 치열한 경쟁을 벌이고 있다. 만일 넷플릭스가 경쟁사들의 장·단점을 파악하지 않고, 글로벌 소비자들의 취향에 발 빠르게 대처하지 않으며, 기술 혁신을 위해 끊임없이 도전하지 않는다면, 지난날의 블록버스터와 같은 운명이 될 수도 있다. 최근 넷플릭스가 경쟁사들에 대한 차별화를 시도하고 있다. 넷플릭스는 한류 문화를 적극적으로 활용한 K-드라마를 전 세계시장에 보급하고 있다. 넷플릭스의 차별화 전략의 결과물이 〈오징어 게임〉이다.

네이버와 웹툰 플랫폼

넷플릭스는 일찌감치 한류 문화에 관심을 두고 콘텐츠 개발을 통한 차별화에 전략적 포인트를 두어왔다. 최근 한류 문화가 세계적인 관심을 얻고 있는 원인은 한국의 아이돌 가수, 영화, 드라마를 좋아하는 전 세계 팬들이 늘어난 결과이다. 최근 들어 〈미나리〉, 〈기생충〉 등 다양한 소재를 기반으로 한 한국영화 작품이 세계 유명 영화제에서 큰 상을 받는 쾌거를 이룩하였다. BTS를 비롯해 블랙핑크 등 한국 아이돌그룹이 세계 음반계를 흔들어 놓았다. 애플과 애플 팬과의 관계처럼 한류 문화를 사랑하는 글로벌 소비자들의 생태계가 형성되고 있다. BTS의 팬클럽인 아미(ARMY)가 대표적인 사례이다.

넷플릭스의 드라마와 영화 소재는 국내 소설과 웹툰을 기반으로 한 것들이 많다. 웹툰은 이제 세계적인 플랫폼으로 확산되고 있나. 웹툰과 소설업계에서도 플랫폼 비즈니스 모델이라는 혁신적인 도구가 도입되어 작가 지망생들과 소비자들을 연결하는 창조적인 장소로 변화되었다. 다양한 장르의 웹툰과 소설이 쏟아져 나오고 있어 이를 시나리오로 하는 콘텐츠가 넷플릭스를 비롯해 국내 영화의 주요 소재로 활용되는 생태계가 구성되었다.

만화 가게는 전통적인 파이프라인 장소이다. 한때 만화 가게에 옹기종기 모여앉아 만화를 즐겨보던 시절이 있었다. 이제 MZ세대는 추억의 한 장면과 같은 행동을 하지 않는다. 모바일 앱을 통해 웹툰 플랫폼이라는 신세계 속에서 웹툰을 즐겨볼 수 있기 때문이다. 네이버는 전통적인 만화 가게 시장을 디지털로 전환하여 혁신적인 플랫폼 시장으로 변화시켰다. 네이버의 웹툰은 우리나라뿐만 아니라, 미국, 유럽 등에서도 사랑을 받고 있다. 네이버는 해외 현지에서 인기 있는 플랫폼들을 과감하게 인수하고 현지 소비자들의 기호에 맞는 맞춤형 콘텐츠를 생산하는 글로벌 플랫폼으로 성장하고 있다.

네이버는 한국에서 성공한 대표적인 스타트업 IT 회사이다. 구글과 같이 검색 플랫폼으로 시작하여 지금은 e커머스 플랫폼, 메타버스, 웹툰에 이어 로봇, 인공지능 회사로 진화하고 있다. 네이버는 2017년 세계 4대 인공지능 연구소인 제록스리서치센터유럽을 인수하여 인공지능과 로봇개발에 박차를 가하고 있다. 네이버의 신사옥을 방문하면 네이버가 추구하는 미래사회 전략을 한눈에 알 수 있다. 다양한 산업에서 활동하는 최강의 기업들이 미래 기술의 지향점인 인공지능, 로봇, 자율주행, 전기차 등에 몰려들고 있으며, 새로운 경쟁체제를 형성하고 있다.

글로벌 시장에서 최고의 강자가 되기 위해서는 경쟁자에 대한 뛰어난 탐지능력과 경쟁자를 제압할 만한 차별화된 역량을 가지고 있어야만 한다. 경쟁정보팀 직원들이 그 역할을 해줄 것이다.

스타트업 출신 글로벌 기업의 생존과 도전

스타트업 출신의 성공한 CEO들은 본능적으로 생존하는 방법을 알고 있다. 끊임없이 진화하지 않으면 산업에서 도태된다는 사실을 뼛속까지 절감하고 있다. 현재 글로벌 시장을 주도하고 있는 스타 기업들은 우리가 익히 잘 알고 있는 미국의 IT 기업들이다. 구글, 아마존, 페이스북, 테슬라, 애플은 최고의 시가총액을 자랑하는 기업들이다. 이들은 이미 성공한 기업들이다. 그러나 이 기업들은 자신의 영역을 수성할 뿐만 아니라, 새롭게 부상하는 시장까지 선점하기 위해서 경쟁기업들보다 앞서 도전하고 있다. 경쟁자들의 추격까지 염두에 두면서 과감하고 혁신적인 기업활동을 전개하고 있다. 그 이유는 무엇일까? 해답은 간단하다. 생존하기 위해서다. 이 기업들의 CEO는 과거 기존의 기득권을 갖고 있었던 강자들을 제치고 현재 위치를 얻게 되었기에, 잠시라도 한눈을 팔거나 게으름을 피우면 한순간에 '실패한 CEO'로 전락할 수 있다는 사실을 잘 인식하고 있다.

이들은 새롭게 부상하는 스타트업 경쟁자들과 대결하기 위해 인수합병을 통해 기술 혁신을 보완하고 경쟁자들이 미처 발견하지 못한 새로운 시장진출을 위해 꾸준하게 투자하고 있다. 남들보다 앞서 소비자 트렌드 변화를 감지하고 이머징 산업을 발견하려고 촉각을 세우고 있다. CEO도 사람인지라 혼자이 많은 일을 수행하지 못한다. CEO는 회사의 운명을 판가름할 전략적인 사안만을 선별하여 결정하며, 경쟁정보는 글로벌 CEO의 눈과 귀가 되어 산업변화의 흐름을 감지하는 역할을 담당한다.

구글의 안드로이드

인터넷 검색부문에서 세계 1위는 구글이다. 중국을 제외한 전 세계 소비자들이 구글을 통해 지식사회의 즐거움을 맛보고 있다. 물론 세계 각국에는 토종 기업들이 있다. 우리나라만 해도 네이버와 다음이 버티고 있으며, 중국의 경우 바이두가 그 시장을 철옹성처럼 장악하고 있다. 구글은 검색사업에 국한된 전문 플랫폼 기업이 아니다. 구글은 모바일 앱의 혁명에도 일조했다. 스마트폰의 핵심은 운영체제(OS)이다. 애플의 아이폰을 움직이는 데 심장과 같은 역할을 하는 iOS가 있다. 구글의 '안드로이드 운영체제'도 소비자들의 니즈를 충족시켜주고 있다. 중국 기업들이 스마트폰을 제조하면서 애플과 삼성전자에 도전하고 있으나, 아직 iOS와 구글의 안드로이드를 완벽하게 대체할 만한 운영체제를 갖고 있지는 못하고 있다.

구글은 소프트웨어 중심의 플랫폼 기반업체이다. 그러나 2016년에 웨이모라는 자회사를 세워 자율주행기술을 개발해왔기에 자율주행기술에 있어 세계 최고의 기술력을 갖고 있다. 소프트웨어 플랫폼 회사인 구글이 제조업에 도전하는 이유를 쉽게 이해할 수 없을 것이다. 구글의 CEO는 미래 산업변화를 일찍부터 감지하고 경쟁사들이 선점하기 전에 미래 시장의 1등 기업이 되려는 비전을 갖고 있다. 구글은 폐쇄적이지 않고 창조적이고 혁신적이며 도전적인 자세를 갖고 있다. 구글은 글로벌 공룡기업이지만 조직관리에 있어 스타트업의 장점을 유지하면서 직원들의 도전정신을 수용하고 있다. 성공한 기업인 구글, 페이스북, 아마존, 테슬라의 CEO는 경쟁정보의 중요성을 절감하고 있으며, 경쟁정보 활동의 최전선에 있다.

모든 분야에서 구글이 성공만 한 것은 아니다. 소프트웨어 기반의 플랫폼 회사가 제조업 부문에서도 승리하기는 쉽지 않다. 웨이모가 자율주행기술 개발을 선도하고 있지만, 아직 자율주행기술 자동차산업이 본격적으로 열리지는 않았다. 그러나 이 시장이 오기를 기다리며 바이두, 애플, GM, 테슬라, 현대차 등 경쟁자들이 숨을 죽이며 기다리고 있다. 구글이 자율주행차 시장에서 성공할 것인지는 아직 알 수 없지만, 소비자들은 구글의 또 다른 변신을 기대하고 있다.

구글이 애플의 어떤 점을 부러워하고 있을까? 애플은 애플 컴퓨터를 출시할 때부터 독자적이고 폐쇄적인 전략을 추진해 왔다. 애플은 자신만의 독특한 생태계를 만들기 위해 IBM 중심의 컴퓨터와 차별화를 시도하였다. 타사의 컴퓨터와 호환할 수 없다는 점이 가장 강력한 경쟁력이다. 애플은 스마트폰 사업에서도 일관성 있는 전략을 보여주고 있다. 애플만의 운영체계인 iOS는 경쟁 사들이 뛰어넘을 수 없는 가장 큰 장점이다. 애플은 하드웨어와 소프트웨어의 경쟁력을 함께 보유하고 있다. 애플은 소프트웨어 등 핵심역량에 집중하고 있으며 스마트폰 제조는 폭스콘에 위탁생산하고 있다.

구글은 운영체제인 안드로이드를 갖고 있으나, 삼성전자와 다른 제조업체들이 스마트폰 제조를 주도하고 있다. 구글은 스마트폰이 출시될 때에 애플과 달리 소프트웨어 부문에 집중하였다. 구글은 이러한 한계를 뛰어넘기 위해 스마트폰 제조업에 도전하고 있다. 2011년 구글은 모토로라를 인수하였으나 운영에 실패하고 2014년 중국의 PC 업체인 레노버에 넘겨주었다. 그러나 구글은 또다시 HTC를 인수하고 픽셀폰을 출시하고 있다. 소프트웨어 중심의 플랫폼 기업인 구글이 한계를 뛰어넘기 위해 소프트웨어와 하드웨어의 결합을 이루어 독자적인 구글 생태계를 구축하려는 시도로 보인다.

자율주행 자동차는 소프트웨어와 하드웨어의 합작품이며 달리는 로봇이다. 소비자들의 새로운 니즈를 창조할 수 있기에 기업들이 자율주행 자동차산업에 눈독을 들이고 있다. 경쟁정보 관점에서 보면 현재까지 구글의 경쟁자는 세계 각지에 있는 검색 플랫폼이었다. 그러나 앞으로 구글은 애플, 삼성전자, 샤오미와 같은 스마트폰 업체뿐만 아니라, 자율주행차에 관심이 있는 자동차업체, 전기차 황제인 테슬라, 바이두 등 중국업체, 소니, 폭스콘 등 다양한 분야에 있는 글로벌 경쟁자들과 승부를 겨루어야 한다.

구글이 자율주행차 사업에서 시장을 선점하기 위해서는 경쟁정보 활동을 통해 경쟁사들의 움직임을 끊임없이 모니터링하고 대응책을 마련해야 한다. 지하동굴에서 나아갈 출구를 찾기 위해 횃불을 들고 한 발짝씩 조심스럽게 다가가는 것처럼 불확실한 미래 시장을 선점하기 위해 CEO들은 경쟁정보라는 도구를 장착하여 도전하는 용기가 필요하다.

쿠팡과 e커머스

국내 유통업계에 혁신을 일으키고 있는 기업은 쿠팡이다. 불과 10년 만에 국내 최고의 e커머스 기업으로 발돋움하였으며 2021년 3월 미국 증권거래소 (NYSE)에 상장하여 대성공을 거둔 스타트업이다. 쿠팡은 국내 e커머스 업계의 신데렐라다. 쿠팡의 롤모델은 아마존이다. 쿠팡 창업자인 김범석은 아마존을 철저하게 벤치마킹하여 국내시장에 적용해 왔다. '빠른 배송과 물류센터 투자' 에 기업의 사활을 걸고 경쟁기업과의 차별화를 도모했다. 소비자들에게 쿠팡이란 '빠른 배송'의 이미지가 떠오른다. 쿠팡은 빠른 배송을 위해서 소비자들이 밀집해 있는 지역 인근에 대형 물류센터를 만들었다. 이것이 쿠팡의 경쟁력이다.

미국의 아마존, 중국의 허마센셩 등은 물류 혁신을 위해 대대적인 투자를 하고 있으며, 기업홍보에도 많은 자금을 투입한다. 플랫폼 시장은 전통적인 파이프라인 시장과는 달리 경쟁이 무척 치열하다. 최종 생존기업인 소수 업체만이 시장을 독식하고 엄청난 이익을 창출한다. 그때까지 경쟁력을 확보하기 위해 자금을 계속 투입해야 한다. 쿠팡은 사업을 시작한 이래 오랫동안 흑자를 거두지 못하였다. 2022년 3분기 1,000억 원대 영업이익을 내며 10년 만에 첫 흑자를 기록했다.[139] 그러나 쿠팡의 매출실적과 이용자 숫자들은 기하급수적으로 성장을 거듭해 왔다. 이 점이 플랫폼 기업의 경쟁력을 나타내는 지표이다.

전통적인 파이프라인 기업에서 매출액과 영업수익은 기업의 경쟁력을 보여주는 기본적인 척도이다. 쿠팡과 같은 플랫폼 기업들에 대한 경쟁력을 측정하기 위해서는 파이프라인 기업들과 동일기준을 적용하면 안 된다. 쿠팡은 누적된 적자에도 불구하고 대규모 자본을 유치해왔다. 이러한 투자자금이 물류센터 건설과 빠른 배송을 위해 투입되었다. 세계적인 투자자인 소프트뱅크 회장 손정의가 쿠팡에 두 차례에 걸쳐 대규모의 투자를 하였다. 손정의가 플랫폼 기업에 대한 통찰력을 갖고 있지 못하였다면 쿠팡에 투자하지 않았을 것이다. 손정의는 쿠팡의 적자에도 불구하고 플랫폼의 가장 큰 경쟁력인 안정적인 매출 증가에 주목하였다. 쿠팡은 뉴욕 증권거래소에 상장하여 5조 원의 투자자금을 조달하는 데 성공하였다. 손정의 회장도 투자금을 회수할 수 있었으며,

많은 이익을 거둘 수 있었다. 쿠팡은 한국 시장에서의 성공을 기반으로 하여 2022년 10월 대만에 진출하였다.

버버리, 존 디어

영국의 대표적인 명품 의류업체 버버리(Burberry)가 과감하게 디지털 트랜스포메이션을 추구한 성공적인 사례로 평가받고 있다. 버버리는 단순한 명품 의류 브랜드가 아니며 인공지능과 빅데이터를 활용하여 마케팅하고 있으며, 라이브 스트리밍 패션쇼도 버버리 홈페이지와 SNS를 통해 전 세계로 생중계를 하고 있다.[140] 버버리는 경쟁기업과 차별화를 이루기 위해 전통적인 버버리 이미지를 과감히 벗어 버리고 젊은 세대를 타깃으로 삼아 디지털 기업으로 변화하였다. 버버리는 자사 앱에서 애플의 증강현실 개발 도구를 활용하여 체험할 수 있도록 만들었다.

만일 버버리가 경쟁정보 활동을 통해 산업변화인 디지털 트랜스포메이션을 과감하게 추진하지 않고 과거 사용해오던 전통적인 전략에만 의존하였다면, 경쟁력이 형편없이 추락해 있었을 것이다. 버버리 CEO의 혁신적인 생각이 버버리를 변화시켰다.

2023년 1월 라스베이거스에서 열린 CES 2023 전시장에서 농기계 업계의 독보적인 존재인 '존 디어(John Deere)'가 신제품 파종기 이그잭트샷(Exact Shot)을 선보였다. 존 디어는 농촌의 노동력 부족 현상을 해결하기 위해 농업기계 분야에서 자율주행기술을 접목하고 있다. 존 디어 CEO인 존 메이는 CES 개막식 기조연설에서 "농촌 노동력이 감소하면서 더 적은 비용과 인력으로 식량을 생산해야 하는 상황에 놓였다. 존 디어는 식량안보 확보를 위해 제조회사에 그치지 않고 빠르게 세계를 선도하는 회사가 돼야 한다."라고 언급하였다.[141]

자율주행기술은 자동차산업, 물류 등에만 사용되는 것이 아니라, 이제 농업기계에도 다양하게 사용되고 있다. 존 디어는 미래 농업의 혁신 기업으로 자리매김을 하고 있다.

2. 비즈니스 모델과 플랫폼 기업의 경쟁력

그림 14 Business Model Canvas

Key Partners(8)	Key Activities(7)	Value Proposition(2)	Customer Relationships(4)	Customer Segments(1)
사업을 보완할 수 있는 파트너 예 지역광고사업자, 배달대행 업체	사업을 수행하기 위해 필요한 활동 (생산, 문제해결, 플랫폼 · 네트워크) 예 모바일 플랫폼 운영	특정고객에게 필요로 하는 가치를 창조하기 위한 제품과 서비스 예 〈배달음식 소비자〉 - 음식점 정보제공 - 편리한 결제 〈음식점 사장〉 - 효과적인 홍보 - 편리한 배달대행	어떤 형태로 고객 관계를 유지할 것인가 결정 (개별 어시스트, 셀프서비스, 자동화 서비스 등)	매스마켓 틈새시장 멀티사이드 시장 예 배달음식 소비자 vs 음식점 사장
	Key Resources(6)		Channels(3)	
	사업수행하기 위한 필요한 자산 (물적, 지적, 인적, 재무자원) 예 음식점 데이터, 모바일 플랫폼, 기술브랜드 가치		목표고객에게 전달 방법 (영업부서, 웹사이트, 직영매장, 파트너 매장, 도매상) 예 모바일 플랫폼	
Cost Structure(9)		Revenue Streams(5)		
고정비와 변동비 예 플랫폼 운영 인건비, 사무실 임대비, 이벤트 · 마케팅 비용		가치에 대해 고객이 지불하는 방식 (물품판매, 이용료, 가입비, 대여료, 임대료, 중개수수료 라이선싱, 광고료) 예 음식점 광고 수익, 음식배달 대행 수수료		

출처: 알렉산더 오스터왈더, 예스 피그누어, 유효상 옮김, 『비즈니스 모델의 탄생』(타임비즈, 2011), p. 50.

알렉산더 오스터왈더, 예스 피그누어는 2011년에 『Business Model Generation』에서 "비즈니스 모델이란, 하나의 조직이 어떻게 가치를 창조하고 전파하며 포착하는지를 합리적이고 체계적으로 묘사해낸 것이다"[142]라고 정의하고 있다. 1980년대 이후 현재까지 산업 경쟁력 분석에 가장 많이 활용되는 것은 하버드 대학교수인 마이클 포터의 Five Forces 분석법이었다. 이 기법은 온라인 플랫폼 비즈니스 모델들이 출현하기 이전에 고안되었으며 주로 전통적인 파이프라인 기업들에 적용되었다.

그러나 1990년대와 2000년대에 걸쳐 인터넷이 활성화되고 온라인기업이 나타나면서 플랫폼 기업들의 비즈니스는 전통적인 파이프라인과는 다른 방식을 추구하고 있다. 대량 생산 체제가 아니라 소비자 각자의 취향을 중시하는 소비자 가치가 중요시되고 있다. 플랫폼 기업들의 가장 큰 관심사가 소비자에 대한 가치제안(Value Proposition)으로 변화되었다. 스타트업들은 제각기 새로운 비즈니스 모델을 만들어 소비자들로부터 주목을 받기 시작했다.

학자들과 전문가들은 새로운 추세에 맞는 비즈니스 모델을 설명하기 위해 고심하였으며, 알렉산더 오스터왈더 등은 플랫폼 기업이 비즈니스 모델 캔버스(Business Model Canvas)를 통해 비즈니스 전략을 효과적으로 짤 수 있도록 만들어주었다. 그들은 플랫폼 기업의 전략과 경쟁력을 쉽게 파악할 수 있도록 9가지 비즈니스 모델 요소를 정의하였다. 비즈니스 모델 캔버스를 구성하는 9가지 요소는 고객 세그먼트, 가치제안, 채널, 고객 관계, 수익원, 핵심자원, 핵심활동, 핵심 파트너십, 비용구조 등이다.[143]

대기업들이 신사업을 추진하거나 스타트업이 사업을 추진할 때 비즈니스 모델 캔버스를 활용해보면 효율적이다. 비즈니스 모델 캔버스가 매력적인 것은 한 장의 도표 안에서 기업 핵심요소들의 움직임을 한눈에 파악할 수 있다는 점이다. 비즈니스 모델 캔버스는 마치 건축 설계사의 설계도면과 같다. 건축 설계도면이 향후 집의 모습을 설명해주는 것처럼, 한 장의 비즈니스 모델 캔버스도 플랫폼 기업의 활동상황을 보여주고 있다.

플랫폼 기업들은 소비자의 가치를 매우 중요시한다. 비즈니스 모델 캔버스는 이러한 추세를 반영하여 기업이 소비자에게 제공하는 핵심활동 요소로 가치제안을 정의하고 있다. 또한, 알렉산더 오스터왈더 등은 비즈니스 모델 환경

분석(Business Model Environment)이라는 도구를 제시하였다. 이 분석방법은 비즈니스 모델 캔버스를 기본으로 하여 거시경제요인(Macro Economic Forces), 산업요인(Industry Forces), 주요 트렌드(Key Trends), 시장요인(Market Forces) 등 네 가지 환경영역을 함께 분석하여 변화하는 산업환경에 맞도록 기업의 경쟁력을 강화하는 도구로 활용된다.[144]

한편 알렉산더 오스터왈더, 예스 피그누어 등은 2016년에 저서 『Value Proposition Design』에서 고객에 대한 기업의 경쟁력을 높이는 방법을 제시하였다. 이는 가치맵과 고객 프로필을 기본으로 하는 가치제안 캔버스(Value Proposition Canvas)라는 개념을 통해서 고객이 생각하는 가치와 기업이 제공하는 상품·서비스가 적합한지를 파악하는 것이다.[145]

공유경제와 플랫폼 시대에서는 플랫폼 기업들이 소비자들의 니즈를 충족시키는 가치(Value)를 만들지 못할 경우, 경쟁력을 상실하게 되어 경쟁자들에게 시장을 빼앗기는 최악의 상황을 맞게 된다. 따라서 플랫폼 기업들은 소비자에 대한 가치제안(Value Proposition)을 성공적으로 만들어야 한다.

애시 모리아는 『Running Lean』(2012)에서 알렉산더 오스터왈더 등의 비즈니스 모델 캔버스를 응용하여, Lean Canvas 모델을 제시하였다. 스타트업들이 초기 사업계획서를 작성하는 데 린 캔버스 모델을 사용하면 편리하다. 특히 스타트업들은 소자본과 작은 규모의 인력으로 사업을 추진하기 때문에, 한 번의 치명적인 실수는 최악의 상황이 될 수도 있다. 스타트업은 시장에서 기존 기업들이 미처 찾지 못했던 소비자의 가치변화와 트렌드 변화를 파악하여 기존 경쟁자들과 다른 차별화 전략을 추진해야 한다.

따라서 스타트업은 고객이 원하는 가치를 창출해야 성공할 수 있다. 스타트업 창업자였던 애시 모리아는 자신의 경험을 바탕으로 하여 알렉산더 오스터왈더 등의 비즈니스 모델 캔버스에 있는 9가지 핵심요소를 변형하여 린 캔버스를 만들었다. 시장에서 활동하는 기존 경쟁자들이 소비자들의 요구를 충족시키고 있는지를 수집·분석하여 소비자의 욕구를 충족시키지 못하는 문제점이 무엇인지를 파악하는 것이 중요하다.[146] 새로 출범하는 스타트업은 그 문제점을 발견한 후, 새로운 제품과 서비스를 갈망하는 고객들을 대상으로 충족시켜 줄 가치(Value)를 제안해야 한다. 스타트업의 차별화된 가치제안(Value Proposition)이 현재 소비자들이 겪고 있는 문제점을 해결해야 한다. 스타트업이 올바른 해결책을 제시할 경우 소비자들의 욕구를 충족시키고 시장에서 강력한 경쟁자로 성장하게 되는 것이다.

네이버는 2004년 7월 한국어 웹툰 서비스 플랫폼을 개설하였다. 웹툰 플랫폼은 출판만화의 유료제공서비스 사이트이며 현재 해외에서 제공 중인 서비스 언어는 영어, 중국어, 일본어, 태국어, 인도네시아어, 스페인어, 프랑스어, 독일어이다. 한국에서의 웹툰 사이트 구성은 연재만화를 볼 수 있는 웹툰, 아마추어 만화가가 그린 만화를 볼 수 있는 도전 만화, 베스트 도전, 유료 만화 등으로 구분되어 있다. 현재 네이버 웹툰이 국내시장 점유율 1위를 기록하고 있다. 네이버 웹툰이 성장해온 과정을 살펴보자. 2009년 각 지자체와 연계하여 홍보용 웹툰이 편성되었고, 2012년 여름 네이버 앱 콘텐츠를 홍보하기 위해 네이버 웹툰 인기 캐릭터들로 TV 광고를 하였으며, 2013년 작가들을 직접 광고모델로 기용하는 파격적인 행보를 보였다.

2014년 7월부터 네이버는 웹툰 서비스를 전 세계 30여 개 국가에 제공하였으며 2015년 2월, 네이버 사내 독립 기업이 되었고 2017년 5월, '네이버 웹툰 주식회사'로 분리되었다. 당시 웹툰 시장 점유율은 54%이었으며 월간 사용자(MAU) 수는 3,500만 명이었다. 네이버는 신규 웹툰들을 많이 선발하였는데, 작가들 연령층이 다양하였다.

네이버 웹툰은 모바일 앱에서 제공되며, 유료화된 작품 일부를 24시간마다 무료로 볼 수 있다. 네이버 웹툰 속에는 기발한 아이디어가 많이 있어 이를 영상 작업화하고 있다. 웹툰 원작 '스위트홈'이 2020년 말 미국, 유럽, 동남아 넷플릭스에서 역대 최고급 흥행을 기록하였다. 네이버 웹툰이 지금까지 영상으로 재탄생시킨 작품은 250여 개인데, 100개 웹툰을 계약하면 드라마나 영화로 만들어지는 사례는 많아야 세 편에서 네 편이다.

2021년 1월 네이버는 세계 최대 웹소설 플랫폼인 왓패드를 6억 달러에 인수하였다. 네이버 웹툰과 왓패드를 합친 네이버의 '글로벌 스토리테크 플랫폼'은 월간 사용자(MAU)가 1억 6,700만 명이며, 창작자 숫자도 600만 명(누적)으로 글로벌 1위 플랫폼이다.

네이버 웹툰은 다채로운 IP를 소개하는 창업보육 회사를 지향한다. 네이버 웹툰 콘텐츠의 저력은 창작자에 대한 대우이다. 2013년 도입한 창작자수익모델(Page Profit Share) 프로그램을 통해 2020년도 1등 작가 수입이 124억 원이었고 작가의 연평균 수익이 2억 8,000만 원이었다.

네이버는 글로벌 콘텐츠 기업과 협업해 스토리텔링 콘텐츠를 엔터테인먼트 산업의 핵심 분야로 성장시킬 계획을 추진하고 있다. 이것의 경쟁력은 유튜브와 넷플릭스의 특성을 모두 갖추고 있는데 신진작가의 작품을 세계시장에 내놓을 수 있고, 기성 작가는 자신의 1차 저작물을 영상·공연 등 2차 저작물로 발전시킬 수 있는 장점이 있다.

네이버 웹툰은 BTS를 비롯해 하이브 산하 다양한 아티스트와 협업을 하여 웹툰이나 웹소설을 만들고 있으며, DC 코믹스와 배트맨 시리즈 캐릭터를 활용한 오리지널 웹툰을 제작하고 있다. 네이버 웹툰은 기존에 없었던 기술 혁신을 발판으로 전 세계 웹툰 독자를 만족시킬 수 있는 최상의 서비스를 개발할 방침이다. 이를 위해 2020년 11월 AI 전담조직을 신설하였으며 2022년 현재 60여 명이 일하고 있다. 네이버는 1억 6,700만 명이 넘는 이용자를 확보하고 있어 '웹툰 작가의 등용문'으로 활용이 되고 있다. 웹툰이 시장에서 확고하게 자리 잡기 위해서는 지속적인 신인 작가 배출이 필수적이다.

네이버 웹툰은 2021년 7월 월간 사용자(MAU)에서 한국, 미국, 프랑스, 독일, 동남아 등 전 세계 대다수 국가에서 1위를 기록하였다. 네이버 웹툰은 비즈니스 모델 측면에서 장기적이고, 안정적인 성장이 가능하다는 평가를 받고 있다. 네이버는 2020년 12월 네이버 웹툰 본사를 미국 L.A.로 이전한 이후, 전 세계에 흩어져 있던 웹툰 자회사들을 미국법인인 '웹툰 엔터테인먼트' 아래에 두는 구조조정 작업을 하였다. 서구시장을 공략하기 위해 북미 시장은 매우 중요하다.

미국은 넷플릭스, 디즈니 등과 같은 강력한 엔터테인먼트 기업들이 모여있는 글로벌 엔터테인먼트 본고장이다. 2014년 7월 세계 최대 엔터테인먼트 시장인 미국에 진출한 이래 2019년 11월 월간 사용자(MAU)가 1,000만 명에 도달하였는데 이 중 75%가 Z세대이다. 2022년 북미 웹툰 플랫폼 시장 점유율이 70.5%로 1위를 기록하였다. Z세대가 웹툰에 관심이 높아 탄탄한 웹툰 생태계를 구축하였으며 이것이 미국 시장에서 네이버 웹툰의 성장 비결이다. 한국에서 성공한 비결을 미국 시장에 적용함에 따라 아마추어 창작 공간 '캔버스'에 연재되는 작품 수가 빠르게 증가하고 있으며 수많은 웹툰 작가들이 참신한 이야기와 캐릭터를 선보이고 있다.

또한, 네이버 웹툰은 유럽 시장 공략에도 심혈을 기울이고 있다. 2019년 프랑스어·스페인어 서비스를 개시하였으며 2021년 9월까지 프랑스 구글플레이 만화부문에서 1위를 차지하였다. 유럽에서 가장 큰 만화시장인 독일에서도 2021년 4월부터 서비스를 시작한 이후 1위를 기록하고 있다. 네이버 웹툰은 유럽 시장확대를 위해 한국 웹툰 제공, 현지 콘텐츠 발굴, 아마추어 작가 양성 등 다양한 전략을 추진하고 있다. 철저한 현지화 전략을 추진하기 위해 프랑스에 유럽 총괄 법인을 설립하고 경쟁력 있는 콘텐츠를 선보일 예정이다.

출처: 파이낸셜 뉴스(2021.8.18.) 등 국내기사[148]

? Question

1) Case Study '네이버 웹툰의 글로벌 전략' 내용을 참고로 하여 4장에 있는 실전과제 Training 2(네이버 웹툰, Business Model Canvas 분석하다)를 직접 작성하세요.

2) 최근 글로벌 웹툰 시장 규모가 성장하고 있는 가운데 세계시장을 놓고 네이버와 카카오가 격돌하고 있다. 네이버와 카카오의 차별화 전략이 무엇인지 설명해 보세요. (공개자료를 통해 네이버 vs 카카오에 대한 경쟁정보를 추가로 수집하여 분석한 후 설명하세요)

3) 네이버가 글로벌 웹툰 시장에서 최고의 경쟁력을 확보하기 위해서 앞으로 어떤 활동을 해야 할까요? 설명해 보세요.

중국 IT산업과 디지털 이노베이션 전략

중국 정부의 디지털 혁신정책과 IT 기업

중국이 전 세계 제조공장에서 디지털 혁신 국가로 탈바꿈하게 된 것은 중국 정부의 혁신적인 정책추진과 함께 민간부문 스타트업들의 기업혁신이 시너지 효과를 낸 덕분이다. 중국 정부는 세계 제조공장의 역할에서 한 발짝 더 나가서 세계 경제 강국들과 경쟁을 벌이기 위해 전통적인 제조업 중심의 경제를 디지털 혁신을 통해 환골탈태해야 할 필요성을 절실하게 느꼈다. 광대한 국토에서 사회기반시설을 구축하기 위해 많은 시간이 소요되는 데 반해, 인터넷이라는 새로운 세상의 출현에 힘입어 디지털 전환이 순조롭게 진행되었다. 14억 인구의 중국은 주요 소비시장이 되고 있다.

한편 중국은 전 세계에서 가장 많은 인터넷 사용자를 갖고 있으며, 모바일 사용자도 압도적으로 많다. 인터넷과 모바일을 사용하는 소비자를 타깃으로 하는 스타트업들이 우후죽순으로 성장하였고 중국 시장을 대상으로 알리바바, 텐센트, 바이두 등과 같은 거대 정보통신기업들이 출현하였다. 현재 이들이 중국 정보통신업계의 커다란 기둥 역할을 하고 있다. 중국 정부는 서방국가의 경제력을 뛰어넘기 위해 '중국제조 2025'와 '인공지능 굴기', '인터넷 플러스' 등 혁신적인 정책을 범국가적으로 추진하였다. 그 결과 과거 경공업 중심의 제조공장이었던 중국 기업들이 글로벌 IT 기업으로 성장하여 중국 시장은 물론 세계시장을 대상으로 경쟁력을 확대하고 있다. 중국 내부에서 공유경제를 기반으로 하는 플랫폼 비즈니스가 대거 나타났으며, 중국 시장에서 치열한 경쟁을 통해 소멸하거나, 합병되거나, 유니콘 기업으로 성장하고 있다. 중국경제는 사회주의 정치체제 속에서 자본주의 방식을 도입한 독특한 시장구조를 띠고 있다. 중국의 기업들이 세계적인 경쟁력을 확보하는 과정에서 중국 정부의 물밑 지원도 일조하고 있다. 중국 정부는 산업 경쟁력을 확보하기 위해 전기차 등

특정 산업에 집중적인 투자를 지원하여 단기간 내에 중국 기업의 기술 경쟁력 수준을 향상하고 있다.

중국 정부가 북경, 선전 등 주요 도시에 스타트업들이 자생할 수 있는 생태계를 구축한 것도 성공 요인 중 하나이다. 현재 중국의 IT 경쟁력은 알리바바, 바이두, 텐센트 등 성공한 IT 기업의 노력이 있었기 때문이다. 디지털 혁신이 중국에서 발 빠르게 추진되어 중국 소비자들은 일찍부터 일상생활에서 모바일 앱과 QR을 통해 모든 일을 해왔다. 온라인 쇼핑, 음식배달앱, 승차공유 등 다양하고 혁신적인 플랫폼 비즈니스 모델이 중국에서 탄생하였다. 미국 경제를 주도하고 있는 애플, 페이스북, 아마존, 구글, 테슬라 등의 혁신적인 기업들이 미국의 경쟁력을 대표하고 있듯이 중국의 BAT(바이두, 알리바바, 텐센트)를 비롯해 디디추싱, 바이트댄스 등 스타트업들이 거대기업으로 변화하고 있다.

우리나라에서는 승차공유 비즈니스 활동이 국회에서 법으로 막혀있다. 사회주의 국가인 중국에서는 일찍부터 공유경제와 관련한 각종 비즈니스가 별다른 제약을 받지 않고 성장하였다. 혁신의 아이콘인 우버는 중국 시장에 진출하여 중국 토종기업들과 치열한 경쟁을 벌인 끝에 항복하고 중국 시장에서 철수하였다. 구글도 중국 시장에 진출하여 토종기업인 바이두와 검색시장을 놓고 치열한 경쟁을 벌였다. 구글의 경우, 중국 정부의 폐쇄적인 정책 등의 이유로 중국에서 철수하는 아쉬움을 남겼다. 중국 IT업체의 임직원들은 대부분이 젊다. 스타트업의 경우, MZ세대가 창업자들의 주류를 이루고 있어 플랫폼 시장의 주 고객인 MZ세대의 마음을 사로잡는 각종 혁신적인 기술개발과 마케팅을 주도하고 있다.

중국은 현재 G2 국가로서 미국과 치열한 기술패권 경쟁을 벌이고 있다. 시진핑 정부는 일대일로 정책을 통해 개발도상국과 저개발국에 각종 경제적인 원조 활동을 전개해 왔다. 중국은 미국의 패권에 도전하기 위한 수단으로 경제지원을 통해 우호세력의 범위를 확장하려는 의도가 있다. 일부 아시아 국가들이나 아프리카 국가들 사이에서는 중국의 일대일로 정책에 대한 부작용도 표출되고 있다. 저개발국에 대한 경제적인 지원 활동이 과거에는 댐·고속도로·발전소 건설 등 사회기반시설 구축에 중심을 두었다면, 최근에는 중국의 발전된 디지털 기술을 저개발국에 전수하여 중국의 디지털 경제권역 안에 두려는 양상을 보인다. 이른바 디지털 실크로드 정책이다.

중국은 세계 최고의 정보통신장비업체인 화웨이 등을 통해 저개발국에 중국의 정보통신 기간망을 구축하고 이를 기반으로 인터넷 상거래 등 각종 플랫폼 비즈니스 업체들을 해당 국가에 진출시켜 중국의 디지털 제국 영토를 확장하려는 꿈을 가지고 있다. 그러나 트럼프 정부와 시진핑 정부 간의 무역마찰 등으로 인해 쌓였던 미국의 불편한 감정이 2018년 12월 캐나다에서 화웨이 부회장 멍완저우를 체포하는 사태로 폭발하게 되었다.

화웨이는 중국의 대표적인 기업이라고 해도 과언이 아니다. 화웨이 CEO 런정페이는 중국 인민군 출신으로 성공한 기업인이다. 정보통신장비 분야 세계 1위이며, 한때 세계 스마트폰 업계 3위였던 화웨이가 2016년 "스마트폰 시장에서 3년 내 애플, 5년 안에 삼성전자를 따라잡겠다"[148]라고 선언하기도 하였다. 화웨이는 반도체 설계회사(팹리스)인 하이실리콘을 계열사로 갖고 있으며 2021년 말 반도체 자회사 '화웨이정밀제조유한공사'를 설립[149]하였고 반도체 분야에 많은 투자를 하고 있다. 미국과 중국이 5G 통신망 장비 구축문제를 둘러싸고 사사건건 힘겨루기를 했던 사실을 기억할 것이다. 트럼프 정부가 서방국가 동맹국들을 비롯해 세계 각국 정부에 화웨이 장비를 도입하지 말라고 협조를 부탁했으며, 서방국가와 일본, 호주 등이 트럼프 정부의 요청을 받아들였다. 당시 국제사회에서 가장 뜨거운 이슈였다. 미국과 중국 사이에서 줄타기를 하였던 문재인 정부는 트럼프 정부의 요청에 대해 난감해하였으며, 이 문제에 신중한 모습을 보였다.

중국의 IT산업은 정부의 적극적인 지원 속에서 발전되었으며 이로 인해 스타트업 출신의 많은 대기업이 나타났고, 이들 모두는 차이나 드림을 이룩한 기업들로 평가받고 있다. IT 혁신이 가속도를 받으면서 사회 전반에 걸쳐 시장 자본주의 물결이 깊숙하게 스며들었으며, 중국의 유니콘 기업들이 글로벌 시장에 진출하고 미국에 상장을 추진하였다. 기업상장에 성공한 중국 기업들은 세계적인 투자가들의 관심을 받았다.

한편 중국 내에는 '부익부 빈익빈' 상황이 심각할 정도로 확대되었고, 시진핑 정부도 그동안 IT 기업들에 호의적이었던 정책을 수년 전부터 변경하여 IT 산업에 대한 통제를 강화하기 시작하였다. 특히 미·중 간의 갈등이 장기화함에 따라 중국 정부는 중국업체들이 뉴욕증권거래소(NYSE)나 나스닥(NASDAQ)에 상장하는 대신 홍콩이나 상하이 주식시장에 상장하도록 유도하고 있다. 중국 IT 기업들도 최근 미국의 각종 규제정책 영향으로 미국 시장에 진입하는 대신 유럽이나 동남아 시장 공략에 집중하는 경향을 보인다.

중국 IT 기업의 핵심 전략과 경쟁관계

중국 주요 기업 CEO들이 사업을 시작하게 된 동기는 각자 다르다. 알리바바의 마윈은 교사 출신으로 일찍부터 IT분야에 눈을 떠서 동료들과 함께 동고동락하면서 사업을 확장하였으며, 바이두 CEO 리옌훙은 미국 유학파 출신이고, 텐센트 CEO 마화텅은 IT분야 전문가인 동료들을 규합하여 텐센트를 세웠다. 스타트업들이 어느 정도 성장한 후 사세를 키우기 위해서는 대형투자기관이나 투자자들로부터 투자유치에 성공하는 것이 관건이다. 중국 IT 기업들의 경우에도 마찬가지다.

중국의 대표적인 기업들의 경우, 초창기부터 국제금융 전문가들을 영입하였다. 이들은 스타트업의 재정 분야를 총괄하고 투자유치 과정에서 자신의 인맥을 적극적으로 활용하였다. 알리바바 창업자 마윈은 인베스터 AB 출신인 국제 금융맨 차이충신을 영입하였으며, 차이충신은 알리바바의 가장 핵심적인 일들을 뒤에서 추진했다. 예를 들자면 소프트뱅크와 골드만삭스의 투자, 야후 차이나 합병, 알리바바 상장 등이다.[150]

텐센트의 경우, CEO 마화텅은 골드만삭스 출신의 류츠핑을 영입하였으며, 류츠핑이 텐센트의 투자 및 인수합병을 지휘하고 있다.[151] 한편 디디추싱 창업자 청웨이도 골드만삭스 임원 출신인 류칭을 영입하였으며, 경쟁사였던 콰이디다처와의 합병과 적극적인 투자유치로 우버차이나와의 경쟁에서 우위를 차지하는 데 큰 역할을 하였다.[152]

국내 대표적인 스타트업인 쿠팡도 소프트뱅크 손정의 회장의 대규모 투자 지원이 없었다면, 뉴욕증권거래소에 상장할 때까지 버티지 못했을 가능성도 있다. 성공한 스타트업의 핵심역량은 외부에서 계속 자금을 수혈하는 능력이다.

알리바바, 텐센트, 바이두는 중국에서 가장 큰 영향력을 미치는 기업들이다. 특히 알리바바와 텐센트의 경우, 여러 업종에 걸쳐 경쟁을 벌이고 있어 중국 IT 사업과 관련된 모든 산업에 투자하고 있다. 알리바바의 대표적인 사업은 알리페이, 전자상거래인 티몰이며, 텐센트는 게임과 위챗 등이 대표적인 상품이다. 결제 분야에서 알리바바의 알리페이에 대항하는 텐센트의 위챗페이가 있으며, e커머스에는 텐센트의 제이디, 알리바바의 타오바오가 경쟁관계를 이루고 있고, SNS에서는 위챗(텐센트)과 웨이보의 대결 구도를 보이며, 배달음식 앱에서는 메이투안(텐센트)과 어러머(알리바바)가 음식배달앱 시장을 놓고 치열한 경쟁을 벌인다.[153] 두 공룡기업은 사사건건 중국 시장에서 부딪치고 있으나 때로는 서로 합병을 통해 동맹 관계를 맺기도 한다.

CASE STUDY | 중국 7개 IT 기업 창업자 Profiling과 비즈니스 경쟁력

중국을 대표하는 정보통신기업 창업자들에 대한 프로파일링과 비즈니스 경쟁력을 알아보기로 하자. 여기서는 CEO 프로파일링을 주요 경력으로만 한정했으나, 실제 경쟁정보 활동과정에서는 CEO 성격, 취미, 친구, 가족, 대표적 성과, 실패사례, 의사결정 성향, 언론 인터뷰 내용 등 다양한 측면을 검토하여 경쟁사 CEO의 성향에 대해 종합적인 판단을 한다.

? Question

7개 기업 창업자들의 경력과 회사의 비즈니스 경쟁력 자료를 활용하여 각 기업 CEO에 대해 프로파일링을 실시해 보고, 현재 각 기업이 보유한 핵심역량과 당면하고 있는 문제점을 찾아보길 바란다. 이 기업들이 치열한 경쟁에서 승리하기 위해 무엇을 해야 하는지 설명해 보세요.

- 알리바바 창업자 마윈 (온라인기업)
- 디디추싱 창업자 청웨이 (승차공유 기업)
- 텐센트 창업자 마휘텅 (중국의 카카오톡 위챗)
- 바이두 창업자 리옌훙 (중국의 구글)
- 바이트댄스 창업자 장이밍 (글로벌 SNS 틱톡)
- 메이투안 디엔핑 창업자 왕싱 (중국판 배달의 민족)
- 샤오미 창업자 레이쥔 (중국의 스티브 잡스)

알리바바 창업자 마윈

표 6 마윈의 주요 경력

1964년	저장성 항저우시 출생
1988년	항저우 사범대학 졸업
1992년	항저우에서 전문번역회사 설립
1995년	항저우시의 미국투자유치를 위한 통역업무로 미국 방문
1995년	차이나 옐로페이지 웹사이트 개설
1997년	중국 대외경제무역부에서 근무
1999년	B2B 기업 알리바바 설립 (17명 동업자와 함께)
2000년	소프트뱅크 투자유치
2003년	전자상거래 사이트 타오바오 개설
2004년	온라인 결제시스템 알리페이 설립
2008년	온라인 쇼핑사이트 T몰 개설
2014년	뉴욕 증권거래소 상장 (기업가치 1,667억 달러)
2018년	9월 알리바바 회장직 은퇴
2000년	포브스의 표지 인물로 선정
2020년	엔트그룹의 상하이, 홍콩 동시 상장 추진 (무산)
2021년	포브스 기준 세계 33위 자산가
2023년	1월 알리바바그룹의 계열사인 엔트그룹(중국 최대 핀테크 기업) 지배권 상실

알리바바 비즈니스와 경쟁력

알리바바는 중국 최초의 온라인기업이다. 글로벌 시장에서 애플이 고유의 생태계를 유지하고 있는 것처럼 중국 시장에서 알리바바 생태계를 유지하고 있는 중국 제일의 IT 기업이다. 알리바바 창업자 마윈이 인터넷이라는 기술혁명을 알게 된 것은 1995년 통역원으로 미국을 방문할 때였다.[154] 스타트업 창업자들이 우연한 기회에 사업을 시작했던 것처럼 마윈도 이 기회를 놓치지 않고 인터넷 회사를 창업하는 발판으로 삼게 되었다.

알리바바 마윈의 성공에 지대한 영향력을 끼친 사람들이 있다. 첫 번째 사람들은 마윈과 창업을 한 17명의 창업 멤버이다.[155] 스타트업을 시작할 때 구성원이 매우 중요하다. 어려운 시기를 함께 지낸 동료들이 힘의 원동력이 되었다. 두 번째로 알리바바의 창업 초기에 국제적인 투자유치를 받아 현재 중국의 인터넷 비즈니스의 전설이 될 수 있도록 도운 인물은 인베스트 AB 출신의 차이충신이다. 플랫폼 업계의 스타트업이 시장을 확장하기 위해서는 지속적인 투자유치가 필수적이며 차이충신이 이를 해결한 인물이다. 세 번째 인물은 세계적인 투자자 손정의이다. 소프트뱅크 손정의는 전 세계 유망 스타트업을 발굴하여 거액을 투자하고, 그 기업을 상장시켜 막대한 부를 쌓는 인물로 유명하다. 손정의는 알리바바에 투자하여 상장된 후 거액을 챙겼다.

알리바바는 중국 최고의 전자상거래 IT 기업이다. 알리바바의 대표적 사업현황을 살펴보자. 알리바바닷컴(B2B), 타오바오(C2C), T몰(중국 내부 B2C), T몰 글로벌 등 온라인 쇼핑몰이 중심을 이루고 있다. 그 외에도 슈퍼마켓 허마셴셩, 어러머(음식배달 서비스), 유쿠투도우, 웨이보(SNS), 앤트 파이낸싱·알리페이(결제 및 금융서비스), 알리바바 클라우드 등 그 영역이 다양한 분야로 확장되고 있다.[156] 알리바바는 중국 소비자에게는 없어서 안 될 알리바바 생태계를 구성하고 있으며 중국 소비자들의 일상생활과 함께하는 기업이 되었다.

전자상거래 플랫폼인 알리바바가 사업 초창기 중국 시장 전자상거래의 강적이었던 이베이라는 골리앗을 꺾고 세계적인 기업으로 도약하게 되었다. 경쟁정보라는 관점에서 알리바바의 경쟁력을 파악해보자.

eBay는 2003년 중국의 경매사이트 이치넷을 1억 5,000만 달러에 인수하면서 중국에 진출하였다. 당시 이치넷의 등록회원은 350만 명이었고, 중국 C2C 시장의 90%를 점유하고 있어, 이베이가 이치넷을 인수한 후 중국 C2C 시장을 사실상 독점하게 되었다. 2003년 알리바바도 C2C 시장에 새로 진입하기 위해 타오바오를 설립하였다. 그 후 2006년 이베이 이치넷의 C2C 시장 점유율이 29.1%로 급격하게 떨어진 반면, 타오바오의 시장 점유율은 67.3%로 늘어났다.

B2B 시장의 강자였던 알리바바가 C2C 시장에 갑자기 진입한 이유는 무엇이며 시장에 진입한 후 3년 동안 시장에서 무슨 일이 벌어진 것일까? 마윈의 알리바바는 당시 B2B 시장의 최고 기업이었는데, 이베이가 C2C 시장을 발판으로 삼아 B2C는 물론 알리바바 닷컴의 B2B 시장까지 잠식하려는 속셈이 있는 것을 알리바바가 사전에 알아차렸다.

알리바바가 이베이의 향후 움직임을 파악하고 사전에 대책을 세웠다는 점이 이베이와의 경쟁에서 승리하게 된 결정적 요인이었다. 알리바바는 당시 시장 상황을 분석한 끝에 '잠재적 경쟁자인 이베이의 공격을 지금 저지하지 않으면 안방인 중국 B2B 시장까지 내주게 될 것이다'라는 결론을 내리게 되었다. 알리바바는 이베이의 C2C 시장을 선제공격하는 것이 자신의 B2B 시장을 방어하는 길이라고 판단하고 이베이 이치넷의 시장 잠식에 총력을 기울였다.

알리바바는 경쟁자인 이베이에 대한 정보를 수집한 후 SWOT 분석을 활용하여 이베이에 대한 차별화 전략을 수립하였다.

이베이는 초창기부터 수익에만 집중하였던 반면에, 알리바바는 입점 수수료를 받지 않고 판매자를 확보하는 데 주력하였다. 알리바바는 이베이 이치넷과 차별화하기 위해 시작부터 무료화에 초점을 맞추었으며, 이베이 이치넷도 알리바바의 거센 도전을 견디지 못하고 2005년 판매자의 거래 수수료를 75% 인하했으며, 알리바바도 무료이용 기간을 3년 연장하였다. 알리바바는 중국 소비자들이 '무료'를 선호한다는 것을 잘 간파하고 회사의 주요 전략으로 삼은 점이 주효했다.

이베이가 소비자의 기호를 정확하게 파악한 알리바바의 '무료' 전략에 너무 늦게 대응했던 것이 결정적 패인이다. 알리바바의 온라인 결제시스템인 알리페이도 이베이 이치넷 사용자들을 빼앗아 온 핵심적인 무기였다. 알리페이는 중국 소비자들에게 매우 중요한 결제도구로 사용되고 있다.

한편 소비자의 마음을 사로잡기 위해 이베이와 타오바오는 치열한 광고 전쟁을 벌였다. '보물사냥'이란 의미를 지닌 타오바오는 중국의 젊은 층을 타깃으로 하였으며 중국 토종기업이라는 색채를 갖고 있었다. 반면에 이베이는 중국 소비자들의 마음을 사로잡는 데 실패하였다. 이베이는 중국 시장의 독특성을 인정하지 못하고 글로벌 전략 일부로 여겼으며 현지화 전략을 철저하게 추진하지 못했다. 이베이는 이치넷을 인수한 후 서버를 미국으로 옮기고 단일 글로벌 웹사이트를 구축하였으며 중국인 소비자들의 기호에 맞추어진 웹사이트 디자인과 기능이 사라졌다.

이베이 CEO인 맥 휘트먼이 중국 소비자들의 문화와 니즈를 무시한 채 미국 경영자의 시각으로 중국 시장을 평가하는 실수를 하였다. 휘트먼은 미국과 글로벌 시장에서 성공했던 경험을 토대로 자신의 가치관과 신념에 따라 회사의 전략적 의사결정을 주도했다.

이러한 점이 이베이 CEO인 맥 휘트먼의 맹점(Blind Spots)을 보여주고 있다. 이베이가 글로벌 웹사이트로 이전하는 동안, 중국 토종의 후발 경쟁자인 알리바바의 타오바오가 시장에서 중국 소비자들에게 매력적인 기업문화와 파격적인 전략으로 시장을 장악해 나갔다. 2006년 이베이는 알리바바의 공세에 못 이겨 중국 시장에서 철수하였다. 중국 시장에 대한 이베이 경영진의 이해가 부족하여 알리바바의 타오바오에 참패를 당하였다.

2013년 현재 알리바바의 타오바오의 시장 점유율은 90%로 중국 온라인 마켓에서 독점적 지위를 갖고 있다. 중국 시장에서 보여준 알리바바와 이베이 간 세기의 대결에서도 기업의 경쟁정보 활동이 얼마나 중요한지를 알 수 있다. 경쟁정보 담당자는 기업을 둘러싸고 있는 외부환경을 분석하고 경쟁사에 대한 정확한 정보를 바탕으로 경쟁사와의 차별화를 추구할 수 있는 대안을 제시하는 것이 중요하다.

출처: 윈터 니에 외, 황성돈 옮김,
『알리바바닷컴은 어떻게 이베이를 이겼을까?』(책미래, 2012), pp. 44-61. 등[158]

❓ Question

eBay 닷컴이 중국 시장에서 알리바바에 패배한 원인을 생각해보고 CEO의 맹점이 어떠한 영향을 주었는지 설명해 보세요. 그리고 경쟁정보 담당자 관점에서 알리바바 닷컴이 승리할 수 있었던 전략을 찾아보세요.

디디추싱 창업자 청웨이

표 7 청웨이 주요 경력

1983년	장시성 상라오 출생
2005년	알리바바 B2B 사업부 입사
2011년	알리페이 B2C 사업부 부총경리
2012년	9월 샤오쥐커지 창업 (디디다처 앱 출시)
2015년	디디다처와 콰이디다처 합병 후 디디추싱으로 회사명 변경
2016년	우버차이나 인수
2018년	약 2조 원 적자 (2012년~2018년 누적적자 390억 위안)
2019년	기업가치 560억 달러
2021년	중국 시장 점유율 90%
2021년	6월 미 나스닥 상장 (44억 달러 조달)
2022년	미 나스닥 상장 폐지

디디추싱 비즈니스와 경쟁력

디디추싱은 중국 최대의 승차공유 서비스 플랫폼이며 2021년 기준 중국 시장 점유율 90%를 기록하고 있다. 디디추싱은 2021년 6월 미국 나스닥에 상장하여 44억 달러(약 5조 원)의 자금을 조달했다. 중국 기업으로는 알리바바의 250억 달러에 이어 두 번째 큰 규모다. 6월 30일 상장 첫날 시가총액은 678억 달러를 기록하였다.[158] 2022년 6월 디디추싱은 나스닥 상장을 자진 폐지하였다.

주요 사업 분야는 승용차와 택시를 호출하는 모바일 폰 서비스이며, 자전거 공유, 택배, 금융 등으로 사업을 확장 중이고, 자율주행차 사업에도 노력하고 있다. 디디추싱의 청웨이는 2012년 사업을 시작한 후 두 번의 큰 고비를 넘겨야 했다. 첫 번째 장애물은 중국의 IT업계의 거목인 알리바바와 텐센트와의 대리전 양상으로 표현되는 콰이디다처와의 합병이었고, 두 번째의 어려움은 우버와 싸움이었다.

디디다처로 출발한 청웨이는 2013년 텐센트로부터 1,500만 달러의 투자를 받았고 2015년 2월 알리바바의 투자를 받은 경쟁기업 콰이디다처와 합병하여 사명을 디디추싱으로 변경하였다. 그 후 2016년 8월 중국 시장에서 강력한 경쟁자인 우버차이나와의 합병을 전격적으로 발표하였다. 디디추싱의 가장 큰 경쟁력은 시장을 빠른 속도로 선점하여 확장하고 경쟁사와 치열한 보조금 전쟁을 지속하는 대신 인수합병을 통해 경쟁사를 인수하여 기존 시장을 독점하는 전략이다. 우버차이나에 디디추싱의 지분 17.7%(우선주 지분권 포함)를 제공[159]하고 인수합병을 마무리했다.

청웨이는 전형적인 샐러리맨 출신의 성공한 인물이다. 우버의 창업자 트래비스 칼라닉과 같이 청웨이도 생활 속의 불편함을 직접 피부로 느끼고 이를 사업화에 성공한 인물이다. 그는 알리바바의 주력 계열사인 알리페이 간부로 재직하면서 택시 잡기에 불편함을 느껴 29세의 젊은 나이에 과감하게 사표를 던지고 스타트업에 도전하였다.

젊은 나이에 성공한 청웨이는 디디추싱이 글로벌 기업으로 성장하기 위해 국제적인 시각을 가진 인물이 필요했다. 청웨이를 도와 디디추싱을 이끌고 가는 주요 인물은 세계 최대 PC 업체인 레노버 회장 류촨즈의 딸인 류칭이다. 국제적인 인맥과 경험을 보유한 그녀는 2015년 디디추싱 사장에 취임하여 2016년 애플 CEO 팀 쿡을 만나 설득하여 10억 달러 투자를 성사시키는 등 디디추싱 발전을 위한 투자유치에 결정적인 역할을 하고 있다.[160] 경쟁정보라는 관점에서 디디추싱과 글로벌 강자였던 우버와의 치열한 경쟁 과정을 살펴보자.

디디추싱 CEO 청웨이는 사업 초창기 시절부터 소프트웨어 엔지니어의 중요성을 인식하고 인공지능 분야에서 유명학자인 허샤오페이, 예제핑 등 고급인력을 영입하여 빅데이터 분석과 맞춤형 알고리즘 개발에 주력하였다. 플랫폼 비즈니스에서는 고객의 소비 스타일과 기호 등을 분석하여 효율적인 맞춤형 해결책을 소비자에게 신속하게 제공하는 기업이 승리하게 된다. 2014년 디디추싱의 전신인 디디다처는 알리바바의 투자금을 수혈한 경쟁자 콰이디다처와 이용자 확보를 위한 캠페인 경쟁을 벌였다.

디디다처는 텐센트의 위챗페이와 전략적 제휴를 통해 결제수단으로 사용하였으며 고객과 운전기사에 보조금을 지급하는 캠페인 전략을 전개하였다. 경쟁자인 콰이디다처도 알리페이를 도입하고 유사한 보조금 제도를 추진하였다. 중국의 승차공유 시장을 둘러싸고 콰이디다처와 디디다처는 각각 알리바바와 텐센트의 재정적 지원을 받아 1년간 보조금 캠페인에 막대한 홍보 비용을 쏟아부었다.

2014년 12월 택시 배차앱 시장 점유율을 살펴보면 콰이디다처와 디디다처가 각각 56.5%, 43.4%를 기록하였다. 2015년 2월 치열한 경쟁 끝에 두 기업은 합병되었으며, 회사 이름은 디디추싱으로 변경되었다. 만일 출혈경쟁이 계속되었다면 두 기업은 물론 투자자인 알리바바와 텐센트 등도 엄청난 손해를 볼 수 있었을 것이다. 그러나 CEO 청웨이는 과감하게 경쟁을 포기하고 인수합병이라는 전략적 의사결정을 내렸다.

이처럼 중국 IT 기업들은 시장 점령을 위해 혈투를 벌이면서도 필요에 따라 경쟁사 간에 협력관계를 추구하는 실리주의 성향의 사업방식을 보여주고 있다. CEO 청웨이는 최종적으로 인수합병을 선택하기 전에 전략담당 임원의 의견과 텐센트 등 투자자들의 입장을 충분히 수렴하였을 것이다. 특히 경쟁사인 콰이디다처 CEO의 입장과 알리바바의 내부 동향을 충분히 살펴보았을 것이다. 인수합병 문제와 같이 회사의 운명을 좌우하는 중대한 결정을 내릴 때는 사전에 경쟁정보팀을 활용하는 것이 현명하다. 경쟁정보 활동의 가장 큰 장점은 CEO의 전략적 의사결정을 도와주는 것이기 때문이다.

2014년 8월 우버는 BAT 중 하나인 바이두와 전략적 제휴를 맺고 중국 승차공유 시장에 진입하였다. 세계 최강의 승차공유 기업인 우버가 중국 시장에 진출한 이후 디디추싱과 우버 간의 치열한 창과 방패의 경쟁이 벌어졌다. 디디추싱은 우버와의 경쟁에 지출할 비용을 조달하기 위해 2015년 이후 2년 동안 알리바바, 텐센트, 애플 등 투자자들로부터 약 73억 달러의 투자액을 유치하였다.

한편 우버차이나도 사우디아라비아 국부펀드로부터 35억 달러의 투자를 받았다. 2015년 이후 디디추싱과 우버차이나는 서비스요금 무료와 광고를 위해 천문학적인 비용을 지출했다. 우버는 20억 달러의 손실을 보았고 디디추싱도 마케팅 활동에 40억 달러를 쏟아부었다. 2016년 디디추싱은 공격적인 마케팅 전략 덕분에 85%의 시장 점유율을 유지하였으나, 우버차이나는 시장 점유율을 8%밖에 확보하지 못하는 초라한 성적을 보였다.

마침내 투자자들의 중재로 2016년 8월 디디추싱이 우버차이나를 인수하였으며 중국의 승차공유 시장을 독점하게 되었다. 대신 우버는 우선주 지분권까지 포함하여 디디추싱의 지분 17.7%를 차지하였다.

우버차이나에 바이두 지도를 제공하여 전략적 제휴 관계를 맺고 있었던 바이두도 디디추싱의 인수합병 결정 이후 디디추싱의 핵심 투자자인 알리바바, 텐센트와 서로 협력관계를 맺게 되었다.

디디추싱은 우버차이나와의 경쟁에서 토종 메신저 앱인 위챗 사용과 애국심을 자극하는 홍보 마케팅으로 큰 효과를 보았으며, 중국 IT산업의 거대기업인 텐센트와 알리바바의 지원도 큰 힘이 되었다. 디디추싱이 중국 승차공유 시장을 평정한 것은 경쟁자 간의 인수합병이라는 독특한 방식을 통해서였다. 투자자는 물론 경쟁사들의 CEO들도 플랫폼 시장의 특성인 "경쟁자들이 사라질 때까지 치열한 싸움을 벌인다"라는 고정관념에서 벗어나 서로 실리를 챙길 수 있는 제3의 길을 선택하는 합리적인 의사결정이 큰 교훈이라고 할 수 있다.

한편 우버 CEO와 우버차이나 CEO를 겸직하던 트래비스 칼라닉은 중국 승차공유 시장에 적합한 현지화 전략을 추진하지 않았으며 대신 미국에서 성공했던 노하우를 토대로 한 전략을 추진하는 잘못된 결정을 내렸다. 트래비스 칼라닉은 미국 시장에서 스타트업을 창업하여 글로벌 플랫폼 강자가 되었다는 자부심에 도취하여 중국 고유의 문화·소비자 니즈 등 중국 시장환경에 대해 철저한 분석을 하지 않았다. 이것이 전형적인 CEO의 맹점이다.

트래비스 칼라닉은 중국 시장에 대한 이해가 부족하였으며, 자신의 성공을 과신하는 실수를 범하였다. 우버차이나에 경쟁정보팀이 존재해 있었더라면 중국 시장에 대한 정확한 분석을 통해 철저한 현지화 전략을 추구했을 것이다.

출처: 헤럴드 경제 (2016.8.2.) 등 [162]

? Question

1) 디디추싱이 우버차이나를 물리치고 승리할 수 있었던 가장 큰 요인을 찾아보세요. 또한, 우버 CEO와 우버차이나 CEO를 겸직하고 있었던 트래비스 칼라닉이 가진 문제점을 CEO 프로파일링을 활용하여 설명해 보세요.

2) 디디추싱 CEO 청웨이는 두 번에 걸쳐 인수합병이라는 전략적 의사결정을 하였다. 만약 여러분이 청웨이라고 가정할 때, 청웨이와 똑같은 방식의 결정을 내렸을지 잠시 생각해보세요. CEO로서 중대한 전략적 의사결정을 내려야 할 때 여러분이 취해야 할 상황이 무엇인지 설명해 보세요.

3) 디디추싱의 핵심역량은 무엇인가요?

텐센트 창업자 마화텅

표 8 마화텅 주요 경력

1971년	하이난성 둥팡시 부유한 고위 공산당 간부 집안에서 출생
1989년	선전대학 컴퓨터학과 입학
1993년	선전 룬쉰 통신발전유한공사 개발부 소프트웨어 엔지니어로 근무
1998년	선전에서 텐센트 창립 (11월)
1999년	중국 국민 메신저 QQ 개발
2007년	홍콩거래소 상장
2011년	모바일 메신저 위챗 출시
2013년	전국인민대표회의 대표직 선출
2014년	포춘지 중문판 선정 '중국에서 가장 영향력 있는 기업인 50인' 중 1위
2019년	포브스 선정 세계 부호 20위에 선정
2020년	중국 부호 1위

텐센트 비즈니스와 경쟁력

텐센트는 중국 3대 IT 공룡기업으로 불리며 IT업계에서 알리바바와 쌍벽을 이루며 경쟁관계를 구축하고 있다. 2022년 매출액은 5천 546억 위안(약 104조 원)이며 순이익은 1천 887억 위안(약 35조 원)이다. 텐센트는 QQ라는 SNS를 기반으로 성장하여 중국의 페이스북으로 알려졌다. 사업 초기 SNS를 토대로 시작하였으나, 현재는 게임산업, 결제(위챗페이), 자율주행, 클라우드, 유통 등 다양한 분야에 걸쳐 진출하고 있다. 텐센트의 비즈니스 핵심은 SNS로서 QQ(PC 메일 서비스)와 위챗(모바일 메신저)이다.[162] 위챗은 한때 중국의 카카오로도 불렸다.

2020년 1분기 기준으로 큐큐(QQ)와 위챗(Wechat)의 월간 이용자 수(MAU)는 각각 6억 9,400만 명, 12억 300만 명이다.[163] 세계 전역에서 이용자를 가지고 있는 페이스북에 비해 텐센트의 이용자는 주로 중국인들이라는 한계를 갖고 있다. 텐센트의 주력 분야는 온라인 게임이다. 텐센트는 온라인 게임 소비자들의 결제를 위해 알리바바의 알리페이와 같은 모바일 결제 도구인 위챗페이를 사용한다.

텐센트는 전통적인 유통업체에 IT 신기술을 접목한 신소매 분야에서 알리바바의 신선식품 체인업체인 허마셴셩과 경쟁하고 있다. SNS를 기반으로 한 텐센트는 알리바바가 장악하고 있는 전자상거래 시장에 진출하기 위해 시장 점유율 2위를 기록하고 있는 JD닷컴의 대주주가 되었다. 또한, 중국의 대형슈퍼마켓 체인인 융후이의 주식(5%)까지 취득하여 온라인과 오프라인 유통업체와의 전략적 제휴를 맺고 있다.[164]

텐센트 창업자 마화텅은 시장에서 경쟁자들의 움직임을 주의 깊게 관찰한다. 소비자들의 변화되는 기호와 경쟁사들의 대응을 벤치마킹하여 시장의 장래성이 높다고 평가될 때 시장에 뛰어드는 특징을 갖고 있다. 텐센트의 경영전략은 경쟁사의 제품·서비스를 모방한 후에 품질을 향상하여 새로운 것을 만드는 '창조적 모방'에 있다.[165] 이 때문에 경쟁사들로부터 카피캣(Copy Cat)이라는 비난도 받았다. 텐센트는 시장 선발주자들을 뛰어넘기 위해 소비자들의 변화된 니즈를 충족시키는 차별화 전략을 통해 시장 점유율을 확보하는 전략을 추구한다. 텐센트가 후발주자 관점에서 시장과 소비자 취향 변화를 항상 모니터링하여 선두기업의 부족한 점을 보완하는 전략을 추구하고 있는데 이는 경쟁정보 차원에서 볼 때 가장 큰 장점이다.

텐센트는 SNS 이용자에 대해 철저하고 발 빠른 피드백 전략을 추구하고 있다.[166] 경쟁정보 활동에서 가장 중요한 점은 경쟁자와 소비자의 움직임을 항상 모니터링하여 변화를 감지하고 신속하게 대응방안을 제시해야 한다는 것이다. 스타트업은 보통 린 방식을 수용하여 최소기능상품을 소비자에게 빠른 속도로 출시한 이후, 소비자들의 피드백을 계속 받아 제품과 서비스 기능을 개선하고 있다.

텐센트는 중국 IT업계의 공룡기업인데도 불구하고 여전히 중국 소비자들의 경험을 수집하고 피드백하는 원칙을 고수하며 소비자의 요구를 모니터링하는 경쟁정보 활동에 집중하고 있는데 이것이 텐센트의 성공비결이다. 소프트웨어 엔지니어 출신인 마화텅 회장을 비롯해 젊은 임직원들이 신속한 의사결정, 시장변화에 유연한 대응 자세를 중요시하고 있다는 점이 큰 특징이자 핵심 경쟁력으로 작용하고 있다.

텐센트에는 CEO 마화텅을 뒷받침해주는 창업 동업자들이 큰 힘을 발휘하고 있다. 창업 동지들이 중국 국내파 중심으로 구성되어 있다는 한계점을 극복하기 위해 마화텅은 국제금융에 혜안을 가진 골드만삭스 출신의 류츠핑을 영입하는 데 공을 들였다. 류츠핑은 텐센트 그룹에서 2인자로서의 위치를 구축하면서 회사의 중요한 정책에 깊이 관여하고 있다. 텐센트의 창업 동업자인 장샤오룽 부총재는 위챗을 개발한 엔지니어로 연구개발에 관여하고 있으며, 장즈둥은 텐센트 내에서 마화텅 다음으로 중요한 인물로 알려져 있다.[167]

바이두 창업자 리옌홍

표 9 리옌홍의 주요 경력

1968년	산시성 양쳰시에서 출생
1991년	베이징대 졸업
1991년	미국 버팔로 뉴욕주립대 컴퓨터학과 석사과정 입학
1994년	다우존스 입사
1996년	금융정보 검색 시스템 '랭크덱스' 개발
1997년	구글 자회사인 검색엔진 회사 인포시코로 이직
2000년	베이징 중관춘에서 바이두 창업
2001년	검색서비스 바이두닷컴 출시
2003년	중국 시장 최고의 검색사이트
2005년	8월 나스닥 상장
2010년	포춘 올해의 비즈니스 인물
2012년	포브스 중국 최고 기업가

바이두 비즈니스와 경쟁력

바이두는 중국의 구글이라는 칭호를 듣고 있다. 바이두 창업자 리옌홍은 미국 유학파 출신으로 미국에서 다우존스와 구글의 자회사에서 소프트웨어 엔지니어로 근무한 경력을 갖고 있어 미국의 IT업계 생태계를 누구보다 정확하게 파악하고 있다. 다만 중국의 IT시장에서 BAT로 알려진 알리바바와 텐센트의 CEO와 비교해서 연구개발에 주력하는 성향을 보인다.

리옌홍은 구글 계열 검색엔진 회사에서 일한 경험을 바탕으로 사업을 추진하고 있어 구글의 업무 스타일과 유사하다는 평가를 받고 있다. 리옌홍은 2000년 바이두를 창업하였으며, 2005년 미국 나스닥에 상장하였고 2021년 2월 9일 기준 시가총액이 1,000억 달러를 돌파하는 기록을 세웠다.[168] 바이두는 검색엔진 이외 동영상 스트리밍인 아이차이, 클라우드, 자율주행 프로젝트 등에 주력하고 있다. 알리바바의 알리페이, 텐센트의 위챗페이와 같이 결제 앱인 바이두 월렛을 갖고 있지만, 리엔홍이 가장 관심을 보이는 분야는 인공지능과 관련된 자율주행 자동차산업이다.

바이두의 자율주행 프로젝트는 오래전부터 시작되었다. 미국에서는 구글이 웨이모를 통해 자율주행사업을 추진하고 있으며 사실상 세계 제일의 자율주행 기술을 보유하고 있다. 바이두도 2014년부터 자동차업체들과 협업하여 자율주행사업을 추진해 왔으며 2017년 차세대 주력사업으로 자율주행 자동차를 선정하고 아폴로 프로젝트를 발표하였다. 바이두는 아폴로 프로젝트를 통해 자율주행 관련 기술을 오픈소스하고 있다.[169] 마치 테슬라가 전기차와 배터리 기술을 오픈소스한 것처럼 바이두도 세계적인 경쟁업체들을 따돌리고 바이두 중심의 자율주행 생태계를 구축하기 위한 시도를 하고 있다.

바이두는 그동안 베이징 등 일부 지역에서 시범적으로 운행해왔던 로보택시 시범서비스의 경험을 살려서 2022년 2월 베이징 동계올림픽에서 경기장 간의 운송수단으로 자율주행 차량공유서비스인 Robotaxi를 운영하였다.[170] 바이두는 독자적으로 자율주행 시스템 아폴로를 개발해왔으며, 이를 향후 생산되는 자동차에 탑재할 계획이다.

바이두는 중국 검색시장에서 2010년 구글을 따돌린 이후 2013년까지 시장 점유율 82%를 장악하는 성과를 거두었다. 그러나 알리바바(션마), 바이트댄스, 텐센트(써우거우), 치후 360 등 모바일시대에 맞는 검색엔진과 새로운 검색 서비스들이 등장함에 따라 2020년 3월에는 시장 점유율이 68.66%로 떨어졌다.[171]

최근 중국 검색시장에서 이변이 일어났다. 2023년 4월 기준 중국 데스크톱 검색시장에서 마이크로소프트(MS)가 바이두를 제치고 시장 점유율 1위(37.4%)를 차지했으며, 바이두는 2위(27.1%)를 기록했다. 바이두는 아직 검색시장 1위를 고수하고 있으나 지난 2022년부터 데스크톱 검색시장에서 지속적인 내림세를 보여왔다.[172] 바이두에 적신호의 신호탄이 나타나고 있다. 중국 시장에서 소비자들의 검색패턴이 변화되는 추세를 보여주고 있으며, 경쟁자들도 바이두 중심의 검색시장에서 균형상태를 깨트리기 위해 중국 소비자들을 대상으로 한 새로운 혁신을 추구하고 있다. 시장에서 영원한 승자는 없다. 시장환경 변화에 따라 신기술로 무장한 새로운 경쟁자들이 나타나기 마련이다. CEO는 경쟁정보 활동을 통해 산업변화 흐름을 사전에 탐지하여 대처해야 한다.

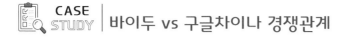

중국 검색시장에서 구글과 바이두 간의 경쟁은 매우 흥미 있는 사례이다. 바이두가 2000년 검색엔진 사이트를 오픈하였을 때 구글은 이미 중국 시장에서 검색엔진 서비스를 내놓고 있었다. 바이두는 후발주자로서 한계를 극복하기 위해 구글과의 차별화를 도모하였다. CEO 리옌홍은 구글 자회사 출신으로 구글의 장·단점을 잘 파악하고 있었다. 그는 바이두의 경쟁력을 확보하기 위해 중국 이용자들에 토종기업으로서 애국심을 호소하는 마케팅을 전개하고 편리한 검색사이트라는 차별화된 인식을 제공하는 데 초점을 맞추었다.

한편 바이두와 구글 간의 경쟁에 있어 중국 정부의 정책이 바이두에 유리하게 작용하였다. 중국 정부는 2002년 반정부적인 콘텐츠와 검색어 유포를 막기 위해 검색사이트를 전면 차단하였다. 바이두는 이 기회를 잘 이용해 하루 만에 사이트를 재개하였으나, 구글 사이트는 2주일 이상 폐쇄되었다. 이를 계기로 중국 검색이용자들이 자연스럽게 구글에서 바이두로 옮겨가게 되었다. 2004년 중국 검색시장 점유율은 바이두(36.29%), 야후(22.72%), 구글(21.22%) 순이었다.

중국 검색시장에서 중국 정부의 검열이 구글에 상당히 큰 악재로 작용하였다. 2010년 1월 구글은 "중국 내부 소행으로 보이는 해킹 공격을 받았다"라면서 중국 시장에서 철수하겠다고 견해를 밝힌 후, 홍콩으로 웹검색과 서비스 거점을 이전하였다. 구글의 중국 철수전·후인 2009년 4분기와 2012년 2분기 검색시장 점유율을 비교하면 다음과 같다.

바이두의 시장 점유율은 58.4%에서 78.6%로 증가하였고, 구글은 35.6%에서 15.7%로 급격하게 하락하였다. 2018년 현재 바이두의 시장 점유율은 73.8%이다.

바이두는 사회주의 국가인 중국에서 토종기업이라는 이점을 최대로 활용했다. 반면 구글 경영진은 중국 시장의 외부 환경 중에서 중국의 정치·법적 규제 요인이 기업경영에 커다란 영향을 미칠 수 있으며 중국 시장에 진출하는 데 큰 걸림돌로 작용할 것이라는 점을 충분히 검토하지 않았다. 중국의 사회주의 정치체계와 폐쇄적인 규제환경 속에서 중국 검색시장 환경이 미국과 다를 수밖에 없다는 점을 간과하였다. 사회주의 체제하에서 정치·법적 규제는 상당히 중요한 변수로 작용한다.

구글은 중국에서 철수한 이후 6년 만인 2016년부터 중국에 재진출할 움직임을 보여왔다. 구글이 다시 중국에 관심을 보이는 이유는 중국이 세계 최대의 인터넷 이용자를 가지고 있는 데다, 안드로이드 사용자의 30%가 중국인이라는 점 때문이다. 구글의 움직임을 구체적으로 보면, 중국 온라인 소매업체인 JD닷컴에 투자하였으며 중국 베이징에 인공지능(AI) 연구 센터를 열었고, 홍콩에 클라우드용 데이터 센터를 건설 중이다.

바이두 CEO 리옌훙은 구글에 대해 "만약 구글이 중국 복귀를 결정한다면, 우리는 다시 한번 붙어 또 이길 자신이 있다. 바이두는 세계적으로 큰 영향력을 갖춘 인공지능 회사다. 글로벌 협력 파트너가 300곳이 넘는다."라고 자신감을 보였다.

경쟁정보 관점에서 중국 시장에 대한 구글의 2차 진입 여부를 검토해본다면 사회주의 국가인 중국 정부가 인터넷 검색시장에 대해 여전히 민감한 반응을 보이기 때문에 검색시장에 다시 도전하는 것은 신중하게 판단해야 한다.

다만 스마트폰을 중국에서 제조하는 애플이 중국의 거대한 소비시장을 놓치지 않고 여전히 중국인들의 사랑을 받는 것처럼 구글도 검색시장이 아니라 전자상거래, 인공지능, 클라우드, 자율주행기술 등 다양한 분야에 걸쳐 중국 파트너와 전략적 제휴를 모색하는 것이 도움이 될 것이다. 최근 미·중 간의 치열한 기술패권경쟁이 가열되고 있는 데다 틱톡에 대한 미국의 규제 움직임까지 보여 현재 구글의 중국 검색시장 진출 가능성은 적은 것으로 본다.

출처: 동아일보(2010.3.24.) 등[174]

? Question

1) 경쟁정보 담당자로서 구글이 중국 검색시장에 진출했던 2000년 당시의 중국 상황을 거시환경리스크(PEST) 분석방법으로 분석해 보고 구글이 중국 시장에서 철수한 원인을 설명해 보세요.

2) 여러분이 구글의 경쟁정보 담당자라고 가정할 때, 향후 구글의 중국 시장 재진출 문제에 대해 구글 CEO에 어떠한 권고를 할 것인가요?

3) 2023년 4월 중국 데스크톱 검색시장에서 마이크로소프트(MS)가 바이두를 제치고 시장 점유율 1위(37.4%)를 차지했다. 여러분이 바이두 CEO 리옌훙이라면 어떠한 조처를 할 것인지 설명해 보세요.

바이트댄스 창업자 장이밍

표 10 ▸ 장이밍의 주요 경력

1983년	푸젠성 룽옌시 출생
2001년	난카이대학 입학
2006년	여행검색사이트 쿠쉰 입사
2008년	마이크로소프트 입사
2009년	온라인 부동산 검색사이트 99팡스닷컴 설립
2009년	중국판 트위터인 판포우를 메이투안 디엔핑 창업자 왕싱과 함께 창업
2012년	3월 쯔제탸오둥 설립 (뉴스 큐레이션 앱 진르터우탸오 출시)
2013년	포브스, 중국 30세 미만 창업자 30인 선정
2016년	진르터우탸오에서 바이트댄스로 모회사 기업명 변경
2016년	15초짜리 영상공유 앱 틱톡 출시
2018년	기업가치 750억 달러
2021년	11월 최고경영자 자리에서 퇴진

바이트댄스 비즈니스와 경쟁력

바이트댄스 창업자인 장이밍은 중국의 IT업계 공룡기업인 BAT의 3인방 마윈, 마화텅, 리옌훙의 뒤를 이어 메이투안의 왕싱과 디디추싱의 청웨이 등과 함께 중국 IT업계를 이끌어 갈 대표적인 기업인이다. 바이트댄스의 주력업종은 콘텐츠 미디어이며 바이트댄스는 세계 유니콘 스타트업 순위에서 우버와 디디추싱, 에어비앤비를 제치고 1위를 차지하였다. 특히 전 세계 10대들의 사랑을 받는 동영상 소셜미디어 틱톡은 2021년 9월 기준으로 전 세계 월간 이용자수(MAU)가 10억 명을 상회하였으며 미국 내 월간 이용자수(MAU)는 1억 5,000만 명이다. 2022년 바이트댄스의 매출은 850억 달러이며, 세전 순수익은 250억 달러를 기록하고 있다. 기업가치는 약 3,000억 달러이다.[174]

바이트 댄스의 가장 큰 경쟁력은 인공지능 기술과 인수합병(M&A)을 통해 글로벌 전략을 추진하는 것이다. 중국의 SNS들은 중국 시장과 중국 이용자들에 국한된 서비스에 포커스를 맞추고 있으나, 바이트댄스는 글로벌 이용자들을 대상으로 틱톡을 제공하고 있다. 미국, 유럽, 남미 등 글로벌 지역에서 뉴스와 동영상 콘텐츠 서비스를 제공하기 위해 현지 기업들을 적극적으로 인수합병하는 전략을 구사하고 있다. 장이밍은 회사를 창업한 후 텐센트로부터 80억 달러의 인수제안을 받았으나, 그 유혹을 단호하게 물리쳤다.[175]

장이밍은 15초 동영상이라는 새로운 장르를 만들었으며, 이제 페이스북이나 인스타그램을 위협하는 존재로 부상하고 있다. 중국 SNS 경쟁업체들과 달리 바이트댄스는 글로벌 시장을 타깃으로 선정하고 글로벌 플랫폼과 콘텐츠 현지화를 추구하는 차별화 전략을 추구하고 있다. 창업자인 장이밍의 가장 큰 장점은 산업환경 추세와 소비자들의 취향 변화를 제때 포착하였다는 점이다.

장이밍은 소년 시절부터 독서광으로 유명하였다.[176] 그는 다양한 신문과 책을 통해 세상의 변화 트렌드를 읽어내는 통찰력을 키웠다. 이러한 점이 스타트업을 성공시키는 원동력이 되었다. 경쟁정보 담당자는 산업환경 변화를 감지하기 위해 많은 자료들을 통해 전문지식을 끊임없이 습득하는 노력을 해야 한다.

메이투안 디엔핑 창업자 왕싱

표 11 왕싱의 주요 경력

1979년	푸젠성 룽옌에서 출생
2001년	칭화대 전자공학과 졸업
2004년	미 델라웨어대 박사 중퇴
2004년	두어두어요우 개발 (중국 최초 SNS)
2005년	샤오네이왕 개발 (대학생 대상 SNS)
2007년	판퍼우왕, 하이네이왕 개발
2010년	메이투안(소셜커머스 기업) 창업
2013년	음식배달업 메이투안 와이마이 개시
2015년	10월 디엔핑과 합병, 메이투안 디엔핑 출범
2018년	1월 메이투안 다처 런칭 (차량호출사업 진출)
2018년	4월 모바이크 인수 결정
2018년	9월 홍콩 증권거래소 상장
2020년	시가총액 1천억 달러

메이투안 디엔핑 비즈니스와 경쟁력

메이투안 디엔핑은 중국판 배달의 민족이다. 현재 5억 명 정도의 사용자를 확보하고 있고 시가총액은 2020년 5월 26일 기준으로 1,000억 달러를 기록하고 있으며[177] 음식, 신선식품, 숙박 예약 등 생활에 필요한 모든 것을 온라인에서 결제할 수 있다. 메이투안 디엔핑 CEO 왕싱은 칭화대 전자공학과를 졸업하고 미 델라웨어대 박사과정을 중퇴한 수재로 중국에서 중국판 페이스북인 샤오네이왕(현 런런왕)과 중국판 트위터인 판퍼우왕을 만든 인물이다.[178]

왕싱은 2010년 중국 최초로 소셜커머스 회사인 메이투안을 설립하였다. 소셜커머스 시장이 폭발적인 성장을 하면서 메이투안 출범 이후 1년이 지나자

5,000개가 넘는 경쟁업체들이 이 시장에 뛰어들어 치열한 경쟁을 벌이게 되었다.[179] 메이투안은 2013년 음식배달업 와이마이를 시작하였다. 2015년 10월 소셜커머스 업계 1위(시장 점유율 52%)인 메이투안은 동종업계 2위(29%)인 디엔핑과 합병한 후 시장 점유율 81%를 확보한 메이투안 디엔핑을 출범시켰다.[180]

이 합병에서도 중국 IT업계의 숙적인 알리바바와 텐센트가 관여하였는데 알리바바는 메이투안에, 텐센트는 디엔핑에 투자자로 참여하고 있었다. 알리바바는 메이투안 디엔핑 출범 이후 자사지분을 매각하였다. 메이투안 디엔핑은 알리바바, 징둥, 웨이핀후이에 이어 중국 4대 전자상거래업체로 성장하였으며 중국 이용자들의 사랑을 받고 있다.

메이투안 디엔핑은 2018년 4월 자전거 공유업체인 모바이크를 27억 달러에 인수합병하였으며 상하이와 난징에서 차량호출 택시 서비스를 시작하여 디디추싱과의 격돌이 예상되었으나 2018년 8월 발생한 디디추싱 승객의 살인사건을 교훈으로 삼아 택시 시장에 대한 추가 확장을 하지 않겠다는 태도를 보였다.[181] 2018년 9월 홍콩 증권거래소에 상장하였으며 2020년 시가총액이 무려 1천억 달러를 상회하였다.

메이투안은 2020년 현재 중국 음식배달앱 시장에서 점유율 69%로 1위를 기록하고 있으며 알리바바 계열사인 어러머가 2위(26%)를 차지하고 있다.[182] 어러머는 메이투안 와이마이에 비해 매출이나 시장 점유율에서 위협적인 존재는 되지 못하고 있다. 어러머를 설립한 창업자 장쉬하오는 2008년 8월 상하이 교통대 캠퍼스에서 음식배달업을 시작하였으며 2010년에 모바일 어플 '어러머'를 개설하였다. 2018년 4월 알리바바가 어러머를 완전히 인수하였다.

왕싱의 가장 큰 경쟁력은 소프트웨어 엔지니어로서 뛰어난 능력을 보유하고 있다는 점이다. 그는 온라인 기술혁명이라는 시대의 흐름을 재빨리 간파하여 박사과정을 중단하고 과감하게 스타트업 창업에 뛰어들 정도로 투철한 기업가 정신을 갖고 있다. 왕싱은 수차례 스타트업 도전을 시도하였다. SNS 샤오네이왕 개발과 판퍼우왕 창업을 통해 스타트업에 대한 경험을 축적하고 플랫폼 비즈니스에 대한 통찰력을 키우게 되었다.

메이투안이 소셜커머스 시장에서 최고 강자가 된 비결은 광고를 통한 출혈 경쟁을 자제하는 대신 소비자 신뢰 확보를 위해 소비자 콜센터 개설, 소비자 만족도 평가시스템 도입 등에 주력한 것이었다. 경쟁자인 디엔핑과의 합병을 통해 시장 점유율을 늘려 업계 1위로서 부동의 위치를 구축하였다. 경쟁자 간의 인수합병을 통해 경쟁력을 강화하는 전략이 중국 기업들의 특징으로 나타나고 있다. 중국 기업들이 성공적인 인수합병을 추진하기 위해서는 완벽한 경쟁정보 활동을 전개해야 한다.

왕싱은 현재 중국의 소셜커머스 시장과 음식배달앱 시장에서 1위 자리를 고수하고 있는 기업가로 성장하였다. 특히 코로나19에도 불구하고 왕싱의 메이투안 디엔핑이 성장 가도를 달리고 있다. 다만 최근 바이트댄스의 중국 본토 앱인 '도우인(douyin)'이 음식배달 서비스에 본격적으로 뛰어들겠다는 의도를 보여[183] 시장 경쟁이 다시 뜨거워질 것으로 전망된다. 시장환경은 언제나 변하기 마련이다. 경쟁정보 담당자와 CEO는 평소 예상하지 못했던 기업들이 잠재적인 경쟁사로 등장할 수 있다는 점을 항상 명심해야 한다.

샤오미 창업자 레이쥔

표 12 레이쥔 주요 경력

1969년	후베이성 시안타오시 출생
1987년	우한대 컴퓨터학과 입학
1991년	산써 IT 기업 창업
1992년	중견 IT 기업 킹소프트 입사 (연구개발부 최고책임자)
1998년	킹소프트 대표이사, 엔젤투자자로 활동
2004년	온라인 쇼핑몰 조요닷컴 아마존에 매각
2010년	샤오미 창업
2015년	중국 스마트폰 시장 1위 (15.1%)
2017년	창업 7년 만에 세계 스마트폰 시장 4위
2018년	홍콩거래소 상장 (기업가치 543억 달러)
2019년	1조 1,000억 원의 주식보상을 전액 기부하겠다고 발표

샤오미 비즈니스와 경쟁력

CEO 레이쥔은 중국의 스티브 잡스라고 불린다. 청바지에 반소매 티셔츠를 입고 나타나곤 하여 마치 혁신의 아이콘인 스티브 잡스의 모습을 연상하게 한다. 샤오미는 2010년 출범한 회사인데 출범한 지 5년 만인 2015년에 중국 스마트폰 시장에서 삼성전자, 애플, 화웨이를 제치고 시장 점유율 1위(15.4%)를 달성하여[184] 세상을 깜짝 놀라게 하였다. 그 후 2년 만인 2017년 4분기에 세계 스마트폰 시장에서 4위를 기록하였다. 현재는 인도 스마트폰 시장에서 삼성전자와 치열한 경쟁을 벌이는 등 글로벌 스마트폰 업체로서 위치를 굳히고 있다.

사업 초기부터 샤오미는 애플을 벤치마킹 모델로 하여 애플 따라 하기를 추구하였다. 애플은 글로벌 스마트폰 시장에서 독자적인 생태계를 구축하여 팬들로부터 사랑을 받고 있다. 이는 애플이 안드로이드폰과 차별되는 독자적인 운영체제(iOS)를 가지고 있기 때문이다. 샤오미는 창업 초기부터 애플의 iOS와 같은 기반형 플랫폼을 소유하기 위해 안드로이드 기반 운영체제인 MIUI를 독자 개발하였다.[185]

샤오미도 레이쥔과 샤오미를 추종하는 미펀(Mi fan)이라는 팬들이 있다. 애플 아이폰의 핵심역량이 뛰어난 디자인, iOS, 앱스토어라고 한다면, 샤오미는 MIUI에다 저렴한 가격, 괜찮은 디자인 등이 합쳐져서 뛰어난 가성비를 지닌 제품을 만들었다는 점이다. 샤오미는 경쟁사보다 가성비가 좋다는 강점을 살리기 위해 최대한 저렴한 가격에 제품을 제공하고 있다. 구글과 애플이 각각 구글플레이, 앱스토어를 제공하고 수수료로 엄청난 수익을 벌고 있다.

레이쥔은 애플의 스티브 잡스와 같은 생각을 하고 있다. 샤오미가 보유하고 있는 스마트폰 운영체제(MIUI)에서 나오는 수익을 목표로 하고 있다. 선발주자인 애플과 다른 점은 애플이 고가제품에 주력하고 있는 데 반해 샤오미는 중저가 제품이라는 차별화 전략을 추구하고 있다. 샤오미는 스마트폰을 저가로 제공하기 위해 온라인에서 직접 판매하는 방식을 취하고 있다. 샤오미는 글로벌 스마트폰 시장을 석권하고 있는 삼성전자와 애플의 틈바구니에서 니치 마켓을 발견하였다.

샤오미는 소프트웨어 중심의 회사이다. 레이쥔과 함께 창업한 7명의 공동 창업자의 면모를 보아도 잘 알 수 있다. CEO 레이쥔 본인이 소프트웨어 엔지니어와 엔젤투자자라는 독특한 이력을 보유하고 있어 산업 흐름을 정확하게 파악하는 통찰력을 갖고 있다. 린빈 사장은 마이크로소프트(MS)와 구글 차이나에서 일하였으며, 홍펑 부사장은 미국 퍼듀대학을 졸업하고 구글에서 구글맵의 3D 지도 개발을 담당하였고 샤오미의 핵심역량인 운영체제(MIUI) 개발을 주도하였다.[186]

화웨이가 미·중 간의 갈등으로 미 정부의 집중적인 견제를 받고 있어 중국 시장은 물론 세계 스마트폰 시장에서 어려움을 겪고 있는 가운데 샤오미는 2023년 5월 전 세계 스마트폰 시장 점유율에서 삼성전자(21.8%), 애플(16.6%)에 이어, 3위(12.1%)를 기록하였다.[187]

샤오미는 출발은 스마트폰 업체로 시작하였으나 2013년 TV를 출시한 이후 공기청정기, 세탁기, 무선청소기, 냉장고 등 각종 전자제품까지 생산 영역을 늘리고 있다. 2021년 3월 샤오미는 전기차 자동차에도 진출할 것이라고 발표하였으며, 2022년 8월 휴머노이드 로봇 '사이버 원'을 공개하였다. 향후 휴머노이드 로봇 시장을 둘러싸고 샤오미가 현대자동차, 테슬라 등과 치열한 경쟁을 할 것으로 예상한다. 중국의 애플인 샤오미가 사업영역을 전방위로 넓히고 있어서 레이쥔의 돌풍이 어디까지 계속될 것인지 궁금하다.

중국에서 자전거 공유서비스가 출현하자 이용자들로부터 폭발적인 인기를 얻었으며 짧은 시간 내에 많은 이용자를 확보하게 되었다. 자전거 공유업체는 고객들의 위치 정보와 자전거를 제대로 반환하였는지 등의 신용정보를 수집하여 여기에서 발생하는 빅데이터로 고객들에 대한 다양한 정보를 확보할 수 있게 되었다. 공유자전거는 중국에서의 공유경제 열풍을 일으키는 촉매제가 되었다.

공유자전거 고객은 2016년 말 1,886만 명에서 2018년 8월 기준으로 2억 2,000만 명을 기록하였다. 2017년 1분기 공유자전거 업계의 시장 점유율은 1위 오포(51.9%), 2위 모바이크(40.7%) 순이었다. 오포는 노란색을, 모바이크는 주황색 자전거를 사용하는 등 두 회사는 각기 다른 색깔을 자전거의 특징으로 삼았다. 공유자전거 업체는 자체 앱을 사용하고 있으며 고객들이 보증금을 예치한 후 사용하도록 하였고 30분이나 1시간 단위로 요금 이용료를 지급하도록 하는 시스템을 갖추었다.

2014년 오포가 공유자전거 사업을 처음 시작하였으며, 모바이크는 2015년 1월 후웨이웨이가 창업하였고 설립 2년 만에 유니콘 기업으로 성장하였다. 2016~2017년 사이에 약 130개 업체가 난립하였다. 업체들은 고객을 확보하기 위해 경쟁적으로 무료사용권을 남발하고 과다하게 자전거를 길거리에 배치하여 그 비용을 감당하지 못해 재정적으로 어려움을 겪었다.

2018년 3월 중국 내 공유자전거 사용자는 2016년에 비해 6배 증가하였으나, 2017년부터 시장 선두기업인 오포와 모바이크를 제외한 대부분의 소규모 기업들은 적자를 면치 못하였다. 2018년 상반기 공유자전거 77개 업체 중에 30개 업체가 파산하거나 폐업하였다.

오포와 모바이크도 적자상태를 면치 못했으나, 제각기 알리바바, 디디추싱, 샤오미와 텐센트로부터 투자를 유치하여 위기를 모면할 수 있었다. 자전거 공유업체들은 고객들의 소비자 패턴을 분석할 수 있는 데이터베이스 확보에 탐을 내고 있기에 거액의 투자를 하였다.

모바이크는 결국 출혈경쟁을 견디지 못하고 심각한 자금난에 봉착하여 텐센트의 지원을 받는 메이투안에 매각되었다. 2018년 4월 메이투안은 27억 달러에 모바이크를 인수한 후 대규모 인력감축이라는 구조조정 카드를 꺼내 들었다. 모바이크를 창업한 후웨이웨이가 대표 자리에서 물러났으나 메이투안의 긴급 자금수혈로 인해 모바이크는 회생하였다.

메이투안은 2019년 모바이크 회사명을 메이투안단처로 변경하고 자전거 색깔도 주황색에서 노란색으로 교체하였다. 오포도 2018년 10월 파산 신청했다는 소문이 유포되었으며 이에 불안을 느낀 소비자들이 보증금 환불을 요청하기 시작했다. 보증금 환불요청 건수가 1,500만 건이 넘었으며 보증금 액수만 해도 10억~20억 위안(1,681억~3,362억 원)이었다. 오포는 자전거 제조사들에 대금조차 갚지 못해 고소를 당하였다.

오포는 2017년 10월 하루 이용 건수가 3,200만을 돌파하였으며 시장가치도 30억 달러를 기록하였다. 중국 공유자전거 업계에서 1위를 차지하는 기업이었다. 그러나 2017년 하반기부터 고객들이 자전거를 훼손하거나 QR코드를 제거함에 따라 고장 건수가 급속하게 늘어나면서 관리비용이 급증하게 되었다. 오포는 사업 초반부터 숙적인 모바이크와의 경쟁에서 시장을 선점하기 위해 대규모 물량 공세로 자전거 1,500만 대를 공급했던 것이 화근이 되었다.

오포는 결국 2018년 말 파산되었다. 오포가 자금난을 겪기 시작하였을 때 오포의 주요 투자자들은 오포 CEO인 다이웨이에게 모바이크와의 합병을 요구하였으나 다이웨이가 이를 거절하여 합병이 무산되었다. 다이웨이는 주요 투자자인 디디추싱에 경영권을 넘겨주어야 한다는 조건을 못마땅하게 여겨 오포를 회생시킬 기회를 놓치게 되었다.

오포는 시장진입 초기에 공유자전거 플랫폼을 장악하기 위해 무리하게 사업을 확장한 것이 실패 요인으로 작용했다. 오포는 회생을 위해 모바이크와의 합병을 추진할 기회를 잡을 수도 있었는데 경영권 고수를 고집하여 결국 파산하게 되었다. 공유자전거 업계의 공통적인 문제점은 부실한 수익구조를 극복하지 못했으며, 이용자 보증금과 투자자들의 투자금에 의존하여 무리하게 사업을 확장하였다는 점이다.

한편 중국 공유자전거 시장에서 초창기 오포와 모바이크의 성공에 자극을 받아 2016년 11월 블루고고는 크라우드 펀딩을 통해 시장에 뛰어들었으며 2017년 공유자전거 업계 3위까지 기록했다. 그러나 블루고고는 2017년에 들어와 치열해지는 업계경쟁에서 생존하기 위한 추가 투자유치에 실패하여 쇠락의 길에 접어들었다.

블루고고 CEO 리강은 2017년 11월 직원들에게 "기업운영권을 디디추싱에 넘길 것이며 밀린 임금을 해결하겠다"라는 입장을 발표하였다. 디디추싱은 2018년 블루고고를 인수한 후 자체 브랜드인 칭쥐와 통합하였다. 칭쥐의 자전거 색은 민트이다.

2016년 상하이에서 시작한 헬로바이크는 급성장하였다. 후발주자 헬로바이크는 알리바바그룹의 지원을 받고 있으며 선발기업들과 달리 소도시를 집중적으로 공략하는 차별화 전략을 보였다. 2018년 초에는 업계 3위를 기록했다.

현재 중국 자전거 시장에서는 디디추싱의 칭쥐(민트색), 메이투안단처(노란색), 헬로바이크(파란색) 자전거를 볼 수 있다. 이들은 모바이크, 오포 등의 실패를 반복하지 않고자 보증금 제도를 사용하지 않고 있으며, 수익구조로 요금제 또는 기간 정액제를 이용하고 있다.

2022년 상반기 기준 시장 점유율은 메이투안(21.8%), 헬로바이크(20.2%), 디디추싱의 칭쥐(17.9%) 순이다. 중국 공유자전거 시장 규모는 2018년 133억 위안(2조 5,300억원)에서 2022년 380억 위안(7조 2,300억 원)으로 증가하고 있다.

출처: 동아일보(2023.3.16.) 등[189]

❓ Question

1) 중국의 공유자전거 시장이 폭발적으로 성장하게 된 배경을 설명해 보세요. 기업 간의 경쟁이 과열되어 시장 점유율 1위, 2위를 차지했던 오포와 모바이크조차도 재정적인 어려움을 겪어 파산하거나 인수합병당하였는데 그 원인이 무엇인지 설명해 보세요.

2) 중국 공유자전거 시장 2세대인 칭쥐, 메이투안단처, 헬로바이크는 1세대였던 오포, 모바이크 등의 실패를 교훈으로 삼아 차별화를 시도하고 있다. 이들이 추진하는 사업전략과 함께 중국 공유자전거 시장의 향후 전망을 설명해 보세요.

CASE STUDY | 인도 음식배달앱 산업

세계 곳곳에서 주요 음식배달 서비스업체들이 자리를 잡고 있다. 중국에는 메이투안과 어러머가 있으며, 한국에는 배달의 민족, 요기요, 쿠팡이츠가 경합을 벌이고 있고, 북미 시장에서는 우버이츠(Uber eats)와 도어대시(DOOR DASH)가 대결하고 있다. 14억 거대 인구를 가진 인도 배달음식 시장은 2017년에 7억 달러를 기록하였으나 2020년에는 46억 6천만 달러를 달성하였고 오는 2026년에는 214억 1천만 달러 규모로 성장할 것으로 전망하고 있다. 인도의 스마트폰 사용인구는 4억 3,000만 명으로 중국과 마찬가지로 IT 기술 혁신이 일어나고 있어 스마트폰 앱이 플랫폼 서비스 시장의 발전에 많은 도움을 주고 있다.

인도는 오래전부터 배달문화가 자리를 잡고 있어 모바일 앱을 통한 음식배달 서비스가 그리 낯설지는 않다. 음식배달 서비스 시장 초기인 2016년에는 약 400개 기업이 치열한 경쟁을 벌였으며 2017년에 들어와 인도 시장의 80%를 장악하고 있는 스위기(Swiggy)와 조마토(Zomato) 중심으로 경쟁 구도가 정리되었다. 인도의 음식배달앱 시장 규모가 커지자 우버이츠와 OLA가 새로이 시장에 진입하였다.

2019년 상반기 스위기와 조마토의 시장 점유율은 각각 40%, 30%를 기록하였다. 양사 간 박빙의 경쟁이 벌어지고 있으며 우버이츠가 그 뒤를 쫓아가는 상황을 보여주었다. 푸드팬더는 최하위의 시장 점유율을 기록하였다. 승차공유 업체인 OLA는 우버이츠의 인도 시장진출에 자극을 받아 2017년 기존 업체인 푸드팬더를 인수하였다.

스위기는 2014년에 설립되었으며 식당예약과 함께 음식배달 서비스를 하고 있다. 시장 점유율 1위를 유지하고 있으며, 2017년 이후 3차례에 걸쳐 텐센트로부터 투자유치를 하였다. 2022년 1월 기업가치는 107억 달러이다. 2018년 9월 유제품 전문 배달업체를 인수하고, 우유, 과일, 야채, 꽃, 유아용품 배송까지 업무영역을 확장하였다.

조마토는 2015년 인터넷 배달 서비스에 진입하였으며 2018년부터 텐센트의 경쟁자인 알리바바 계열사 앤트파이낸셜로부터 4차례에 걸쳐 총 11억 6,000만 달러의 투자를 유치하였다. 알리바바가 조마토의 지분 29%를 보유하고 있다. 인도의 배달음식 시장에서도 중국의 공룡 IT 기업인 텐센트와 알리바바의 대리전이 벌어지고 있다. 2020년 1월 조마토는 우버이츠에 조마토의 지분 9.99%(약 4,000억 원)를 넘겨주고 인도 우버이츠를 인수하였다. 2021년 조마토의 기업가치는 54억 달러이다.

우버이츠는 2017년 5월 인도 시장에 진출한 이후 공세적인 영업 및 마케팅 활동과 보조금 지급에 비용을 많이 지출하였으나 시장 점유율을 확대하는 데 실패하였다. 2019년 4/4분기에는 2,040억 원의 손실을 기록하여 재정적인 부담이 심각하였다.

조마토는 우버이츠 인수로 맞수인 스위기를 제치고 시장 점유율(52%) 1위를 점유하게 되었다. 조마토는 배송시간을 줄이고 경쟁력을 높이기 위해 드론 배송까지 추진하고 있다.

우버는 중국의 승차공유 시장에 이어 인도 음식배달앱에서 현지 경쟁사들과의 치열한 경쟁 속에서 중국 우버와 인도 우버이츠를 매각하고 대신 지분을 챙기는 실리주의 전략을 추진하고 있다.

우버 CEO인 다라 코스로샤히는 2020년 1월 "우버이츠 전략에 대해 해외시장에서 1등 또는 2등을 하지 못하는 사업을 접거나, 퇴출시키는 방향으로 사업을 진행하겠다"라는 입장을 표명하였다.

우버이츠가 빠진 인도의 음식배달시장은 조마토와 스위기의 대결장이 되었다. 플랫폼 비즈니스에서는 시장에서 압도적인 우승자가 가려질 때까지 피나는 싸움을 벌여야 한다. 조마토와 스위기도 제2라운드 혈투를 준비하기 위해 투자유치에 열을 올리고 있다.

출처: 머니투데이(2019.12.16.) 등[190]

❓ Question

1) 인도 음식배달앱 산업은 성장하는 시장이다. 초기 단계부터 스타트업인 스위기와 조마토가 경쟁력을 높이기 위해 중점적으로 시도해왔던 일이 무엇인지 생각해보세요.

2) 우버이츠가 인도 시장에서 손을 떼게 된 배경은 무엇인지 설명해 보세요. 인도 시장 철수가 올바른 결정이었는지 고민해 보세요. 인도 음식배달앱 시장을 양분하고 있는 스위기와 조마토 간에 인수합병 가능성이 있는지에 대해 의견을 말해보세요.

4. Startup과 경쟁정보

　현재 미국의 실리콘밸리, 중국의 북경, 이스라엘의 텔아비브 등 세계 각지에서 수많은 스타트업들이 탄생하고 있다. 세계 경제가 기술 혁신으로 급속히 발전하고 있기에 이미 성장한 공룡기업들의 아이디어만으로 혁신을 추구하기 쉽지 않다. 따라서 세계 각국은 스타트업이 활성화될 수 있는 생태계를 마련해주는 것이 국가 경쟁력을 높이는 지름길이다. 과거에는 실리콘밸리가 모든 기술 혁신을 주도했으며, 세계적인 스타트업들이 배출되었다. 애플의 스티브 잡스, 구글의 세르게이 브린·래리 페이지, 페이스북의 마크 저커버그 등의 세계적인 혁신가들이 실리콘 밸리에서 배출되었다고 해도 과언이 아니다.

　최근 들어 우리나라도 창업환경이 많이 개선되었다. 대학은 물론 지자체에서도 적극적으로 창업을 지원해주고 있다. 우리나라 스타트업 출신의 대표적인 간판스타는 네이버와 카카오를 들 수 있다. 네이버는 한국의 구글로 불리고 있으며 다음, 구글과 함께 국내 검색시장을 장악하고 있고, 카카오는 국내 메신저 시장을 독점하고 있다. 이들은 국내 스타트업의 롤모델이다. 창업하기 좋은 생태계를 구축하기 위해서는 국가 정책, 스타트업, 투자사, 지자체 지원, 인수합병을 둘러싼 스타트업과 대기업 간의 우호적인 관계 등이 잘 어우러져야 한다.

　현재 지자체들은 스타트업들이 창업할 수 있도록 지원을 아끼지 않고 있다. 그러나 개선되어야 할 점들도 많다. 벤처캐피털의 적극적인 투자 분위기가 조성되어야 하며, 스타트업이 제 가치를 인정받고 국내 대기업이 스타트업을 높은 가격에 인수하는 환경이 마련되어야 한다. 정부는 스타트업이 혁신적인 방법을 통해 기업활동을 할 수 있도록 각종 규제를 풀어야 한다. 우리나라의 경우, 정부규제와 대기업의 갑질이 걸림돌로 작용하고 있다. 간혹 대기업이 스타트업이나 중소기업의 기술을 도용하는 사례가 언론에 보도되곤 한다. 대기업과 스타트업 간의 정상적인 거래가 보장되어야 건전한 스타트업 생태계가 형성되는 것이다. 스타트업 창업자가 대기업에 회사를 넘겨주고 백만장자가 되는 모범사례들이 자주 나와야 스타트업에 대한 청년들의 인식도 긍정적으로 변화되어 더 열정적으로 도전할 수 있게 된다.

스타트업이 성공하기란 쉽지 않다. 사업을 시작한 후 1년 이내에 포기하는 기업도 많다. 생존율이 높지 않다. 대개 스타트업을 시작하는 창업자들은 사업 경험이 없는 사례가 많다. 그만큼 사업추진에 대한 경영리스크가 클 수 있다. 자본이 절대적으로 부족한 만큼 스타트업이 시작단계에서 큰 실수를 할 경우, 그 충격은 상당하다. 스타트업이 시장에 대한 철저한 조사 없이 기술력만 믿고 도전할 경우, 실패할 확률이 높다. 스타트업을 추진할 때 진출하고자 하는 산업에 대한 지식이나 경험이 있는 인력을 영입하는 것이 바람직하다. 과거 스타트업을 해보았던 유경험자이면 더욱 좋다.

스타트업에도 경쟁정보가 필요하다. 대기업들처럼 글로벌 시장 점유율을 놓고 치열하게 경쟁을 벌이기 위해서만 경쟁정보가 필요한 것은 아니다. 대기업처럼 경쟁정보 부서를 설치할 경우 인력과 조직운영에 과도한 비용을 지출해야 하기에 중소기업이나 스타트업에서는 경쟁정보 전문인력을 사업 초기 단계에 배치할 수 없다. 스타트업 창업자나 창업 멤버 스스로 경쟁정보에 대한 기본지식을 갖고 있으면 실패할 가능성을 줄일 수 있다.

창업자들은 창업 아이템을 발굴한 자신감을 토대로 시장에서 소비자의 욕구를 충족시켜주면, 시장을 점유하고 있는 경쟁사들과의 경쟁에서 이길 것이라고 과신할 수 있다. 제품이나 서비스만 출시하면 소비자들이 스타트업의 아이디어를 좋아할 것이라는 막연한 기대감으로 사업을 밀어붙이는 사례가 많다. 스타트업 창업자들은 진입하려는 시장환경에 대해 철저하게 사전 조사를 해야 한다. 시장에서 문제점을 발견하고 대책을 마련한 이후에 진입해야 한다. 경쟁사와의 차별화 전략을 위한 대안도 준비해야 한다. 이러한 것을 도와줄 도구가 경쟁정보 활동이다.

창업자들의 자신감과 기업가 정신이 중요하다. 노력과 자금이 드는 스타트업을 시작하겠다고 누구나 선뜻 달려들지는 못 한다. 우리 주변에 있는 대다수 사람은 안정적인 직장에 다니는 것을 선호한다. 안정된 직업을 포기하고 스타트업을 시작한다고 하면 주변에서 만류할 것이다. 그만큼 사업에 대한 리스크가 크기 때문이다.

스타트업을 실패하지 않고 성공시키려면 시장을 정확하게 이해하고 소비자들의 니즈를 파악하여 그것에 부합되는 상품과 서비스의 가치를 제공해야 한다. 소비자의 구매력을 충족시킬 수 있는 올바른 유통채널을 확보해야 한다. 스타트업을 시작한 후 사업이 본궤도에 오르기 전까지 인건비 등 고정비를 감당할 수 있는 재정적인 여유가 있어야 하며, 소비자의 욕구를 일단 충족시킨 이후에도, 상품과 서비스를 더 많은 소비자에게 확산시키기 위해 마케팅 활동 등에 필요한 추가 자금을 확보해야 한다. 외부에서 투자기관이나 투자자로부터 거액의 투자자금을 유치해야 한다. 스타트업 창업자는 사업 시작단계에서부터 성장단계에 들어가기까지 사업 전체 과정에 대한 이해가 필요하다.

스타트업 창업자도 경쟁정보의 개념을 알아야 한다. 비즈니스 게임을 통해 경쟁사와의 차별성 구축, 소비자 니즈 충족 등 스타트업의 핵심 사안을 이해해야 한다. 스타트업이 창업 계획서를 만들 때, 린 캔버스를 많이 활용한다. MIT 대학에서 창업과 관련된 강의를 하는 빌 올렛(Bill Aulet) 교수는 2014년 출판된 저서 『스타트업 바이블』에서 '24단계 MIT 창업 프로그램'을 설명하고 있다. 그는 성공하는 스타트업들은 창업자의 타고난 능력에 의해 성공하는 것만은 아니며, 훈련으로 성공하는 창업자를 만들어 낼 수 있다고 주장한다.[190] 이러한 프로그램은 창업자들이 창업단계를 이해하는 데 도움을 줄 것이다.

성공한 플랫폼 기업들을 대상으로 벤치마킹하여 스타트업 시작단계부터 소비자에게 상품과 서비스를 출시하는 전 과정을 직접 시도하는 비즈니스 워게임을 해보는 것도 효과를 발휘한다. 최근 MZ세대 창업자들은 플랫폼 비즈니스 모델과 연계된 사업을 추진하고 있는 경우가 많다. 따라서 비즈니스 모델 캔버스나 린 캔버스를 기반으로 한 플랫폼 비즈니스 모델 게임을 해본다면 예비 창업자들에게 큰 도움이 될 것이다. 이를 통해 성공한 스타트업의 비결이 무엇이며 기존 시장에서 경쟁자와 어떻게 차별화를 만들어 시장을 빼앗는지를 정확하게 이해하게 될 것이다.

4차 산업혁명시대의 핵심기술에 대해 알아보자. 기업이 글로벌 시장에서 계속 경쟁력을 확보하기 위해서는 기술변화에 함께 보조를 맞추어야 한다는 것이다. 세계적인 미래학자들이 오래전부터 미래사회에 대해 언급하면서 "인공지능과 로봇의 시대가 오고 있다"라고 예측하였다. 미래는 인공지능 기술이 장착된 로봇들과 함께 일상생활을 보내야 할 것이다. 인공지능, 로봇, 자율주행 기술은 서로 분리할 수 없는 패키지라고 보면 될 것이다.

스티브 잡스가 2007년 스마트폰을 출시한 이후 일상생활이 완전히 변화되었다. 스마트폰이 데스크톱을 대체함에 따라 모바일에서 인터넷을 검색할 수 있고, TV를 시청하며 스포티파이를 통해 음악을 즐겨 듣고, 넷플릭스를 시청하며 유튜브와 틱톡을 즐기고, 페이스북·인스타그램 등 SNS로 소통하며, 카카오톡·위챗 등 메신저를 통해 서로의 일상생활을 공유하고 있다. 또한, e커머스를 통해 쇼핑하고 음식을 배달시키며, 해외에 있는 친구들과 카카오톡을 통해 무료통화를 하고 웹툰을 보며 줌(Zoom)을 통해 화상회의를 하고 있다. 우리는 스마트폰이 없으면 하루도 살 수 없는 삶을 살고 있다. 스마트폰이 세상을 완전히 변화시켰다.

로봇과 인간사회

혁신적인 플랫폼 비즈니스 모델이 전 세계적으로 확산되고 있듯이 오프라인에서도 로봇이라는 하드웨어를 중심으로 인간 생활에 거대한 지각변동을 일으킬 변화가 다가오고 있다. 로봇이 태동한 것은 꽤 오래전부터이다. 로봇이 마치 영화 속의 한 장면이라고 생각할 수도 있다. 그러나 국내 호텔에서 로봇이 손님들을 접대하고 있으며, 공항과 병원에서도 로봇이 안내하고 있고, 레스토랑에서 로봇이 피자와 음식을 나르는 것도 이제는 전혀 낯설지 않다. 로봇이 시니어 시민에게 운동하는 방법을 알려주고, 어린이에게 영어를 가르쳐 준다. 경기장과 건물에서 경비를 서고 있고 커피숍에서 바리스타 역할을 하고 있다. 로봇이 자동차 공장이나 산업현장에서 중요한 역할을 한 지는 이미 오래전 일이다. 이제 로봇이 인간의 삶의 현장까지 진출해서 광범위하게 활용되고 있다.

미래사회와 관련된 영화에서 로봇이 대량 생산되어 모든 가정에 보급되고, 특수부대 군인이나 경찰 역할을 하는 장면을 볼 수 있다. 미국에서는 로봇이 가정에 피자를 배달해주고 있으며 드론을 통해 상품을 배달해주기도 한다. 멀지 않아서 육지·하늘·바다에서 인공지능과 자율주행기술이 장착된 로봇 자동차, 로봇 드론, 로봇 선박이 중추적인 역할을 하게 될 것이다. 스마트폰 출현으로 모바일 앱을 기초로 한 플랫폼 비즈니스가 본격적으로 확산하여 새로운 소비자 생태계가 탄생하였듯이 인공지능, 자율주행기술, 로봇이 자동차산업, 항공산업, 해양산업과 연계되어 새로운 비즈니스 생태계를 구축하게 될 것이다.

인공지능 전문가 확보 경쟁

기업의 디지털 트랜스포메이션이 스마트폰과 모바일 앱 혁신을 통해 추진되었으며 플랫폼 스타트업이 다양한 비즈니스 모델을 탄생시켜 돌풍을 일으켜 왔다. 세계적인 스타트업의 시그니처는 승차공유의 우버, 숙박업계의 에어비앤비, 공유오피스의 위워크, 배달음식앱의 우버이츠, e커머스의 아마존 등이다. 지금 전 세계는 다양한 업종에서 스타트업들이 우후죽순으로 생겨나서 경쟁하고 있다.

최근 인공지능 기술에 대한 수요가 폭발적으로 증가하고 있다. 인공지능 기술은 다양한 부분에 사용되고 있다. 인공지능 스피커, 스마트폰, 전자제품, 자동차, 로봇, 무기, 드론, 모바일 앱, 게임기, 플랫폼 비즈니스 등 현재 디지털 트랜스포메이션이 일어나고 있는 모든 제품과 서비스에 인공지능 기술이 접목되고 있다.

전통적인 제조업체들도 인공지능 기술을 도입하여 스마트공장으로 변화되고 있다. 미래사회는 인공지능 기술이 가장 중요한 핵심역량이 된다. 중국은 '중국제조 2025'에서 인공지능 대국굴기를 주장하고 있으며, 미국의 글로벌 IT업체들은 오래전부터 인공지능 전문가들을 스카우트하였다. 향후 글로벌 기업의 경쟁력을 측정할 수 있는 핵심역량은 단연코 '뛰어난 인공지능 전문가들을 얼마나 확보하고 있나'에 달려있다.

얼마 전 우리나라 IT업계에서도 인공지능 전문가들을 둘러싼 인력확보 경쟁이 벌어졌었다. 디지털 트랜스포메이션이 화두인 현 산업구조에서는 다양한 소비자들의 욕구를 정확하게 예측하여 맞춤형 서비스와 상품을 제공하는 것이 필수적이다. 유튜브, 넷플릭스, 음식배달앱, 음악앱, 의류앱 등 각종 플랫폼 업체들은 소비자들의 정보가 담긴 빅데이터를 분석하여 원하는 서비스와 상품을 맞춤형으로 제공하는 기술개발에 심혈을 기울이고 있다. 플랫폼 기업들이 소비자들로부터 확보하는 각종 정보는 빅데이터로 처리되어 소비자들의 기호와 취향을 파악하는 핵심자료로 활용한다. 빅데이터는 곧 귀중한 정보이자 돈이 된다.

글로벌 기업들이 미래사회에서 생존하기 위해서는 뛰어난 인공지능 전문가 확보를 위해 노력해야 한다. 따라서 국내 대기업은 물론 중견기업이나 스타트업도 장기적 차원에서 경쟁력을 확보하고 소비자의 관심을 잡기 위해서는 인공지능 분야에 관심을 쏟아야 한다. 아직 디지털 혁신을 추진하지 못한 채 전통적인 제조업 방식에 연연하고 있는 CEO들은 이제라도 서둘러서 인공지능의 필요성을 깨닫고 인공지능 전문가를 확보하여 전통적인 제조업 방식을 디지털 트랜스포메이션 해야 한다. 만일 그렇게 하지 않는다면 필름산업에 매몰되어 디지털 시대를 따라가지 못했던 코닥과 같이 시장에서 사라질 것이다.

중국집과 피자 전문집에 가보면 인력 부족을 보완하기 위해 로봇을 사용하고 있는 것을 볼 수 있다. 다른 업체와 차별화를 추구하고 경쟁력을 갖기 위해 경쟁업체들보다 한 발짝 앞서 변화를 수용한 것이다. 쿠팡은 '빠른 배송'에 전념하는 배달업체라고 볼 수 있다. 쿠팡은 로켓배송을 기업의 핵심역량으로 잡고 있으며, 배달의 민족도 배달주문에 신속하게 배달하는 이미지를 구축하고 있다. 그러나 이들은 단순히 e커머스 업체나 음식배달업체가 아니라 혁신적인 기술회사이다. 모바일 앱을 활용하는 플랫폼 비즈니스 회사이며, 소비자들의 취향을 파악하고 이에 부합되는 제품을 추천하기 위해 인공지능 기술자들을 비롯하여 수많은 소프트웨어 엔지니어를 고용하고 있다.

미·중 간의 패권경쟁 속에서 중국이 미래산업의 주도권을 잡기 위해 오래 전부터 인공지능 분야에 심혈을 기울이고 있다. 미국도 이에 뒤지지 않기 위해 인공지능 전문가 양성에 노력하고 있다. 2019년 MIT는 추격하는 중국을 따돌리기 위해 인공지능 과목을 인문계 학생들까지 확대하는 조치를 취하였다.[191] 물론 우리나라도 인공지능 학과를 늘리고 있으나, 인공지능 전문 교수진 확보에 어려움을 겪고 있다는 안타까운 소식이 들린다.

세계 반도체 시장에서 삼성전자가 주도하는 메모리 분야에서는 수요가 폭발적으로 증가하지 않고 있으나, 비메모리 분야인 파운드리에서는 폭발적인 성장세를 보인다. 인공지능이 각종 전자제품, 스마트폰, 로봇 등에 많이 사용되고 있으며 비메모리 반도체 수요도 급증하고 있어 파운드리 강자인 TSMC가 세계적인 기업으로 주목을 받고 있다. 삼성전자가 반도체 시장의 핵심역량의 방향을 메모리에서 비메모리 쪽으로 옮기는 것도 미래 시장을 지배할 반도체 분야가 비메모리이며 시스템 반도체에서 이익이 많이 나기 때문이다.

경쟁정보 활동에서 중요한 점은 산업변화를 무시하지 말아야 한다는 것이다. CEO가 발밑에서 일어나고 있는 산업환경 변화를 인지하지 못하고 현실에 만족하여 안주하는 가운데, 경쟁사들이 변화를 감지하고 대응책을 마련하여 소비자들에게 새로운 가치제안(Value Proposition)을 제공할 경우, 경쟁사는 생존할 것이며 환경변화에 무지했던 CEO는 퇴출당하게 된다. 이것은 당연한 일이다. 시대변화에 맞는 고급인력을 스카우트하는 것도 경쟁정보 활동에서 중요한 부분이다.

자율주행기술

　자율주행기술 역시 미래사회의 핵심기술이다. 인간의 욕심은 끝이 없다. 우주를 정복하기 위해 달과 화성을 탐사하고 있으며, 우주여행을 꿈꾸고 있다. 일론 머스크의 스페이스X는 기술 혁신을 통해 우주 관광을 추진하고 있으나 아직 대중화되지는 못하고 있다. 그러나 대중화는 시간문제이다. 우주로켓 기술이 더욱 발전하게 된다면 당연히 우주 관광여행 비용도 줄어들 것이다.

　미래 시대의 자동차는 '인간을 수송하는 기구'라는 단순한 역할만을 하지 않을 것이다. 최근 미래 자동차산업은 모빌리티 산업으로 불린다. 소비자가 운전하는 것이 아니라 자동차 스스로 육지와 하늘에서 움직이면서 인간이 원하는 목적지까지 운행하는 개념이다. 자율주행기술이 발전되었지만, 아직 완전한 무인자동차 상태로 돌아다니기에 불안전한 측면도 있어 일부 지역에서 시범적으로 상용화하고 있다.

　글로벌 기업 CEO들은 스티브 잡스의 스마트폰 이후 완전히 변화된 세상 모습을 잘 알고 있으며. 그 엄청난 파괴력을 직접 느끼고 있다. 자율주행기술이 기존 자동차산업에 활용되어 완전한 무인자동차 시대가 도래된다면 스마트폰 출현 이후 변화된 세상보다 더 파격적인 새로운 세상이 전개될 것이다.

　검색 플랫폼인 구글은 오래전부터 자율주행기술에 투자하고 있다. 구글은 자동차 제조업체가 아닌데도 웨이모를 설립하여 자율주행기술을 개발하고 있다. 구글은 이머징 산업인 미래 시장을 장악하기 위해 지금부터 투자를 아끼지 않고 있다. 구글은 스마트폰 시대를 열었던 애플과 함께 스마트폰의 심장인 안드로이드라는 운영체제를 갖고 글로벌 시장을 애플과 양분하고 있다. 구글은 기술 혁신의 파괴적인 위력을 이미 알고 있다. 제조업체가 아님에도 불구하고 미래 세상을 완전히 뒤바꾸어 놓을 무인자동차 시장에 뛰어들 만반의 준비를 하고 있다. 미래 자동차산업은 단순한 모빌리티 산업이 아니라 미래 기술의 총집합체라고 해도 과언이 아니다.

전기차 생산

　현재 전 세계에서 전기차 시장이 열리고 있는 것은 다 아는 사실이다. 전기차 시장은 전통적인 내연기관차 산업보다 진입장벽이 낮다. 중국 정부는 2007년부터 국가적 산업으로 전기차를 지목하고 전기차 양성을 위해 보조금을 지급하는 등 부단한 노력을 해왔다. 중국 자동차업체가 내연기관차에서 명성을 얻지 못하고 있지만, 전기차 분야에서는 이미 상당한 경쟁력을 확보하고 있다. 중국은 거대한 전기차 소비시장이며 세계 제일의 전기차 생산량을 자랑하고 있다. 스마트폰을 출시하고 있는 애플, 스마트폰을 위탁 생산하는 폭스콘, 인도 스마트폰 시장에서 삼성전자와 경쟁하고 있는 샤오미 등 수많은 스마트폰 업체들이 전기차 생산에 뛰어들고 있다. 세상을 바꾼 스마트폰의 위력을 알고 있는 기업들이 미래사회를 변화시킬 전기차 생산에 진입하고 있다.

　완전한 전기차 시대가 도래한다면 그 이후 곧 무인자동차 시대가 뒤따를 것이다. 기존 전기차에다 자율주행기술을 탑재하면 자율주행 전기차 시대가 열리는 것이다. 무인자동차는 전자 및 인공지능 기술의 총 집합소이다. 지하철을 타면 대부분 사람이 스마트폰을 보고 있으며, 심지어 길을 걸어가면서도 스마트폰에서 눈을 떼지 못하고 있는 것을 목격한다. 무인자동차 시대가 온다면 무인자동차 자체가 스마트폰이 되는 것이다. 우리가 미처 상상할 수 없었던 일들이 벌어질 것이다. 스마트폰이 가져왔던 모바일 혁명 이상의 혁신적인 일들이 우리 생활 속에서 발생할 것이다. 최근 현대자동차의 TV 광고를 자세히 관찰해보면 미래 세상을 조금이라도 예상할 수 있다.

무인차 + 승차공유 자동차 시대

　미래 모빌리티 사회는 사람들이 무인자동차를 운전하지 않기 때문에 자동차에 대한 소유 욕망이 줄어들 수 있다. 사람들은 운전하는 대신 무인자동차 안에서 각종 음악을 듣거나 영화를 보는 등 엔터테인먼트를 즐기게 되며, 책을 보거나 화상을 통해 친구와 채팅을 할 것이다. 소비자들은 자동차 생산업체에서 자동차를 구매하는 대신에 승차공유 업체를 통해 필요할 때 차량을 호출하는 시스템으로 전환될 것이다. 승차공유 업체도 차량소유자와 차량이용자 사이에서 모바일 앱을 통해 플랫폼 비즈니스를 하는 현재의 사업방식을 바꿀 것이다. 무인자동차는 운전사가 필요 없기에 우버와 같은 승차공유 업체도 무인자동차를 활용한 새로운 서비스 방식으로 사업을 전환해야 할 것이다.

미래사회는 현재와 달리 새로운 발상의 전환이 필요하다. 우버와 같은 승차공유 업체와 자동차 생산업체 간의 협력관계가 중요하게 된다. 무인자동차 생산업체가 자동차 생산과 운행서비스를 동시에 제공할 수도 있다. 현대차 등 자동차 제조업체들은 자동차 생산에 국한된 경쟁 활동에서 벗어나 고객 운송 서비스까지 사업영역을 확대할 것이다. 자연스럽게 경쟁 관계의 범위도 달라진다. 미국 뉴욕에서 혁신 아이콘인 우버의 출현으로 인해 전통적으로 소비자들의 사랑을 받았던 옐로우캡 택시가 타격을 받은 것처럼, 미래는 소비자들이 미처 상상하지 못했던 파괴적인 혁신이 발생할 것이다.

무인시대 도래

시곗바늘이 계속 돌듯이 세계 경제는 연속적이고 파괴적인 혁신을 통해 발전하고 있다. 우버, 에어비앤비의 창업자들이 모바일 앱이라는 기술 혁신 속에서 새로운 플랫폼 비즈니스 산업환경을 발견했듯이 우리는 향후 무인자동차와 로봇이 만들어 낼 새로운 세상을 예측해 보아야 한다. 이것이 경쟁정보의 역할이다. 경쟁정보 활동을 진지하게 수행한다면, 스타트업은 물론 중소기업, 전통적인 대기업도 혁신의 기회를 찾을 수 있을 것이다.

아마존은 'Amazon Go'라는 무인스토어 시대를 이미 개척하였으며, 중국에서도 무인스토어 시대가 개막되었다. 국내에서도 이마트 등에서 무인스토어를 운영하고 있지만, 아직 대중화되지 않고 있다. 조만간 본격적으로 무인 점포 시대가 시작될 것이다. 우리가 무인시대를 처음 경험해 보는 것이 아니다. 현재도 일상생활에서 부분적으로 무인시대를 맛보고 있다. 경전철, 무인 세차,

무인 은행점포 등을 통해 무인 서비스를 접하고 있다. 또한, 소비자들은 e커머스, 음식배달앱, 의류 플랫폼 등에서 사람의 도움 없이 쇼핑하고 결제를 하고 있다. 온라인에서는 무인시대가 이미 일상생활 속에 깊숙하게 자리 잡고 있다. 특히 코로나19 사태 동안 비대면 산업이 활성화되었으며, 소비자들도 이러한 환경에 익숙해져 있다. 이제 '무인'이란 개념이 낯설지 않다. 앞으로 자동차산업에까지 '무인' 개념이 확대되는 것이다.

무인자동차는 대중교통에 가장 먼저 적용될 것이다. 강릉, 서울 등 일부 지역에서 자율주행 자동차가 시범적으로 운행되고 있다. 중국의 대표적인 IT업체인 바이두도 아폴로 프로젝트라는 이름으로 자율주행 자동차 개발을 오래전부터 준비해왔다. 바이두는 경쟁사들과 달리 대중교통 수단인 버스의 자율주행기술 개발에 주력해왔다. 대중교통 수단인 버스는 일정한 노선에 따라 움직이기 때문에 자율주행기술을 적용하기 쉬운 편이다. 물류 부문에서도 무인시대 혁명이 일어나 산업환경을 통째로 변화시킬 것이다.

세계적으로 물류 혁신을 일으키고 있는 아마존은 자율주행기술에 관심을 두고 있으며, 스타트업 죽스(Zoox)를 인수하였다. 무인으로 배달할 경우 경쟁력을 강화할 수 있기에 e커머스 업체는 물론 유통업체들이 물류 혁명의 핵심으로 자율주행기술을 손꼽고 있다.

국내의 기업환경을 살펴보자. 배달인력 부족으로 인해 인건비가 상승하였다. 특히 e커머스 업체 간의 치열한 배송 전쟁이 벌어지고 있으며, 음식배달앱 산업에서는 라이더를 확보하기 위해 고심 중이다. 배송을 담당하는 라이더를 대신하여 로봇, 드론, 무인자동차를 활용하여 배송할 경우 비용을 낮추어 경쟁력을 확보할 수 있다. 실제로 배달의 민족에서는 로봇사업에 관심을 두고 있다. 기업의 CEO나 경쟁정보를 담당하는 임직원들은 이러한 산업환경 변화에 대해 민감한 반응을 보여야 한다. 경쟁기업보다 한 발 앞서 시장을 선점하거나 기존 시장을 빼앗기지 않으려면 항상 새로운 시각으로 주변 환경을 모니터링하는 습관을 갖고 있어야 한다.

이머징 산업: 메타버스와 NFT

경쟁정보 담당자들은 이머징 산업에 대해서도 늘 귀를 기울여야 한다. 경쟁정보팀이 기업의 모든 일을 다 해결할 수는 없다. 그러나 경쟁정보 담당 실무자는 CEO와 핵심 임원들이 틀에 박힌 고정관념에 사로잡혀 있지 않도록, 떠오르는 새로운 산업에 대한 사전경고 활동을 끊임없이 해주어야 한다. 최근 메타버스와 NFT에 대해 국내외 IT업체들의 관심도가 높다. 메타버스와 NFT는 수년 전에만 해도 생소했던 개념이었다. 가상현실, 증강현실, SNS 등의 활동을 복합적으로 할 수 있는 공간이 메타버스이다. 우리는 카카오톡을 비롯해 페이스북, 트위터, 유튜브, 인스타그램, 틱톡 등 SNS에 익숙해져 있다. 이러한 SNS를 통해 사람들은 현실 세계에서 친한 사람들과의 네트워크를 구축하고 SNS 공간 속에서 다른 사람들과의 커뮤니케이션 활동을 해왔다.

그동안 IT업체들은 가상현실, 증강현실 등의 기술을 개발하여 게임, 광고, 영화, 드라마 등에 활용해 왔다. 소비자들은 똑같은 상품과 서비스에 쉽게 싫증을 느끼면서, 짜릿하고 혁신적이며 재미있는 상품과 서비스에 관심을 보이는 욕망이 있다.

특히 MZ세대는 아바타에 많은 관심과 공감대를 형성하고 있다. 메타버스는 3D SNS 공간 속에서 자신의 부캐인 아바타를 통해 다른 사람과 네트워크를 형성하는 것이다.

메타버스는 기존의 SNS와는 기본적으로 다른 개념을 갖고 있다. 소비자는 가상세계의 공간 속에서 부캐인 아바타를 통해 다른 삶을 추구할 수 있다. 현재 네이버의 제페토는 메타버스 분야에서 글로벌 선두주자 중 하나이다. 페이스북은 모회사를 메타로 변경하고 미래사회의 아이콘이 될 메타버스 세계에서 강력한 기업이 되고자 골몰하고 있다.

아직 메타버스 세계가 본격적으로 확대되지는 않고 있지만, 이미 유명 연예인들이 메타버스를 통해 공연도 하고 있다. 메타버스라는 가상공간 세계에 회사 사무실을 옮겨놓고 아바타가 출근한다. 메타버스 안에 상점도 건설하고, 갤러리도 만들어 그림도 전시하여 판매한다. 10대들을 중심으로 메타버스를 통한 커뮤니케이션 활동이 이루어지고 있다. 적어도 10년 이후에는 메타버스가 SNS의 아이콘인 페이스북을 대체하는 이변이 생길 것이다.

과거 기업들의 주된 광고 채널이 오프라인이었다면 현재 대다수 기업이 온라인과 SNS를 활용하여 기업광고를 하고 있다. 그러나 앞으로 메타버스가 기업들의 주요 광고 채널이 될 것이다. 소비자들이 많이 사용하는 공간이 기업광고의 핵심 타깃이다. 이것은 경쟁정보 활동에서도 중요한 시사점을 제시해 준다. 현재는 SNS를 통해 경쟁사들의 광고 활동과 광고전략을 파악할 수 있다. 그러나 앞으로는 경쟁사의 활동을 파악하기 위해서는 메타버스 속에서 아바타를 통해 경쟁사의 쇼핑몰에 입장하여 신상품을 찾아보고, 어떤 식의 마케팅 활동이 전개되는지 확인해야 할 것이다. 지난 2022년 영화 〈아바타2〉가 개봉되었다. 2009년 〈아바타〉라는 영화가 처음 소개되어 사람들이 큰 충격을 받았다. 우리가 미처 생각하지 못했던 아바타라는 개념을 영화를 통해 알게 되었기 때문이다. 이제 아바타는 MZ세대에게 익숙한 단어이다.

최근 TV 광고를 자세히 살펴보면 가상으로 만든 3D 인물이 실제 모델처럼 등장하고 있다. 실제 이름을 가진 아바타는 볼보 자동차 등 다양한 광고에서 실제 인물처럼 활동하고 있다. 이 아바타를 디지털 휴먼 또는 버추얼 휴먼이라고 부른다. 이제 아바타 개념이 생소하지 않은 시대가 되었다. 최근 아바타 열풍이 불고 있다. 기업들은 제각기 아바타를 만들어서 광고에 경쟁적으로 적용하고 있다. MZ세대와 기업들의 아바타 열풍은 메타버스를 더욱 활성화하는 계기가 될 것이다. 아바타가 소비자들에게 친숙해진다는 말은 앞으로 소비자들이 메타버스 활동에 쉽게 적응할 수 있다는 뜻이다. 아직 메타버스가 소비자들에게 신대륙처럼 느껴지고 있지만, 조만간 메타버스 시장은 글로벌 IT 기업 간의 치열한 전쟁터로 바뀔 것이다.

메타버스와 함께 떠오르는 산업으로 주목받고 있는 것이 NFT(Non Fungible Token)이다. 최근 기업들이 NFT에 관심을 보인다. 최소한의 투자를 통해 매출을 올릴 수 있는 판매수단으로 삼을 수 있기 때문이다. 나이키·갭(GAP) 등이 한정판 제품을 파일로 만들어서 NFT 플랫폼에 판매하고 있다. 버버리, 프라다, 루이비통 등 명품업체들도 경쟁적으로 NFT 시장에 뛰어들고 있다. 미술 및 음악 분야의 아티스트들과 인플루언서들은 자신의 그림과 노래를 상품화하여 거액의 수익을 올리는 수단으로 활용하기도 한다. NFT는 2021년 디지털 화가 비플(Beeple)의 작품이 크리스티 경매소에서 6,930만 달러에 팔리면서 세계적인 관심을 받기 시작했다.[192] NFT 마켓이 아직 대중화 단계는 아니나 잠재력이 있는 시장으로 기업 차원에서 관심을 쏟고 있는 새로운 분야이다.

챗GPT

2023년에 들어 챗GPT가 돌풍을 일으키고 있다. 인공지능(AI)을 장악하는 국가와 기업은 미래사회를 주도할 것이기에 인공지능을 놓고 미국과 중국 간의 치열한 경쟁이 일어나고 있다. 중국 시진핑 정부가 인공지능을 국가사업으로 지정하였고, 바이두가 인공지능개발을 위한 전담기업으로 지정받아 인공지능 기술을 토대로 자율주행기술인 아폴로 프로젝트를 수행해왔다.

지난해부터 미국에서 챗(Chat)GPT의 가공할만한 위력이 곳곳에서 확인되고 있다. 챗GPT는 세계 최대 인공지능연구소인 Open AI가 만든 인간과의 대화에 특화된 인공지능 기술이다. Open AI는 2015년 샘 올트먼과 일론 머스크가 함께 세운 연구소이다. 챗GPT가 미국에서 변호사 자격시험과 의사면허시험을 통과하였으며, 논문을 공동으로 작성하고, 미국 하원의원의 연설문까지 대리로 작성해준 사실이 알려지면서 큰 파장을 일으키고 있다.[193]

챗GPT로 인해 세계적인 IT 기업들 간에 또다시 전쟁이 시작되고 있다. 마이크로소프트는 챗GPT를 탑재한 검색엔진 '빙(Bing)'을 공개하였으며 이에 뒤질세라 바이두(중국), 얀덱스(러시아), 네이버, 카카오 등이 경쟁적으로 인공지능 챗봇을 출시하고 있다. 2023년 2월 현재 세계 검색엔진 시장의 93.37%를 장악하고 있던 구글도 AI챗봇 바드(Bard)를 출시하고 즉각적인 반응을 보이고 있다.[194] 세계시장 점유율이 2.81%밖에 되지 않는 마이크로소프트가 챗GPT를 활용하여 구글이 장악해온 시장에 공세적으로 도전하고 있다.

실전과제

여러분은 앞 장에서 경쟁정보 분석방법을 이해하셨습니다. 이번 장에서 배운 플랫폼 기업과 비즈니스 모델 캔버스 등을 활용하여 다양한 과제를 직접 수행해 보시길 바랍니다.

Training 1. 〈 Digital Transformation 전략 수립하다 〉
Training 2. 〈 네이버 웹툰, Business Model Canvas 분석하다 〉
Training 3. 〈 Value Proposition Design 작성하다 〉
Training 4. 〈 e커머스 등 플랫폼 산업 분석하다 〉
Training 5. 〈 중국 플랫폼 기업 CEO Profiling 하다 〉
Training 6. 〈 MZ세대 플랫폼 기업 분석하다 〉
Training 7. 〈 인공지능 전문가 스카우팅하다 〉
Training 8. 〈 Startup 만들다: Business Model Game 〉
Training 9. 〈 Emerging Issue 발견하다 〉
Training 10. 〈 로봇과 인간: 미래사회 토론하다 〉

Digital Transformation 전략 수립하다

최근 4차 산업혁명으로 인해 사업환경 패러다임이 바뀌고 있다. 지난 수년간 코로나19 확산으로 인해 언택트 시장환경이 급격하게 조성됨에 따라, H그룹은 전통적인 off-line 사업 방식을 고수해왔던 패션과 유통 부분에서 사업환경이 급격히 악화하였다. H그룹 박 회장은 경쟁정보 책임자인 홍기동 상무를 불러 최근 산업계에서 유행인 디지털 트랜스포메이션 전략과 플랫폼 모델에 대해 상세하게 질문하면서, 경쟁력을 잃어가는 전통적 산업인 패션과 유통 부분을 회생시키는 방법을 모색해 보라고 지시하였다.

홍기동 상무는 김선달 대리를 불러 전통적 산업인 유통업과 패션업 부문을 플랫폼 모델로 디지털 트랜스포메이션 시킬 방안을 마련하라는 프로젝트를 부여하였다. 김 대리는 얼마 전 컨설팅회사로부터 디지털 트랜스포메이션 전략에 대해 배운 바 있어 그 컨설팅을 토대로 하여 대책 방안을 세우기로 하였다.

🚩 여러분이 김선달 대리라고 생각하고, 패션업(H패션) 또는 유통업(H유통) 부문에 대해 어떻게 디지털 트랜스포메이션 시킬 것인지 고민해 보고 대책을 세워 보길 바랍니다.

네이버 웹툰, Business Model Canvas 분석하다

최근 4차 산업혁명이 전 산업에 걸쳐 본격적으로 일어나고 있는데 특히 전 세계적으로 전통적인 오프라인 기업이 아닌 플랫폼 모델 기업들이 경쟁력을 발휘하고 있다. H그룹 경쟁정보 책임자 홍기동 상무는 최근 산업 흐름을 인지하고 CI팀 직원들에게 플랫폼 비즈니스의 중요성을 각인시키기 위해 '비즈니스 모델 캔버스' 전문가를 초청하여 플랫폼 비즈니스 모델을 분석하는 방법을 교육했다.

홍기동 상무는 최근 주목받고 있는 플랫폼 기업들의 경쟁력을 파악하기 위해 김선달 대리를 불러 비즈니스 모델 캔버스를 적용하여 네이버 웹툰의 경쟁력을 파악해보라고 지시하였다.

김선달 대리는 우리나라의 대표적인 플랫폼 기업인 네이버와 웹툰 산업에 대해 기초적인 조사를 마친 후 비즈니스 모델 캔버스로 네이버 웹툰의 경쟁력을 파악할 수 있었다.

🚩 여러분이 김선달 대리라고 생각하고 네이버 웹툰의 경쟁력을 비즈니스 모델 캔버스로 설명해 보세요.

여러분들은 Value Proposition Design을 학습했습니다. 경쟁정보팀 매니저인 여러분이 현재 각 산업 분야에서 경쟁력이 있는 기업들을 대상으로 고객 프로필과 가치맵을 작성하고 적합성을 확인해보세요. 그 기업들이 경쟁사들과 차별화를 이루기 위해 고객에게 어떤 가치 제안을 하고 있는지를 찾아보시기 바랍니다.

예) 쿠팡(e커머스), 스타벅스(커피), 당근마켓(중고품 플랫폼), 테슬라(전기차), 애플(스마트폰)

Training 4　e커머스 등 플랫폼 산업 분석하다

H그룹은 최근 유통부문의 플랫폼을 보강하여 e커머스에 뛰어들 계획을 하고 있으며, 음식 배달앱 진출도 조심스럽게 검토하고 있다. H그룹 박 회장은 홍기동 상무를 불러 국내 음식 배달앱과 e커머스 산업환경을 분석하고 시장 리더의 경쟁력을 파악하라고 지시하였다.

경쟁정보팀 책임자인 홍기동 상무는 김선달 대리에게 비즈니스 모델 캔버스, Five Forces, PEST, 비즈니스 모델 환경분석 테크닉을 활용하여 국내 음식배달앱과 e커머스 산업을 분석하고 시장 리더인 쿠팡, 배달의 민족 등에 대한 경쟁력도 파악하라고 지시하였다.

김 대리는 국내 음식배달앱의 경우, 배달의 민족이 최대 시장을 점유하고 있으나, 최근 들어 쿠팡이츠 등이 틈새시장을 확대하고 있다는 점에 주목하고 있고, e커머스 시장도 네이버, 쿠팡 등이 시장을 점유하고 있으나, 신세계가 eBay Korea를 인수한 후 경쟁력을 강화하고 있어 시장 점유율 경쟁이 더욱 치열해질 것으로 전망하고 있다.

🚩 여러분이 김선달 대리라고 생각하고, 국내 음식배달앱과 e커머스 산업 중 하나를 선택하여 산업환경을 분석하고, 주력회사를 비즈니스 모델 환경분석 등 분석 도구를 활용하여 경쟁력을 파악해 보세요. 혁신적인 시각으로 비즈니스 모델 캔버스를 업그레이드해 보세요.

중국 플랫폼 기업 CEO Profiling 하다

H그룹은 향후 그룹의 핵심역량을 플랫폼 비즈니스로 전환하기로 결정하고 국내는 물론 동남아 지역을 주요 시장으로 삼아 새로운 사업을 전개할 계획을 세우고 있다. H그룹 박 회장은 플랫폼 비즈니스 핵심역량을 강화하기 위해 중국의 주요 플랫폼 기업들과 전략적 제휴를 계획하고 있다.

박 회장은 경쟁정보 책임자인 홍기동 상무를 불러 향후 중국의 주요 플랫폼 기업들과의 전략적 제휴가 필요하다고 강조하면서, 주요 플랫폼 기업들에 대한 CEO 프로파일링을 진행하라고 지시하였다.

홍기동 상무는 사무실로 돌아와서 잠시 박 회장의 지시를 생각하면서 어떤 회사를 대상으로 CEO 프로파일링을 해야 할지 고민하였다. 홍 상무는 김선달 대리를 불러 1시간 정도 박 회장의 지시를 이행하기 위한 구체적인 방법에 대해 논의하였다.

김선달 대리는 전략적 파트너 대상이 될 만한 중국의 대표적인 IT 및 플랫폼 기업을 타깃으로 정하고 CEO 프로파일링을 하기로 했다. 주요 대상기업은 샤오미, 알리바바, 텐센트, 바이트댄스, 디디추싱, 메이투안 등이다.

🚩 여러분이 김선달 대리라고 생각하고, 김 대리가 전략적 파트너 대상으로 선정한 중국의 대표적인 기업들에 대해 CEO 프로파일링을 해보세요.

MZ세대 플랫폼 기업 분석하다

H그룹은 패션 부문 계열사인 H패션을 보유하고 있으며, 플랫폼 비즈니스 모델을 도입하여 경쟁력을 보강하려고 노력 중이다. 경쟁정보팀 홍기동 상무는 최근 H패션 사장으로부터 H패션의 경쟁력을 보강하는 대응방안을 모색해 달라는 요청을 받았다.

홍 상무는 MZ세대가 애용하는 패션 플랫폼인 무신사, 에이블리를 벤치마킹하기로 했다. 홍 상무는 김선달 대리를 불러, 취지를 설명하고 무신사, 에이블리의 경쟁력에 대해 보고해 달라고 지시하였다.

김선달 대리는 무신사, 에이블리를 '비즈니스 모델 캔버스'로 분석해 보고 CEO 프로파일링까지 실시하여 두 기업에 대한 벤치마킹 결과를 홍 상무에 보고하기로 생각했다.

🚩 여러분이 김선달 대리라고 생각하고, 무신사 또는 에이블리를 분석해 보세요.

인공지능 전문가 스카우팅하다

4차 산업혁명시대인 지금 세계에서 인공지능 전문가들이 가장 좋은 대접을 받고 있다. 국내기업들의 경우, 인공지능 분야에서 경쟁력을 확보하기 위해서는 전문가 확보가 시급한 문제이다. 글로벌 기업들도 우수한 인공지능 전문가 확보를 위해 치열한 경쟁을 벌이고 있다.

최근 H그룹도 AI 분야를 강화하고 있으며, 박 회장이 AI 전문가를 확보하라는 지시를 경쟁정보 부서에 내렸다. 홍기동 상무는 경쟁정보팀 직원들과 함께 이 문제를 놓고 장시간 토의를 하였으나, 마땅한 아이디어가 떠오르지 않아 고심하고 있다.

🚩 여러분이 경쟁정보팀 직원이라면 어떤 해결방안을 제시하겠는지요. 20분 정도 시간을 드리겠습니다. 메모지에 해결방안을 적어 놓으세요. 각자 자신의 의견을 동시에 보여주세요. 그리고 자신의 의견을 설명해주세요.

Startup 만들다: Business Model Game

H그룹 박 회장은 4차 산업혁명시대를 맞이하여 그룹 경쟁력을 강화하고 신사업을 발굴하기 위해 사내 직원들을 대상으로 스타트업 창업지원 프로젝트를 실시하기로 하였다.

박 회장은 경쟁정보 책임자 홍기동 상무를 불러 구체적인 계획을 수립하라고 지시했다. 이에 홍 상무는 1주일 후 박 회장에게 계획을 보고하고 〈Startup 만들기〉 프로젝트를 시작하였다. 그 내용은 다음과 같다.

H그룹 내에서 선발된 사원 30명은 〈액셀러레이터〉에서 1개월간 플랫폼, 공유경제, 스타트업에 대한 창업교육을 받은 후, H그룹에서 주최하는 'Startup 창업대회'에서 10개 팀이 출전하여 스타트업 사업플랜을 발표한다.

🚩 여러분이 H그룹 사원 30명 중에 속한다고 가정하고, 2~3명으로 한 팀을 구성하여 Startup 창업대회에서 발표할 사업계획서를 작성하시길 바랍니다.

Training 9　Emerging Issue 발견하다

　여러분은 오늘 Emerging Issue에 대해 충분히 이해하셨을 것으로 생각됩니다. 이머징 이슈는 향후 트렌드로 발전될 아주 초기 단계의 씨앗 같은 존재입니다. 여러분은 최근 떠오르고 있는 메타버스와 NFT 산업에 대해서도 함께 공부하였습니다.

　경쟁정보 활동에 있어 판단력이 매우 중요합니다. 즉석에서 팀을 구성하여 20분 정도 주변에서 이머징 이슈가 될 만한 것을 팀 토론을 통해 찾으시길 바랍니다. 그리고 팀별로 이머징 이슈 후보군과 선정한 이유에 대해 발표해 보시기 바랍니다.

Training 10　로봇과 인간: 미래사회 토론하다

　오늘의 토론 주제는 로봇과 인간입니다. 로봇이 미래사회에 어떻게 영향을 미칠 것인지에 대해 'Red Team' 기법을 활용하여 최악의 경우를 상상해 보십시오. 그리고 최악의 상황을 막기 위해서는 어떻게 해야 하는지 설명해 보시기 바랍니다.

🚩 팀별 토론을 해보고 토론 후, 15분 정도 분량으로 발표해 보세요.

Chapter 05

경제안보와 글로벌공급망 재구축

1   경제안보 개념과 글로벌공급망

2   경제안보 사례와 대책 방안

1. 경제안보 개념과 글로벌공급망

1. 경제안보 개념과 글로벌공급망

최근 들어 미·중 간의 기술패권 경쟁이 날로 심각해지고 있다. 바이든 정부가 출범한 이후에는 중국에 대한 미국의 위기의식이 노골적으로 나타나면서 글로벌공급망 재편을 통해 중국의 대국굴기를 차단하려는 바이든 정부의 의지가 강화되고 있다. 특히 바이든 대통령은 4차 산업혁명시대의 핵심산업인 반도체와 전기차 배터리 분야에 대한 글로벌공급망 재편을 역설하고, 차량용 반도체 칩의 공급망 부족 사태 등을 계기로 백악관에서 3차에 걸쳐 글로벌공급망 대책회의를 개최하면서, 글로벌공급망 이슈 문제는 단순한 경제문제가 아니라 국가안보 차원에서 다루어져야 하는 경제안보 문제라는 점을 강조했다.

미국은 중국을 견제할 목적을 가진 쿼드(Quad)에 한국이 가입해 줄 것을 문재인 정부 시절부터 줄곧 요청해왔다. 문재인 정부는 중국과의 관계를 의식하여 혈맹관계인 미국의 요청에 전략적 모호성으로 일관해왔었다. 문재인 정부는 지난 2021년 11월 요소수 사태가 벌어지기 전까지만 해도 경제안보 문제에 큰 관심을 보이지 않았다. 경제안보는 바이든 정부에서 급부상한 문제이기 때문에 그 개념이 생소했다. 문재인 정부는 요소수 사태를 사전에 막지 못해 물류대란 사태로 이어질 뻔했다. 이 사건을 계기로 문 정부는 경제안보와 관련된 범정부 차원의 대책회의를 만들었으며, 2021년 11월 외교부에 경제안보 TF팀을 신설하였다.

트럼프 정부 이후 미국은 대중국 압박 차원에서 꾸준하게 중국 기업들에 대한 각종 규제조치를 취하면서 경제안보 개념이 발전되어 왔다. 우리나라는 과거 경제안보의 중요성을 이미 심각하게 경험한 바 있다. 2016년 주한미군의 사드 배치 문제를 놓고 한·중 간 심각한 갈등을 겪었던 사건을 기억할 것이다. 롯데그룹이 보유했던 골프장 부지를 사드 배치 장소로 제공한 이후, 중국 소비자들의 불매운동이 거세져서 롯데마트가 결국 철수하게 되었고, 중국 관광객들의 방한 규모도 급격하게 줄어들었다. 국가 간의 갈등이 민간경제 분야에 심각한 영향을 미친다는 것을 잘 알 수 있었다.

2019년 7월 당시 문재인 정부와 일본 아베 정부 간 갈등의 골이 매우 깊었다. 문재인 정부는 출범한 이후 일본의 역사 왜곡, 강제징용 배상금 등을 둘러싼 한·일 간의 인식 차이로 갈등을 초래하여 한일 외교 관계가 정상적으로 이루어지지 않았다. 급기야 아베 정부는 8.15 광복절을 한 달 남짓 앞두고 전격적으로 한국에 대한 무역제재 조치를 예고했다. 한국의 핵심산업인 반도체와 디스플레이 생산을 위해 필요한 액체 불화수소의 수출을 규제하여 삼성전자, SK하이닉스의 생산 차질을 초래하였다. 아베 정부는 우리나라 핵심산업의 아킬레스건을 정확하게 겨냥하여 경제보복 조치를 단행하였다.

문재인 정부는 아베 정부의 무역보복 조치에 대해 WTO에 제소한 이후 지소미아 연장 보류를 대응카드로 꺼내 들었으며, 미국은 한반도 안보 공백을 초래할 수 있다고 우려했다. 그 이후 문 정부는 경제안보 문제를 국가안보 차원의 장기적인 정책으로 다루지 않았으며, 2021년 11월 요소수 사태가 발생한 이후에 경제안보의 중요성을 재인식하였다.

한편 일본은 몇 년 전부터 경제안보의 심각성을 인식하고 정부와 기업 간의 협력관계를 구축하였으며 범정부 차원에서 준비작업을 해왔다. 일본은 2020년 4월, 국가안전보장국(NSS)에 경제반을 신설하였으며, 2021년 10월에는 경제안보를 전담하는 장관직을 신설하고 관련 법제화를 추진하였다.[195] 일본은 쿼드 가입국이며, 미국과의 협력관계를 잘 유지해왔기 때문에 경제안보의 중요성을 절실히 느끼고 있다. 동북아 지역에서 중·일 간의 패권경쟁 의식이 뿌리 깊이 자리 잡고 있기에 일본 정부는 미국이 주도하는 경제안보와 글로벌공급망 재구축 작업에 적극적으로 협조하고 있으며, 중국과의 마찰 등 만일의 사태에도 적극적으로 대비하고 있다.

경제안보 개념

　최근 들어 전 세계적으로 경제안보 개념이 상당한 주목을 받고 있다. 바이든 정부가 출범한 이후 미·중 갈등이 더욱 심화되는 가운데 본격적으로 반도체, 배터리 등 핵심산업의 글로벌공급망과 관련된 경제안보 문제를 국가안보 문제와 동일시하기 시작하였다. 일본은 이 문제에 대해 국가적 차원에서 대응을 준비하였으며, 우리나라도 2021년 하반기부터 경제안보의 중요성을 인식하기 시작하였다.

　경제안보는 기업들의 글로벌공급망 확보 문제와 직결되어 있으며, 최고 경영진의 전략적 판단이 필요한 매우 중요한 문제이기도 하다. 정부와 자국 기업들 간에 긴밀한 협력관계를 구축하는 것이 필요하다. 기업들은 국제질서 변화에 따라 정치, 경제적 상황을 고려해 단기, 중·장기 차원의 전략적인 대응을 해야 한다. 바이든 대통령이 주도하는 국제질서 재편에 따른 긴급상황에 대응해야 하는 통찰력이 필요한 부분이다.

　미국 전략국제문제연구소(CSIS) 한국 석좌인 빅터 차는 경제안보를 네 가지로 정의하였다.[196] 첫째, 국가 간의 갈등으로 인해 타격을 입는 글로벌공급망 분야를 선정하고 사전에 잘 관리해야 한다. 만일 우리나라와 중국 간에 갈등이 발생했다고 가정할 때, 중국이 우리나라의 핵심산업에 들어가는 원재료에 대한 수출을 금지하는 경우를 상상해 보면 쉽게 답이 나온다. 현재 대한민국은 전기차의 핵심 부품인 배터리를 만드는 데 필요한 희토류 대부분을 중국으로부터 수입해오고 있다. 중국에 대한 희토류 수입 의존도가 높은 상황 속에서 중국이 경제보복을 가할 경우, 국내 배터리 산업에 치명적인 타격이 될 수 있다.

　일본 강점기 시대에 발생한 강제징용 배상문제를 놓고 촉발된 문재인 정부와 아베 정부 간의 갈등으로 인해, 2019년 7월에 아베 정부가 갑자기 한국의 주력 수출상품인 반도체, 디스플레이를 만드는 데 필요한 중간소재의 대한국 수출을 금지하여 한국과 일본 간의 무역 전쟁이 벌어진 사례가 있었다. 각국 정부는 자국 산업의 아킬레스건을 정확히 파악하고 향후 발생할 수도 있는 글로벌공급망 부족 사태에 대비하고 있어야 한다. 상대국의 주요 산업에 대한 취약점도 미리 파악하고, 무역보복에 효과적으로 대응할 태세를 갖추고 있어야 한다.

둘째, 상대국에 대한 수출통제를 강화하는 것이다. 미국·중국 간의 갈등이 심해지고 있는 가운데, 중국 기업에 대한 압박을 강화하기 위한 미국의 규제조치가 좋은 사례이다. 미국 기업들은 물론이고 미국의 원천기술을 사용하고 있는 다른 나라 기업들도 중국에 수출하기 전에 미국의 승인을 얻어야 한다. 미국은 중국의 반도체 산업을 견제하기 위해 반도체 생산에 필요한 주요 장비의 대중국 수출을 통제하고 있다. 4차 산업혁명시대의 물결 속에서 경쟁국과의 기술패권경쟁에서 승리하기 위해 앞으로 수출통제의 중요성이 증가할 것이다.

셋째, 외국기업의 국내 투자심사를 강화하는 것이다. 중국 기업들이 시장확대 및 첨단기술 습득을 위해 미국 기업들에 대한 투자를 늘려왔으며, 미국의 주요 기업들에 대한 인수합병도 적극적으로 추진해 왔다. 다른 나라 기업들이 미국의 최첨단 기술을 손쉽게 획득하기 위한 수단으로 인수합병을 선택하고 있다. 미국 정부는 중국의 경제력이 강해지며, 기술력 향상 속도가 빨라지자 위기의식을 느끼고 중국의 대미 투자에 대해 부정적인 태도를 견지하고 있다.

미국은 국가안보 차원에서 보호해야 할 자국 산업에 대한 중국의 투자를 금지하고 있으며, 인수합병도 반대하고 있다. 향후 미국을 비롯한 서방국가들의 중국견제가 더욱 심해질 것으로 전망된다. 한국도 반도체, 전기차 배터리 등 미래핵심 산업에서 세계 최고의 기술력을 보유하고 있기에 경쟁국 기업들의 대한국 투자에 대한 경각심을 높여야 한다. 과거 한국기업들은 후발주자로서 선진국 기업들의 기술을 도입하는 처지였다. 그러나 이제는 삼성전자, 현대자동차와 같은 국내기업들이 세계적인 기업으로 성장하여 주요 산업에서 리더로 활약하고 있기에 우리 기업들의 첨단기술 보호를 위해 외국기업들의 국내투자에 대한 심사과정을 강화해야 한다.

넷째, 첨단기술에 대한 정보보호를 강화해야 한다. 트럼프 정부 시절인 2018년 11월, 미 법무부는 '중국의 경제범죄 활동'에 대응하기 위해 광범위한 구상을 발표했다.[197] FBI는 물론 미 의회 지도자들도 중국으로부터 자국 첨단기술을 보호해야 한다고 강조하였다. 한국도 마찬가지다. 삼성전자가 경쟁기업들의 타깃이 되고 있다. 중국 기업들이 삼성전자 직원들을 스카우트하거나, 삼성전자 핵심기술부서 직원들을 회유하는 사례들이 적발된 바 있었다.[198] 경쟁기업들로부터 국내기업을 보호하기 위해 정보기관의 방첩 활동이 강화되어야 한다. 사이버 보안도 중요하다. 전문적인 국제해커들이 국내 주요 기업들이나 주요 연구기관들을 대상으로 해킹을 시도하고 있다. 4차 산업혁명기술이 발전함에 따라 해커들의 해킹기술도 날로 발전되고 있어 이에 대응하기 위한 국내 사이버보안체계도 더욱 강화되어야 한다.

중국의 부상, 대국굴기

앞에서 언급한 것처럼 경제안보에서 다뤄야 할 분야는 광범위하다. 세계 각국이 4차 산업혁명시대라는 물결 속에서 국가 경쟁력을 확보하고 첨단기술 패권을 장악하기 위해 치열한 경쟁을 벌이고 있다.

경제안보 개념이 발전되어 온 과정을 잠시 살펴보자. 1960년대 미·소 냉전기에는 국가안보라는 개념이 군사안보에 집중되었다. 미국과 소련 간의 군비증강 경쟁이 지속해서 벌어졌고, 미국 정보기관 및 군부의 주요 관심사는 소련의 신무기 개발에 집중되었다.

그러나 1991년 소련의 공산주의 체제가 붕괴한 이후 미국 정보기관의 주요 관심 대상이 경쟁국의 군사력에서 산업정보로 옮겨졌다. 유럽과 일본 다국적 기업들의 국제경쟁력이 강화되었으며 중국의 개혁개방 정책으로 많은 다국적 기업들이 중국 시장에 경쟁적으로 진출하였다. 자연스럽게 미국 정보기관은 경제 및 산업정보에 관심을 보이게 되었으며 미국의 경쟁력을 유지하기 위해 경제정보 수집에 노력하였다.

2001년 9월 11일은 미국이 자국 본토에서 과격 이슬람 테러단체인 알카에다로부터 공격을 당한 치욕스러운 날이다. 세계 최강의 군사력과 정보력을 보유하고 있는 미국이 자유민주주의 상징인 세계무역센터에서 공격을 당하였다. 부시 정부는 국가안보와 대테러 분야의 중요성을 깨닫고 알카에다 등 이슬람 테러단체들과의 전쟁을 시작하였다.

미국과 함께 세계 경제를 주름잡았던 일본은 경기침체의 늪에 빠졌으며, 세계 제조공장으로서 중국의 역할이 커지기 시작하였다. 중국 기업들이 글로벌 시장으로 진출하였으며, 중국의 경제적 위상도 점차 높아지게 되었다. 후진타오 주석은 유소작위라는 대외노선을 지향하면서 보다 적극적인 전략으로 전환하려는 움직임을 보였다.[199] 한편 오바마 정부도 2009년 출범 이후 부시 정부의 중동 중심의 외교전략에서 벗어나 '아시아에 대한 재균형(Rebalancing to Asia)'이라는 대외정책을 추진하면서 아시아 중시 정책을 전개하기 시작하였다.[200] 이때까지만 해도 미·중 갈등이 심각한 상황은 아니었다.

한편 2013년 시진핑 정부가 출범한 이후, 중국은 대국굴기라는 대외정책을 추진하면서 미국을 군사적으로나 경제적으로 따라잡기 위한 목표를 설정하고, 국내 경제정책을 과감하게 전환했다. 중국은 그동안 저임금 노동력을 바탕으로 한 제조 경쟁력에 방점을 두었으나, 국내 임금인상 등으로 인해 기존 경쟁력만으로는 지속해서 국제경쟁력을 확보하기 어렵다는 사실을 깨달았다. 중국은 독일의 스마트팩토리 4.0 등 선진국의 산업 경쟁력 모델을 벤치마킹하여 '중국제조 2025', '인터넷 플러스 정책' 등 4차 산업혁명시대에 적합한 경제모델로 전환하기 시작했다.[201]

중국은 인터넷 사용자가 세계 최고라는 장점을 살려서 기존 파이프라인 제조업에 인터넷을 접목하는 인터넷 혁명을 추진했다. 플랫폼 비즈니스 모델을 가지고, 유통혁명, 핀테크, 인공지능 등 다양한 분야로 경쟁력을 확대했으며, 중국의 대표적인 IT 기업들인 BAT를 중심으로 국제경쟁력을 키웠다. 중국은 선전, 베이징 등에서 스타트업이 유니콘으로 성장할 수 있는 생태계를 마련하였으며, 스타트업은 중앙정부와 지방정부의 적극적인 지원 속에서 성장하였다. 미국에 유학 갔던 중국 유학생들이 귀국하여 미국에서의 경험을 바탕으로 스타트업에 뛰어들기 시작했다. 중국 정부는 미래산업의 핵심을 인공지능으로 보고 집중적인 투자를 아끼지 않았으며, 2030년에 미국을 능가하겠다는 계획도 세웠다.

중국 전자업체들이 글로벌 시장에 제품을 판매하고 있는 가운데, 중국은 이 제품들을 제조하기 위해 반도체 칩을 삼성전자, TSMC 등으로부터 수입해야 하는 산업구조를 갖고 있다. 시진핑 정부는 2015년 반도체 분야의 수입대체를 위해 '중국제조 2025'라는 국가 목표를 설정하고, 집중적인 투자를 하였다. 중국 기업들이 해외에서 불법적인 방법으로 첨단기술을 입수하는 사건들도 심심치 않게 발생하였다.

구글 등 미국 IT 기업들이 중국 IT시장에 진출하여 경쟁력을 확보하였으나, 중국 정부의 규제, 중국 토종기업들의 경쟁력 급성장 등의 이유로 중국 시장에서 점차 철수하였다. 중국에는 알리바바, 텐센트, 바이두를 중심으로 한 플랫폼 기업들의 영향력이 막강하다. 중국 기업들은 O2O 비즈니스, 유통, 인공지능, 자율주행기술, 핀테크 등 다양한 IT분야에서 경쟁력을 확보하여 중국 내수 시장을 장악하고 있으며, 이를 바탕으로 동남아 지역, 저개발국가들을 비롯해 유럽에도 진출하여 글로벌 영향력을 행사하고 있다.

중국의 대표적인 IT 기업들은 미국의 아마존, 테슬라, 애플, 구글, 페이스북 등에 비유될 정도로 글로벌 위상이 높아졌다. 매년 포춘지에서 선정하는 500대 기업 리스트가 글로벌 기업들의 순위를 나타내는 지표로 활용되고 있다. 2020년 포춘(Fortune)이 선정한 500대 기업에 포함된 중국 기업들의 숫자가 미국 기업들을 추월하는 기록을 세웠다.

이전까지는 미국 기업들이 글로벌 기업을 대표하는 경쟁력의 상징이었는데 이제는 그렇지 않다. 그만큼 중국 기업들의 위상이 높아졌다. 세계적인 전자제품 중 스마트폰 시장이 가장 대중적인 관심을 받고 있는데, 화웨이, 샤오미, 오포, 비포 등 중국의 스마트폰 기업들이 애플, 삼성의 뒤를 바짝 뒤쫓고 있다. 화웨이의 경우 정보통신망 구축사업 분야에서 세계시장 점유율 1위를 차지한 기업이다. 정보통신망 사업이 현재는 물론 미래에도 아주 중요한 비중을 차지하고 있다. 미국을 비롯한 서방국가들은 중국업체들의 정보통신망을 사용할 경우, 국가보안 문제가 야기될 수 있다는 점에서 트럼프 정부 시절부터 화웨이의 5G 통신망 구축사업에 강한 거부감을 보여왔다. 4차 산업혁명시대는 정보통신망의 역할이 매우 중요하다. 트럼프 정부에서는 통신장비 업체인 ZTE·화웨이 등을 규제대상으로 삼고 집중적으로 제재를 강화하였다.

미·중 간의 기술패권경쟁

미국과 중국 간의 갈등이 본격적으로 시작된 것은 트럼프 정부가 출범한 이후부터이다. 트럼프 정부는 대외정책의 초점을 미국 우선주의(America First)로 정하여 미국의 국익을 우선하는 외교정책을 추진하였으며, 2017년 출범한 이후 주변 국가들과 마찰을 빚기 시작했다. 특히 시진핑 정부의 대국굴기와 트럼프 정부의 미국 우선주의가 충돌하는 상황이 벌어지기 시작하였으며, 이 시점에서 경제안보 문제가 본격적으로 부상되기 시작하였다.

트럼프 정부는 중국을 대상으로 관세 보복 조치를 시작하였으며 시진핑 정부도 관세 보복으로 맞대응했다. 미·중 관계는 급속하게 악화하기 시작했고, 미 정부 부처들은 물론 국가안보와 관련된 정부 기관들의 대중국 압박 수위도 높아졌다. 미국에 있는 중국 첨단기술업체에 대한 견제 및 감시활동이 강화되었으며, 미 정부 고위관료 및 미 의회 지도자들이 중국 기업들의 산업스파이 활동에 대해 원색적으로 비난하였다.

미국은 국가 안보적 차원에서 중국 기업들의 대미 투자 및 인수합병에 대한 규제조치를 강화하였다. 트럼프 정부는 미·중 간의 무역적자 문제를 해결하기 위해 중국 정부와 협상을 진행하였으며, 다른 한편으로는 일자리 창출을 위해 출범 초반부터 미국의 다국적 기업들에게 미국 본토로 돌아오도록 리쇼어링의 중요성을 역설했다. 미국 재계는 물론 정치권에서도 중국의 기술패권에 대해 심각한 위협을 느끼고 시진핑 정부의 '중국제조 2025'에 대한 비난 수위를 높였다.

트럼프 정부는 시진핑 정부의 '중국제조 2025'에 이의를 제기하고 중국의 세계적 기업인 화웨이에 대한 본격적인 제재를 시작하였다. 2018년 12월 화웨이 창업자인 런청페이의 딸 멍완저우 부회장이 캐나다에서 전격적으로 체포되었다. 이를 계기로 미국은 중국의 대표적인 IT 기업들에 대한 강도 높은 제재를 단행하기 시작하였다.

화웨이에 대한 미국의 압박은 중국의 기술굴기 또는 '중국제조 2025'를 겨냥한 상징적인 조치이다. 트럼프 정부는 서방국가와 주변 우방 국가들을 대상으로 5G 정보통신망 설비도입에 화웨이를 참여시키지 말 것을 요구했고, 상당수 우방 국가들이 미국의 입장에 동참하였다. 한국의 경우, 문재인 정부는 중국과 미국 사이에서 '전략적 모호성'이라는 정책을 추진함으로써 미국 입장에 동조하지는 않고 기업들의 자율에 맡겼다. 문 정부는 트럼프 정부 말기까지 중국과 미국 사이에서 양다리 외교정책을 추진함으로써 트럼프 정부로부터 불신감을 초래하였다.

미·중 간의 기술경쟁이 범국가적 차원으로 확대됨에 따라 경제문제가 국가안보 문제와 직결되는 사태가 초래되었으며, 한국도 혈맹 국가인 미국과 경제 파트너인 중국 사이에서 양자택일해야 하는 압박을 받기 시작했다.

한편 영국, 호주, 일본, 캐나다 등은 트럼프 정부의 화웨이 압박에 적극적으로 동참하였으며, 화웨이의 통신장비를 자국에서 배제하는 데 참여하였다. 호주가 미국의 대중국 견제에 적극적으로 동참함에 따라, 중국으로부터 '호주산 석탄 수입금지'라는 무역보복을 당하기도 하였다. 이것은 전형적인 경제안보 사례다.

2019년 12월부터 중국발 코로나19가 전 세계적으로 전파되었고, 전 세계 시민들이 팬데믹 현상에 시달렸다. 현재 서방국가는 물론 우리나라도 어려운 국면에서 벗어나 정상적인 일상생활로 돌아왔다. 트럼프 정부는 코로나19 사태를 진정시키는 데 제 역할을 다하지 못했다는 평가를 받고 있다. 미국은 마스크 착용에 대한 거부감이 심하였으며, 미국 경제도 심각한 타격을 입었다. 코로나19 기간 동안 세계는 과거에 미처 경험해 보지 못했던 글로벌공급망 부족 상황을 겪었다. 그동안 글로벌 제조기지 역할을 해왔던 중국 공장들이 가동 중단 등으로 적기에 부품을 제공하지 못함에 따라, 세계 각국에 있는 기업들의 완제품 생산에 지장을 초래하였다. 이때부터 글로벌공급망 문제가 본격적으로 불거져 나오기 시작하였다.

그 이후 전 세계가 코로나19 팬데믹 사태에 점차 적응하였으며, 미국 경제도 회복되면서 소비심리가 다시 살아나자, 수요와 공급이 맞지 않아 2020년 하반기에 심각한 글로벌공급망 사태를 맞이하였다. 자동차용 반도체 칩 부족 사건이 대표적인 사례이다. 반도체 칩 공급이 수요를 따라가지 못하면서 반도체 칩 가격이 순식간에 폭등하였고, 많은 자동차 기업들이 자동차 생산에 차질을 겪었다. 2020년 후반부터 2021년 초반까지 기업들은 글로벌공급망 부족에 직면했다.

중국 스마트폰 제조사인 화웨이를 비롯한 중국업체들이 미국의 제재를 회피하기 위해 해외에 있는 반도체 칩을 집중적으로 매입함에 따라 글로벌공급망 부족 사태가 더 악화하였다.[202]

2021년은 미국에 새로운 변화가 시작된 한 해였다. 2020년 11월, 미국에서 대통령 선거가 시행되었으며 바이든 민주당 후보가 현직 대통령인 트럼프를 꺾고 대통령에 당선되었다. 바이든 대통령은 취임 이후 중국 전문가들을 주요 각료에 포진시켰으며, 트럼프 정부보다 더 강경한 대중국 압박 정책을 추진하기 시작했다. 바이든은 글로벌공급망 재구축 문제에 상당한 관심을 보였으며, 자동차용 반도체 칩 부족 사태가 발생하자 미국 정부 차원에서 적극적으로 개입하였다. 바이든 대통령이 백악관에서 직접 화상회의를 주재하고 반도체 칩 회사, 자동차회사 책임자들을 초청하여 대책을 모색하였다. 미 정부는 한국의 삼성전자, 대만의 TSMC 등을 대상으로 미국에 반도체 공장을 설립할 것을 요청했다.

바이든 정부의 글로벌공급망 재구축과 경제안보

바이든 대통령은 글로벌공급망 부족 문제를 국가안보 차원에서 대응하겠다고 언급하였으며, "내가 있는 한 중국이 미국을 넘어서는 일은 결코 없을 것이다"[203]라고 강조하기도 하였다. 미 백악관에서 2021년 4월부터 세 차례에 걸쳐 반도체의 글로벌공급망과 관련된 대책회의가 시행되었는데, 이 자리에 바이든 대통령은 물론 제이크 설리번 국가안보보좌관, 브라이언 디스 국가경제위원회 위원장, 지나 러몬도 상무장관 등이 참석하여 바이든 정부가 범정부 차원에서 대응하고 있다는 느낌을 주었다. 이 회의는 경제안보 문제가 국가안보 문제와 대등하게 처리되고 있다는 사실이 공식적으로 알려지게 된 계기였다. 바이든 정부는 미·중 기술패권경쟁 문제를 국가안보 차원에서 대응하고 있으며, 매우 심각하게 인식하고 있다.

4차 산업혁명시대 속에 진입해 있는 미국은 미래 핵심기술인 반도체, 전기차 배터리의 글로벌공급망 재구축 문제에 바이든 정부의 운명을 걸었다고 해도 과언이 아니다. 미래사회는 로봇, 자율주행, 인공지능 등 혁신적인 IT 기술이 주도하고 있는데, 여기에 필수적인 것이 반도체 칩이다. 자동차산업은 현재 내연기관 중심에서 전기차 시대로 급속하게 변화되고 있다. 글로벌 자동차업체들이 모두 전기차 생산에 사활을 걸고 있다.

전기차의 핵심은 배터리기술이다. 미국 자동차회사들이 국제경쟁력을 확보하기 위해서는 안정적인 배터리 공급망 구축이 필수적이다. 현재 세계 배터리 산업을 주도하고 있는 기업들은 중국, 한국, 일본 기업들이다. 이런 이유로 바이든 정부가 한국 배터리 생산업체들의 대미 투자를 적극적으로 유도하고 있다. 미국은 중국이 미래산업의 핵심인 반도체와 배터리 분야에서 글로벌공급망의 역할을 하지 못하도록 봉쇄하고 있다.

바이든 정부는 중국이 반도체 장비를 수입하지 못하도록 철저하게 규제하고 있다. 이는 중국이 반도체 기술굴기를 이루지 못하도록 원천적으로 막겠다는 것이다. 그동안 중국은 노동력 중심의 제조업에서 글로벌공급망 역할을 해왔다. 그러나 미래산업에서는 미국의 강력한 견제와 압박으로 인해 중국이 글로벌공급망 역할을 계속할 수 있을지 알 수 없다. 글로벌공급망 문제로 인해 경제안보 이슈가 세계 각국의 주요 현안으로 부상되었다.

바이든 정부의 외교정책은 경제안보 문제와 맞물려 있다. 바이든 정부는 중국과의 경쟁에서 승리하기 위해 다자주의를 추구하면서, 주변 동맹국들과 함께 연대감을 구축하고 경제적으로나 군사적으로 중국에 대한 압박 수위를 높이고 있다. 인도·태평양 지역 안보협의체인 쿼드(Quad)도 경제안보 문제를 다루고 있다. 미국은 문재인 정부에 쿼드 가입을 직·간접적으로 요청해왔다.

그러나 문 정부는 중국을 의식하여 미국과 중국 사이에서 전략적 모호성을 추진해 왔다. 미국이 미래산업에서 주도권을 잡기 위해서는 반도체와 배터리 분야에서 세계적인 경쟁력을 보유한 한국과의 협력이 필요한 실정이다. 반면 시진핑 정부도 미·중 기술패권경쟁에서 뒤지지 않기 위해서는 한국이 미국 편에 서지 않도록 해야 한다는 위기의식을 느끼고 있다.

문재인 정부는 우방국인 미국과 군사안보 차원에서 협력관계를 유지하고, 경제적 파트너인 중국과의 협력관계도 유지해야 한다는 논리를 적용해 왔다. 문 정부와 미 정부 간에는 미묘한 시각 차이가 있었다. 바이든 정부의 대중국 압박 정책은 계속 강화될 것으로 전망되기 때문에 글로벌공급망 재구축, 기술동맹, 경제안보 문제가 앞으로도 중요한 현안이 될 수밖에 없다.

2022년 5월에 출범한 윤석열 정부는 경제안보 문제를 중요한 현안으로 다루고 있다. 윤 정부는 문재인 정부와 달리 한미동맹 관계를 더욱 강화하고 바이든 정부가 추진하는 글로벌공급망 재구축 문제에도 적극적인 자세를 취하고 있어 중국을 불편하게 만들 소지도 있다. 쿼드(Quad) 가입 문제도 중국과의 갈등을 일으킬 가능성이 있다. 이러한 일로 한·중 간에 경제안보 문제가 촉발될 수도 있다는 점을 인식해야 한다. 경제안보 문제는 국가 간의 갈등에 따라 얼마든지 발생할 수 있다.

경제안보 문제는 글로벌 기업들의 경제활동과도 밀접한 관계가 있다. 삼성전자, SK하이닉스, TSMC, 인텔 등 세계적인 반도체기업들은 그동안 자사의 글로벌공급망 전략에 따라 최적의 입지에 생산공장을 설립하고 경영활동을 전개해 왔다. 세계적인 전기차 배터리업체들도 비용 절감, 현지 시장, 전략적 제휴 등 다양한 기업 상황을 고려하여 생산공장 입지를 선정하였다.

그러나 이제 글로벌 기업들은 경제적인 측면뿐만 아니라, 미·중 갈등에 따른 미국의 글로벌공급망 재구축 의지를 고려하지 않을 수 없게 되었다. 미·중 간의 경제적 협력관계는 중국 정부가 미국의 기술력을 뛰어넘으려는 의지를 보이기 전까지 순탄하였다. 미·중 간의 핑퐁외교를 계기로 삼아 중국에서 덩샤오핑의 개혁·개방 정책이 시작되었으며, 미국을 비롯해 세계 각국의 다국적 기업들이 거대 인구를 가진 중국 시장에 경쟁적으로 진출하였다. 그동안 중국은 저임금 노동력을 토대로 세계의 제조공장 역할을 하였다. 그러나 현재의 중국은 제조공장 역할과 함께 소비시장 기능을 함께 가지고 있으며, 한 발짝 더 나가서 중국이 미국의 경제력을 추월하려는 대국굴기의 의지도 갖고 있다.

미·중 간의 기술패권경쟁이 점점 뜨거워지자 중국 현지 공장의 현대화작업을 위해 첨단장비를 도입할 때에도 미 정부의 승인을 받거나 눈치를 보는 상황이 되었다. 바이든 정부가 미국 본토에 공장을 유치하기 위해 좋은 조건 등을 제시함에 따라, 글로벌 기업들은 중국이 아닌 미국에 생산공장을 설립하는 새로운 트렌드를 보여주고 있다. 삼성전자도 바이든 대통령의 글로벌공급망 재구축 노력에 따라 반도체 공장의 새로운 장소로 미국을 선택하였다. 인텔 등 미국의 반도체기업들도 바이든 정부의 글로벌공급망 재구축 정책에 따라 그동안 소홀했던 했던 파운드리 시장에 다시 진입하기 위해 대규모 투자를 추진할 예정이다.

미국은 파운드리 시장이 대만의 TSMC와 한국의 삼성전자에 의해 주도되는 상황이 국가 안보적 차원에서 바람직하지 못하다는 판단을 하고 있으며, 정부 차원에서 반도체 산업 활성화를 위해 적극적인 투자가 진행되고 있다. 일본과 유럽도 마찬가지다. 중국의 경우 오래전부터 범국가적 차원에서 반도체 산업에 대한 대대적인 투자가 진행되고 있다. 글로벌공급망 구축문제는 간단한 문제가 아니다. 글로벌 기업들은 정부의 역할이나 영향력이 더욱 커지고 있다는 사실을 인식해야만 한다. 정부와 기업 간의 협력관계가 필수적이다.

일본의 기시다 정부는 경제안보 문제를 주요 외교정책의 과제로 설정하고 미국과 밀접한 관계를 유지하기 위해 노력하고 있다. 미쓰비시전기, 후지쓰, NEC, 파나소닉 등 일본 기업들은 경제안보 업무와 관련하여 정부와 기업 간의 가교역할을 맡을 경제안보 조직을 설립하고 전직 경제 관리를 경제안보담당 임원으로 영입하고 있다.[204] 일본 기업들은 전통적으로 경제정보의 중요성을 잘 알고 있어 경제안보 문제에도 민감하다. 미쓰이물산, 미쓰비시상사, 스미토모상사 등 일본의 대표적인 종합상사들은 오래전부터 해외정보를 취합해왔으며, 2차 세계대전 이후에는 일본 정부의 정보수집 역할을 대행하기도 했다.

일본 재벌기업들이 해외시장에 대한 정보수집과 분석을 통해 기회와 위기를 관리해왔다는 것은 잘 알려져 있다. 일본 종합상사는 일본 재벌그룹의 핵심 역할을 하면서 정부와도 긴밀한 협조 관계를 유지해왔다. 일본도 중국과의 무역 관계를 활발하게 하고 있어 미·중 갈등이 확산함에 따라 일본도 중국과 경제적인 마찰을 초래할 수 있고, 타격도 클 것이라고 우려하고 있다. 현재 일본은 바이든 정부가 주도하는 글로벌공급망 재편작업에 적극적으로 동참하고 있다. 일본은 중국을 견제하기 위한 목적의 안보협의체인 쿼드 구성원으로 미·일 간의 군사 및 기술협력 관계를 강력하게 구축하고 있다.

시진핑 정부는 기시다 정부가 중국견제에 적극적으로 동참하고 있어 우려감을 표명하고 있다. 현재 미·중 갈등이 고조되는 반면에 미·일 간의 협력관계는 더욱 공고해지고 있어, 앞으로 중·일 간 마찰이 초래될 수 있는 소지가 얼마든지 있다. 일본은 이러한 상황이 현실로 나타날 것을 우려하며 대응책을 마련하고 있다.

동북아 지역에서의 군사협력과 경제안보

미·중 간의 갈등은 비단 기술패권경쟁에 한정되어 일어나고 있는 것은 아니다. 현재 동북아 지역에서 뜨거운 감자는 대만 문제이다. 시진핑 정부는 핵심이익인 대만 문제에 대해 민감하게 반응을 하고 있으며, 대만을 무력으로 공격할 욕심도 보인다. 2022년 5월에 미국 바이든 대통령은 기시다 일본 총리와의 공동 기자 회견에서 "대만 방어를 위해 군사 개입할 의향이 있는가"에 대한 질문에 "그렇다"라고 답변하여 미·중 간에 긴장 수위가 고조되기도 했다.[205]

동북아 지역에서 대만은 중국의 군사적 팽창을 막는다는 측면에서 지정학적으로 중요하다. 바이든 정부는 출범한 이후 북한의 비핵화 문제보다 대만 문제에 더 많은 관심을 보였다. 대만 문제는 미·중 간의 갈등을 초래하는 중요한 부분 중 하나이기도 하다. 시진핑 정부는 북한의 비핵화 문제를 심각하게 생각하지 않으며, 오히려 미국을 견제하는 지렛대로 활용하려는 셈법을 갖고 있을지도 모른다.

중국의 가장 큰 현안은 미·중 간의 갈등 속에서도 지속적인 경제발전을 이룩하는 것이다. 윤석열 대통령이 당선자 시절 시진핑 주석과 통화를 하였는데, 윤 당선자는 북한의 비핵화를 위한 협조를 언급했고, 시진핑 주석은 글로벌공급망 문제를 얘기하였다.[206] 당면하고 있는 핵심사안이 서로 다르다는 점이 잘 나타났다.

중국은 기술굴기를 통해 글로벌공급망을 중국에 유리한 방향으로 바꾸어가고자 고심하고 있다. 시진핑 정부는 문재인 정부에 대북한 영향력 행사를 지렛대로 삼아 협력관계를 유지할 것을 요청하면서 문 정부가 미국에 치우치지 않도록 압박을 해왔다. 진보성향의 정권인 문재인 정부도 중국의 눈치를 살피는 외교활동을 해왔으며, 미국과 중국 사이에서 전략적 모호성을 유지해왔다.

바이든 정부가 들어선 이후 미·중 관계가 더욱 악화하였고, 글로벌공급망 재편 문제가 양국 간의 핵심 이슈로 부상하였다. 한국의 쿼드 가입 문제를 둘러싸고 미국과 중국은 민감한 반응을 보인다. 미국은 문재인 정부에 쿼드 가입을 직·간접적으로 요청해왔고, 중국은 이를 만류하였다. 중국은 윤석열 정부의 대외정책 방향에 주목하고 있다. 문재인 정부는 미국과 중국 간에 양다리를 걸치면서 각각 안보와 경제적인 협력관계를 유지하였다. 그러나 이제 한반도 주변 상황이 여의치 않다. 윤석열 정부는 출범한 이후 대외정책의 색깔을 분명하게 표명하고 있다. 한미동맹과 한·미·일 안보협력 체제를 강화하고 있으며 바이든 정부의 인도·태평양 전략에 호응하고 있고 글로벌공급망 재편과 경제 안보 문제에도 적극적으로 대응하고 있다.

미국은 중국의 군사적 팽창주의와 경제적 도전을 저지하기 위해 한국, 일본과 함께 강력한 삼각 안보협력 관계를 구축하려고 한다. 동북아 지역에서 북한, 러시아, 중국이 동맹 관계를 구축하고 있기에 미국이 독자적으로 대응하기에는 벅찬 실정이다. 그동안 미국은 동북아 지역에서 한·미·일 간에 안보협력 관계를 구축하는 것이 주요 목표였으나, 이제는 그 영역을 경제적 측면으로 확대하여 군사 및 경제안보 측면에서 삼국이 함께 협력관계를 맺는 것이다.

우리나라의 경우, 동북아 지역에서 한·미·일 국가 간에 경제안보 및 군사 안보와 관련하여 긴밀한 협력관계를 구축해야만 하는 상황이 전개되고 있다.

북한 김정은 정권은 주변국의 만류에도 불구하고 여섯 차례의 핵실험과 대륙간탄도미사일(ICBM)의 위력을 계속 향상시켜왔다. 유엔 안보리(안전보장이사회)는 북한에 대해 경제적 제재를 가해왔으나, 중국과 러시아는 북한에 대한 치명적인 제재에 언제나 반대해 왔다. 북한이 심각한 경제난을 겪을 때면, 중국의 도움을 받아 경제위기를 넘겨 왔다.

김정은 정권이 2022년 초반부터 또다시 한국과 미국을 상대로 군사적 도발을 감행하고 있다. 북한은 ICBM 발사를 계속하여 미국의 레드라인을 넘고 있다. 주변국 일본도 긴장을 하고 있다. 미국과의 갈등 관계를 빚고 있는 중국은 별다른 반응을 보이지 않았다. 중국의 속내는 북한의 도발을 내심 반길 수도 있다. 우크라이나를 침공한 러시아는 사실상 자유민주국가들과 대결하는 형국이 되고 있다. 유엔 안보리에서 러시아와 중국은 북한을 옹호하고 있다. 미국과 중국 간의 패권경쟁이 치열해질수록 중국은 러시아와의 협력관계를 더 단단하게 구축할 것이다.

동북아 지역에서 군사·경제 안보적 측면을 고려할 때 러시아·중국·북한의 동맹관계와 한·미·일 삼각 협력체제의 모습을 생각할 수 있다. 현재 북한의 핵무기 도발을 억지할 수 있는 국가는 미국이다. 미·중 갈등 구도 속에서 중국은 북한의 핵무기 개발과 ICBM 발사 등에 대해 못 본 체하고 있다. 이러한 한반도 상황 속에서 한미동맹은 더욱 절실하다.

문재인 정부에서 제대로 하지 못한 한미연합군사훈련이 정상화되고 있으며, 대북억지력을 강화하기 위해 미국의 전략자산이 한반도 주변으로 모여들고 있다. 현재 동북아 상황을 고려할 때 한반도에서 군사안보와 경제안보는 한 방향으로 전개되어야 한다. 바이든 정부가 추진하는 글로벌공급망 재편에 적극적으로 참여하고 동맹국 간 결속력을 더욱 견고하게 다져야 할 때이다. 바이든 정부가 주도하는 글로벌공급망 재편에 동참하면, 상대적으로 중국과의 관계가 소원해질 수 있다. 사드 배치 문제와 같이 한·중 갈등사태가 또다시 촉발될 소지도 있다. 이에 대한 체계적인 대책 마련이 필요하다. 지정학적으로 중국을 도외시할 수는 없다. 한·중 협력관계가 발전적으로 전개될 수 있도록 외교적인 노력을 기울여야 한다. 중국과의 우호적인 관계는 계속 유지되어야 할 것이다.

러시아의 우크라이나 침공과 경제안보

러시아가 우크라이나를 침공한 지 1년이 넘었는데도 양국 간의 전쟁이 끝나지 않고 장기화 조짐을 보인다. 러시아는 중국에 경제적 차원의 도움을 요청하고 있으며, 우크라이나와 서방국가들에게 핵무기 사용 위험을 가하기도 하였다. 북한도 한국에 핵무기로 선제공격을 할 수 있다는 엄포를 놓고 있다. 러시아와 북한은 위기에 봉착하면 중국에 의지해야 하는 한계를 갖고 있다. 러시아의 비인권적인 행동이 미국, 유럽 등 전 세계 대부분 국가로부터 비난을 받고 있으며, 이에 대한 경제적인 제재 수위도 높아지고 있다.

러시아의 경제 상황이 어려워지고 있다. 러시아에 대한 미국의 국제은행간

통신협회(SWIFT) 배제조치로 인해 러시아는 국제금융기관에서 고립되었으며, 국가 간 결제수단으로 중국의 위안화를 사용해야 하는 처지에 놓여 있다.[207] 전 세계에 숨겨져 있는 푸틴 대통령의 개인재산에 대한 제재도 시작하였다. 바이든 대통령은 러시아의 주요 수출품목인 원유와 천연가스 등에 대한 수입금지 조치를 단행하였으며, G7과 EU 등은 러시아의 원유에 대해 '가격 상한제'를 실시하였다.[208] 푸틴 정권은 우크라이나 침공으로 인해 심각한 경제적 제재에 직면해 있다.

지난 2022년 애플, 구글 등 미국 기업들이 러시아에 대한 경제적 제재에 동참하였다. 애플은 러시아에서 제품판매를 전면 중단하였고 애플페이를 제한하였으며, 구글도 구글페이 서비스 접근을 차단하고 구글플레이스토어 결제시스템을 중지하였다.[209] 엑손모빌, 포드, 보잉 등도 러시아에서 사업을 중단하였고, 인텔, 엔비디아 등 미국의 반도체기업들과 물류 기업인 UPS·페덱스는 러시아에 대한 수출과 배송업무를 중단하였다.[210]

러시아에 생산공장이나 현지법인이 있는 현대자동차, 삼성전자, LG전자를 비롯한 글로벌 기업들은 러시아와 우크라이나 간의 전쟁에 따라 공장 폐쇄, 기업 철수, 글로벌공급망 차질 문제 등을 놓고 고민하게 되었다. 글로벌 경제하에서 국가 간의 갈등이 세계 경제에 미치는 파급영향은 심각하다. 갈등을 촉발한 당사자가 강대국이나 자원보유국일 경우, 그 파장은 상상할 수 없을 정도로 크다.

러시아와 우크라이나 전쟁을 통해 동맹국 간에 군사 및 경제적 협력관계가 중요하다는 것을 알 수 있다. 미국은 러시아에 대한 경제적 제재에 동참하지 않은 우방국에 불편한 심경을 표출했다. 바이든 정부는 대러시아 경제제재에 동참하지 않은 인도에 대해 강력한 경고를 하였다. 인도가 러시아산 에너지와 원자재를 여전히 수입하고 있었기 때문이다. 인도는 쿼드 회원국으로 바이든 정부와 보조를 맞춰왔다. 그러나 인도 정부는 인접 국가인 중국과 파키스탄을 견제하기 위해 러시아로부터 무기를 도입해야 하는 국제정치적 상황을 고려하여 동맹 관계보다 국익을 먼저 고려한 태도를 보였다.

EU 국가는 러시아로부터 천연가스를 공급받고 있어, 러시아가 이를 중단하면 심각한 경제적 타격을 입게 된다. 그동안 푸틴이 EU 국가에 위협을 가했던 부분도 바로 이것이었다. 일부 EU 국가에서 에너지 수급에 차질이 생겨 힘들어할 때, 미국은 호주, 일본 등 주변 국가에 연락하여 에너지를 융통해 달라고 협조를 요청했으며, 일본 등은 기꺼이 응하였다.[211] 미국은 대러시아 제재 문제를 놓고 EU와 한목소리를 내기 위해 EU 국가의 에너지난 문제에 적극적인 모습을 보였다.

독일의 경우, 에너지 조달의 상당 부분을 러시아에 의존하고 있다. 독일이 재생에너지에 집중하다 보니, 러시아에 에너지 자원을 의지하는 경제구조가 되어 버렸다. 독일은 내부사정으로 인해 러시아 제재 동참에 적극적으로 나설 수 없었다. 이러한 상황을 종합적으로 판단해 볼 때, 한·러 간의 경제협력 관계에 있어 꼭 명심해야 할 부분이 있다. 역대 러시아 정부는 한·러 경제협력 차원에서 러시아의 에너지를 북한을 통해 한국으로 수송하는 파이프라인을 구축하자는 제안을 해왔었다.

이것은 러시아 정부가 에너지 공급을 빌미로 한반도에 대한 영향력을 행사하겠다는 고도의 정치적인 계산이 깔려있다. 러시아 관점에서 보면, 한국이 에너지 자원을 러시아에 의존하게 될 경우, 이를 지렛대로 활용하여 남북한 관계에서 러시아의 영향력을 높일 수 있다는 계산이다. 우크라이나 사태에서 보여주고 있는 것처럼 러시아가 EU 국가들을 압박할 수 있는 전략적인 경제보복 수단이기 때문이다.

최근 러시아와 우크라이나 사태로 인해 에너지 가격이 폭등하고 있고, 각종 원자재 가격까지도 함께 뛰고 있다. 세계 곡물 시장과 자원시장이 직격탄을 받았다. 두 나라가 곡물과 자원을 보유하고 있는 국가이기 때문이다. 문재인 정부가 추진해 왔던 탈원전 정책은 문제가 많다. 특히 최근 벌어지고 있는 에너지 공급망 불안정 속에서 원전의 중요성이 더욱 강조되고 있다.

러시아의 우크라이나 침공사태에서 볼 수 있듯이 러시아가 중국에 경제적 지원을 요청하고 있고, 중국도 러시아의 침공을 비난하지 않고 있어 러시아와 중국이 한 방향으로 움직이고 있다는 것을 알 수 있다. 현재 유럽국가들은 한국처럼 지정학적으로 중국과 인접해 있지는 않으나, 대외 무역구조에 있어 중국에 대한 의존도가 높다. 그동안 유럽국가들은 미국과 중국 간의 기술패권경쟁에 대해 큰 관심을 보이지는 않았으나, 최근 러시아에 대한 중국의 지지 태도로 인해 중국에 대한 위기의식이 증가하고 있다. 바이든 정부가 동맹국과의 연대감을 통한 대중국 압박에 역점을 두고 있다는 점에서 향후 유럽국가들까지 대중국 압박에 동참할 가능성이 커지고 있다.

러시아와 우크라이나 간의 갈등이 장기화 국면으로 접어들어 서방국가들의 러시아 제재 수위가 더욱 높아질 경우, 러시아의 경제 상황은 최악의 국면으로 치닫게 되고, 러시아가 의지할 곳은 중국밖에 없게 된다. 세계는 신냉전 체제 속으로 다시 빨려 들어가게 되고, 국제사회는 러시아·중국·북한 등 권위주의 또는 사회주의 체제 국가들과 미국·일본·유럽·한국 등 자유민주진영으로 나뉠 가능성이 커진다는 것을 의미한다. 이는 글로벌공급망의 재편에 더욱 박차를 가할 것이며, 유럽도 중국에 대한 의존도를 줄이면서, 서로 신뢰할 수 있고 가치를 공유하고 있는 안전한 지역인 동맹국 중심으로 글로벌공급망 재편작업을 추진할 것이다. 특히 첨단산업 분야에서는 그 속도가 더욱 빨라질 가능성이 크다.

경제안보 사례

최근 경제안보와 관련하여 다양한 사례들이 나타나고 있는데 이 책에서는 바이든 정부의 대중국 규제와 전기차 배터리 원료인 희토류 확보 문제를 살펴보도록 하겠다.

바이든 정부의 대중국 규제

중국에 대한 바이든 정부의 각종 규제강화 조치가 경제안보 문제의 핵심적인 이슈이다. 바이든 대통령은 2022년 10월에 대중국 반도체 수출규제 조치를 발표하였는데[212] 그 내용은 다음과 같다. "14나노 이하 로직 칩 등의 반도체 생산을 위해 미국 기술과 장비를 중국에 수출하는 것을 금지"하였고, 중국에 공장을 둔 삼성전자와 SK하이닉스에 대해 1년간 유예조치를 하였다.

2023년 2월에 미 상무부는 반도체 지원금에 대한 세부내용을 발표하여 논란을 촉발하였다. "반도체 보조금을 받기 위해서는 반도체 생산시설 접근을 허용하며, 재무제표를 제출해야 하고 초과이익을 환수하겠으며, 10년간 중국 투자를 금지한다"라는 조항이 포함되어 있다.[213] 삼성전자와 SK하이닉스는 중국 공장에 각각 33조 원, 35조 원을 투자하였으며, 반도체 생산량을 현재 수준으로 유지하기 위해서는 첨단공정 전환에 필요한 투자를 해야 할 상황이다.

미국의 반도체 법은 미국에 공장을 짓고 있는 삼성전자와 SK하이닉스, TSMC를 겨냥하여 대중국 투자를 금지하려는 의도를 지니고 있다. 반도체 분야에 있어서 미국의 대중국 압박조치가 더욱 거세질 경우, 삼성전자와 SK하이닉스는 미국의 반도체 보조금과 중국 공장의 폐쇄 여부를 놓고 이해득실을 저울질해야 할 상황이다. 다행히 미국은 한국 반도체기업의 반발을 우려하여 규제조치를 완화하였으나, 중국에 대한 미국의 압박 정책이 풀어지지 않는 한 유사한 상황은 언제든지 재현될 수 있다. 따라서 한·미 양국이 경제안보 대화 등을 통해 풀어나가야 할 것이다.

미국의 강력한 대중국 수출규제 조치로 중국 반도체기업들이 타격을 받고 있다. 메모리 반도체 업체인 YMTC는 반도체 공장 신설작업이 중단되었으며 2023년 1분기 중국의 반도체 수입량도 전년 동기에 대비하여 23% 감소하였다.[214] 중국은 2015년에 '중국제조 2025'를 발표하였으며, 오는 2025년까지 반도체 자급률 목표를 70%로 잡았다.

미국의 강력한 제재 속에서 중국이 애초 예상했던 목표치를 달성하기는 불가능할 것이다. 중국의 반도체 자급률은 2021년 현재 약 24% 정도이다. 미국 반도체 장비의 대중국 수출규제의 파장이 커지고 있는 가운데 일본 및 네덜란드의 반도체 장비 업체들까지 대중국 수출 제재에 적극적으로 동참할 경우, 중국의 반도체 산업에 상당한 영향을 미칠 것으로 전망된다.

전기차 배터리와 희귀광물

전기차 배터리에 들어가는 핵심 원료의 몸값이 올라가고 있으며, 희귀원료들을 생산하는 국가들의 움직임도 심상치 않다. 현재 전기차 제작과 각종 신재생 에너지 발전에 핵심소재로 사용되는 구리가 주목을 받고 있다. 특히 전기차는 내연 자동차에 비교해 구리사용량이 압도적으로 많다. 현재 구리 공급량의 속도가 수요의 폭발적인 증가를 만족시키지 못하고 있다. 최근 세계 구리생산량의 1, 2위를 차지하는 칠레·페루의 정치적 불안정 상황이 정상적인 구리 공급량에 악영향을 미칠 우려가 크다. 칠레는 구리채굴 이익 중 일부를 국가가 가져가는 법안을 추진 중이고, 페루도 잦은 반정부 시위와 파업으로 생산에 차질을 초래하고 있다.[215]

지난 2022년 푸틴 정부는 서방국가들의 우크라이나 지원과 함께 러시아에 대한 규제조치에 불만을 품고 유럽국가에 천연가스 공급을 중단하는 등 에너지 자원을 무기화한 바 있다. 러시아 천연가스에 대한 의존도가 높았던 독일은 심각한 타격을 입었다. 이를 계기로 미국과 유럽국가들은 IT산업에 쓰일 각종 희토류 및 주요 광물 확보에 주력하고 있다.

희토류의 경우, 전 세계 각지에서 채굴이 이루어지고 있으나, 채굴 이후 단계인 제련작업이 중국의 통제하에 있어 문제점으로 지적되고 있다. 세계 각국은 희토류 등을 확보하기 위해 자원보유국에 대한 투자를 경쟁적으로 진행하고 있다. 중국의 희토류 장악에 대응하고자 미국은 2022년 6월에 한국, 캐나다, 일본, 영국, EU 등이 참여하는 핵심광물안보파트너십(MSP)을 출범시켰다. 여기에 아르헨티나, 브라질 등 8개 핵심광물 자원보유국이 참여하고 있다.[216]

우리나라는 중국, 일본과 함께 전기차 배터리 강국이다. 삼성 SDI, LG 에너지솔루션, SK이노베이션 등 한국기업들이 세계 전기차 배터리 시장의 강자이다. 국내 전기차 배터리업체들은 미국 기업들을 비롯하여 세계 각국의 전기차업체들과 전략적인 동맹 관계를 맺고 있다. 특히 글로벌공급망 재구축 과정에서 전기차 배터리는 반도체와 함께 큰 역할을 담당하고 있어 주목을 받고 있다.

그러나 국내기업들의 가장 큰 취약점은 리튬, 코발트, 흑연 등 배터리 소재의 대중국 의존도가 날로 심해지고 있다는 것이다. 2022년 수산화리튬 총 수입액 중 중국 수입액이 87.9%를 차지하였으며, 코발트와 천연흑연의 중국 수입 의존도는 각각 72.8%, 94%를 기록하였다.[217] 중국이 한·미 간의 경제안보동맹에 불만을 품고 전격적으로 전기차 배터리 소재의 수출을 중단할 경우, 국내업체들은 심각한 타격을 입을 수 있다. 이러한 리스크를 해결하기 위해 국내 배터리업체들은 중국 의존도를 낮추고 세계 각국에서 다양한 공급망을 조속히 확보해야 하는 과제를 안고 있다.

표 13 ▸ 미국의 대중국 규제조치 사례

주요 내용
- 미국의 화웨이 제재 - 　화웨이 및 계열사 114곳을 거래제한 명단에 등재하고 미국에 생산시설이 있는 반도체기업이 화웨이와 거래 시 미국 당국의 승인을 얻어야 함. (2019년 4월) 　화웨이 38개 해외 계열사를 거래제한 명단에 추가하였으며, 미국 반도체 소프트웨어 및 장비 활용 생산제품의 화웨이 공급 시 사전승인을 받아야 함. (2020년 8월)
중국 기업 33곳을 수출통제 리스트에 올리고 12월에는 중국의 드론업체 DJI를 제재함. (2021년 1월)
미국은 중국의 신장 자치구 위구르족 인권문제를 이유로 모든 신장 관련 상품 수입을 원칙적으로 금지하는 '위구르족 강제노동 금지법'에 서명한 후 신장의 핵심 수출품인 면화와 태양광 발전 패널원료인 폴리실리콘의 대미 수출을 규제함. (2021년 12월)
미 정부가 발표한 인플레이션 감축법(IRA)은 전기차에 대해 지원금을 제공해준다는 내용인데, 중국 등 우려 국가에서 생산된 배터리, 핵심광물을 사용한 전기차는 제외된다는 내용이 포함되었음. (2022년 8월)

표 14 ▸ 중국의 타국 규제조치 사례

주요 내용
중국 정부는 일본과 센카쿠 섬 주권을 놓고 충돌이 발생하자 희토류 원료의 대일 수출을 차단하였음. (2010년 9월)
박근혜 정부가 주한 미군의 사드 배치를 허용하는 발표를 하자 중국은 이에 대한 보복 조치로 음악, TV 프로그램, 관광산업 등을 표적으로 1년 반 동안 경제압박 캠페인을 전개하였음. (2016년 7월)
호주가 미국이 주도하는 대중 포위망에 적극적으로 동참하자, 중국은 호주를 겨냥하여 호주산 석탄 수입을 전면 중단하고, 쇠고기, 와인, 구리, 목재 등에 대한 관세를 인상하거나 수입을 제한하는 조치를 발효하였음. (2020년 10월)

한국이 요소수 공급을 중국에 거의 100% 의존하고 있는 가운데, 중국이 내수 공급을 위해 수출을 규제하면서 한국에서 요소수 부족 사태가 촉발되어 트럭, 화물 운송은 물론 농업, 건설 부문이 마비될 위협에 직면하였음. (2021년 11월)

리투아니아가 수도 빌뉴스에 대만 대표처를 설립하자, 중국은 '하나의 중국원칙 위배'로 리투아니아와의 외교 관계를 대사급에서 대표처급으로 격하하고 대중 수출을 금지하였음. (2021년 11월)

표 15 러시아의 타국 규제조치 사례

주요 내용
핀란드는 가스 대금을 루블화로 결제하라는 러시아의 요구를 거부하였으며, 북대서양조약기구(NATO) 가입을 신청하였다. 이에 러시아 국영 에너지 회사인 가스프롬이 핀란드로 보내던 가스를 5월 21일 오전 4시부로 끊겠다고 통보하였음. (2022년 5월)
블라디미르 푸틴 러시아 대통령은 2022년 5월 3일 '특정 외국과 국제기구의 비우호적 행동'에 대응하기 위한 보복성 경제제재 대통령령에 서명하였음. (2022년 5월)
2022년 7월 29일 라트비아의 에너지 회사가 러시아 가스를 루블화가 아닌 유로화로 산다는 태도를 밝혔다. 이에 가스프롬은 7월 30일 텔레그램에 "라트비아가 가스 구매 조건을 위반했기 때문에 가스 공급을 중단했다"라는 성명을 발표하였음. (2022년 7월)
에스토니아는 2023년 1월 11일 에스토니아 탈린 주재 러시아 대사관의 직원 수를 2월 1일까지 대사관 직원 8명과 행정, 기술, 서비스 직원 15명으로 감축하라고 통보했다. 이에 러시아 외무부는 1월 23일 모스크바 주재 에스토니아 대사를 향해 2월 7일까지 출국하라고 조치하였음. (2023년 1월)

대책 방안

바이든 정부 출범 이후 경제안보와 글로벌공급망 이슈가 전 세계적으로 화두가 되고 있다. 특히 미·중 간의 기술패권경쟁이 치열하게 전개되고 있는 가운데, 정부는 세계 각지에서 발생하는 경제안보와 관련된 각종 현안에 대해 신속하고도 정확하게 의사결정을 내려야 한다. 물론 단기적인 사안도 있으며 중·장기적인 사안도 있을 것이다.

경제안보 문제가 미국이 추진하는 글로벌공급망 재편과 맞물려 있어 민간기업들의 생존과도 직결된 사안인 만큼, 정부와 민간부문 간의 긴밀한 협조가 이루어져야 한다. 정부는 국가 경쟁력 제고 차원에서 필요하다고 판단되는 사안에 대해 범정부 차원에서 발 빠르게 의사결정을 내리는 것이 필요하다. 기본적으로 경제안보는 민간부문에서 발생하는 경제적 문제와 국가안보 차원의 이슈를 종합적으로 검토하여 의사결정을 내려야 한다.

바이든 대통령은 반도체, 전기자동차, 배터리, 바이오, 희토류 등 글로벌공급망 이슈를 범정부 차원에서 챙기고 있다. 이 문제를 미 정부의 국가안보보좌관이 지원하고 있으며 국무부, 상무부 등에서도 뒷받침을 하고 있다. 트럼프정부 이후 대중 제재에 앞장서고 있는 기관이 상무부의 산업보안국이다.

한편 일본도 경제안보 담당 각료를 임명하고, 일본기업체에 경제안보 임원을 두어 정부와 민간기업 간의 가교역할을 담당토록 한다. 우리나라도 문재인정부 말기인 2021년 하반기부터 장관급 협의체인 '대외경제안보 전략회의'를 마련하여 범부처적으로 대응하는 체계를 갖추었다.

2022년 5월 윤열석 정부가 출범한 이후 외교부 산하에 경제안보외교 센터를 마련하였으며 산업통상자원부도 산업자원안보 TF를 구성하여 민간부문의 경제안보 문제를 주도하고 있다. 현재 우리나라의 경우, 외교부, 산업통상자원부가 별도로 활동하고 있는 다원화된 조직으로 운영되고 있다. 물론 국가안보실(NSC)에 경제안보 비서관도 있다. 우리나라는 미국과 '경제안보대화'를 신설하였으며 일본과도 채널을 가동하였다. 이제 한·미·일 삼국 간의 경제안보협의 채널이 자연스럽게 작동되어 그 중요성이 더욱 커지고 있다.

경제안보 분야가 광범위하여 민간부문과 정부 부처들 간의 신속한 협조체제가 관건인 만큼, 정부 내에서 경제안보 문제를 전담할 컨트롤타워가 필요하다는 지적이 많다. 대통령 직속으로 경제안보위원회(가칭)를 설치하는 방안을 제안한다.

경제안보 문제에 일사불란하게 대처하기 위해서는 NSC, 외교부, 산업통상자원부, 국정원 등 유관부처·기관과 민간기업 간의 원활한 협력체제가 필수적이다.

경제안보위원회의 주요 임무는 다음과 같다. 경제안보위원회가 컨트롤타워로 정부와 민간부문 간의 가교역할을 담당하며, 경제안보와 관련된 중장기 정책을 총괄하여 대통령에게 각종 정책 보고서를 작성하여 보고한다. 경제안보와 관련한 전문가 그룹을 구성하여 각종 현안은 물론 중장기 대책에 대한 자문 역할에 중심을 둔다.

한편 산업통상자원부 및 관련 경제부처들은 민간단체인 무역협회, 전경련, 대한상공회의소 등과 네트워크를 구축하여 민간업체들의 애로사항 등을 파악하여 이에 대한 대책을 마련한다. 외교부와 국정원은 해외 각국에서 발생하는 경제안보와 관련된 정보를 수집·분석하여 보고한다. KOTRA와 무역협회도 해외네트워크를 통해 경제안보 동향을 수집하여 정부와 공유한다. 대기업 집단은 자체적으로 조기경보팀을 운영하여 관련된 정보를 수집하여 정부와 공유하고 대책을 함께 마련한다.

경제안보위원회는 정부 부처·기관, 민간단체, 기업(조기경보팀) 등과 함께 "민관합동 조기경보 Meeting"을 정기적으로 개최하여 관련 정보를 공유하고 대책을 마련한다. 경제안보위원회는 정부산하연구소와 민간연구소의 전문가, 교수, 기업인 등이 포함된 전문가 그룹을 구성하여 해외 각국의 경제안보 동향을 분석하고, 중장기 전망과 대책을 수립한다.

민간부문의 주요 대기업들은 종합상사를 운영했던 경험이 있다. 종합상사는 해외시장 정보를 수집하는 능력이 탁월하기에 대기업들은 이러한 기능을 기업 내부의 조기경보팀에 접목하여 적극적으로 활용한다. 국회에서도 경제안보특별위원회를 구성하여 민관합동의 경제안보 대책을 수행하는 과정에 필요한 입법을 만들어 지원한다.

그림 15 경제안보 관련 조기경보를 위한 정부 조직

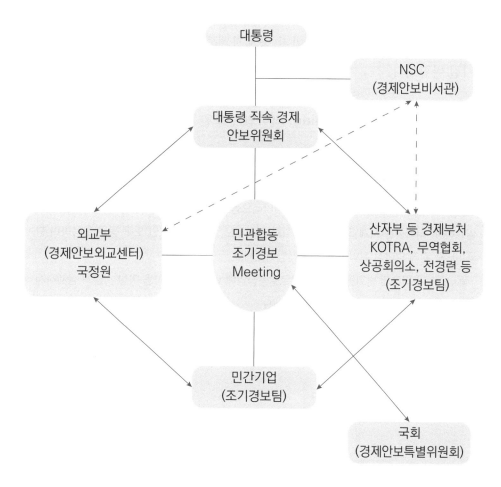

이번 장에서 여러분은 경제안보와 글로벌공급망에 대해 충분한 이해를 하셨습니다. 4장에 있는 경쟁정보 분석방법을 함께 활용하여 향후 미국과 중국 간에 어떠한 일들이 벌어질 것인지 국제관계를 전망하는 시나리오를 작성해 보시길 바랍니다.

Training 1 　Red Teaming: 악마의 변호인 Tool 활용하기

최근 글로벌공급망 재구축 문제 등을 놓고 미·중 간의 치열한 패권경쟁이 벌어지고 있다. 경제안보와 미·중 간의 기술패권 경쟁이 글로벌 기업들에 막대한 영향을 미치고 있다.

글로벌 기업들은 향후 벌어질 다양한 시나리오를 만들어서 최악의 상황에 대비하는 것이 필요하다. 여러분은 시계열 STEEP 분석과 시나리오, 악마의 변호인 도구 등을 활용하여 향후 미·중 간에 벌어질 최악의 상황을 전망해보세요.

국제관계가 어떻게 변화될 것이며, 글로벌공급망에 어떻게 악영향을 미칠 것인지 상세하게 시나리오를 작성하고 해결책을 제시해보세요.

참고 문헌

김경훈. 2005. 『미래를 읽는 9가지 기술 트렌드 워칭』. 한국트렌드연구소.

김상균. 2020. 『메타버스』. 플랜비디자인.

김선주·안현정. 2009. 『트렌드 코드에서 비즈니스 기회찾기』. 좋은책만들기.

김선주·안현정. 2013. 『트렌드 와칭』. 21세기북스.

김연규. 2022. 『가난한 미국 부유한 중국』. 라의눈.

김종식 외. 2020. 『디지털 트랜스포메이션 전략』. 지식플랫폼.

김재필. 2021. 『ESG 혁명이 온다』. 한스미디어.

김진형 외. 2018. 『디지털 트랜스포메이션 어떻게 할 것인가』. e 비즈북스.

김택수. 2015. 『M&A 최후의 승자는 누구인가』. 삼일인포마인.

김희종·유채원. 2018. 『중국 스타트업처럼 비즈니스하라』. 초록비책공방.

남윤선 외. 2017. 『4차 산업혁명 시대 중국의 역습: 반도체 전쟁』. 한국경제신문.

다나카 미치아키. 정승욱 옮김. 2019. 『미중 플랫폼 전쟁 GAFA vs BATH』. 세종.

다나카 미치아키. 류두진 외 옮김. 2018. 『2022 누가 자동차 산업을 지배하는가?』. 한스미디어.

리즈후이. 노만수 옮김. 2019. 『데이터를 지배하는 자가 세계를 지배한다』. 더봄.

래리 커해너. 한성호 옮김. 1998. 『기업정보전쟁』. 세종서적.

레너드 펄드. 박선령 옮김. 2007. 『경쟁게임에서 승리하는 기술』. 예지.

로히트 바르가바. 이은주 옮김. 2017. 『트렌드 큐레이팅 아이디어』. 심포지아.

류한석. 2016. 『플랫폼, 시장의 지배자』. KOREA.COM.

마이카 젠코. 강성실 옮김. 2018. 『레드팀』. 스핑크스.

마츠 린드그렌·한스 반드홀드. 이주명 옮김. 2012. 『시나리오 플래닝』. 필맥.

박대순. 2019. 『비즈니스모델 4.0』. KMAC.

벤 길라드. 김은경·소자영 옮김. 2005. 『미래를 내다보는 창』. 3mecca.

벤저민 길라드. 황희창 옮김. 2008.『비즈니스 워게임』. 살림Biz.

브라이스 호프먼. 한정훈 옮김. 2018.『레드팀을 만들어라』. 토네이도.

빌 올렛. 백승빈 옮김. 2013.『스타트업 바이블』. 비즈니스북스.

서정희. 2005.『소비트렌드 예측의 이론과 방법』. 내하출판사.

스벤 칼손·요나스 레이온휘부드. 홍재웅 옮김. 2020.『스포티파이 플레이』. 비즈니스북스.

스티븐 M. 셰이커·마크 P. 짐비키. 정범구·유봉인 옮김. 2001.『워룸 가이드』. 시유시.

신진오·이호재. 2017.『M&A Model 11』. 혜성출판사.

안종배. 2020.『미래학원론』. 박영사.

알렉산더 오스터왈더·예스 피그누어. 유효상 옮김. 2011.『비즈니스모델의 탄생』. 타임비즈.

알렉산더 오스터왈더·예스 피그누어 외. 2016.『밸류 프로포지션 디자인』. 아르고나인미디어그룹.

양백. 2017.『전략 4.0』. 클라우드나인.

애시 모리아. 위선주 옮김. 2012.『린 스타트업: 실리콘 밸리를 뒤흔든 IT 창업 가이드』. 한빛미디어.

에릭 갈랜드. 손민중 옮김. 2008.『미래를 읽는 기술』. 한국경제신문.

올리비에 시보니. 안종희 옮김. 2021.『선택설계자들』. 인플루엔셜.

울프 필칸. 박여명 옮김. 2009.『트렌드와 시나리오』. 리더스북.

윈터 니에 외. 황성돈 옮김. 2012.『알리바바닷컴은 어떻게 이베이를 이겼을까?』. 책미래.

유정식. 2009.『시나리오 플래닝』. 지형.

이광형. 2015.『3차원 미래예측으로 보는 미래경영』. 생능.

이남식 외. 2014.『전략적 미래예측 방법론』. 두남.

이민화. 2018.『공유플랫폼 경제로 가는길』. KCERN.

이상휘. 2005.『기업의 정보팀과 PR 활동』. 어드북스.

이승훈. 2020.『중국 플랫폼의 행동방식』. 와이즈베리.

이승훈. 2019.『플랫폼의 생각법』. 한스미디어.

이윤석. 2018.『경쟁정보가 울려주는 비즈니스 조기경보』. 북랩.

이주헌. 2018. 『미래학·미래경영』. 청람.

제레미 구체. 정준희 옮김. 2010. 『트렌드 헌터』. 리더스북.

조 내버로 외. 박정길 옮김. 2010. 『FBI 행동의 심리학』. 리더스북.

조필호·김효진·임홍균. 1995. 『종합상사 이야기』. 명진출판.

차도현. 1997. 『정보테크』. 한국생산성본부.

천둥성. 오유 옮김. 2011. 『바이두 이야기』. 마더북스.

천룬. 이지연 옮김. 2015. 『샤오미 쇼크, 레이쥔』. 보아스.

천펑취안. 이현아 옮김. 2015. 『텐센트, 인터넷 기업들의 미래』. 이레미디어.

케스 반 데르 헤이든. 김방희 옮김. 2000. 『시나리오 경영』. 세종연구원.

크리스 보스·탈 라즈. 이은경 옮김. 2016. 『우리는 어떻게 마음을 움직이는가』. 프롬북스.

클라우스 슈밥. 송경진 옮김. 2016. 『클라우스 슈밥의 제4차산업혁명』. 메가스터디북스.

프레드 러스트만. 박제동 옮김. 2002. 『CIA 주식회사』. 수희재.

피터 어니스트·메리앤 커린치. 박웅희 옮김. 2013. 『비즈니스컨피덴셜』. 들녘.

토마스 처맥. 이영구 옮김. 2017. 『미래전략 시나리오 플래닝』. 골든어페어.

한스 헤딘·이멜리 히르벤살로·마르꼬 바나스. 김은경·소자영 옮김. 2012. 『마켓 인텔리전스』. 3mecca.

황성욱. 2012. 『트렌드 시드』. 중앙북스.

헨릭 베일가드. 이진원 옮김. 2008. 『트렌드를 읽는 기술』. 비즈니스북스.

Craig S. Fleisher·Babette E. Bensoussan. 강영철 외 옮김. 2006. 『전략·경쟁분석』. 3mecca.

Farida Hasanali·Paige Leavitt·Darcy Lemons·John E. Prescott. 김은경·소자영 옮김. 2004. 『Competitive Intelligence: 실행으로 이끄는 가치제안 베스트 프렉티스 프로세스』. 3mecca.

J.C. 칼레슨. 조자현 옮김. 2014. 『스파이처럼 일하라』. 흐름출판.

John E. Prescott·Stephen H. Miller. 김은경·소자영 옮김. 2002. 『세계 최강기업의 경쟁정보 베스트 프랙티스』. 시그마인사이트.

미주

1 스티븐 M. 셰이커, 마크 P. 짐비키, 정봉구·유봉인 옮김, 『워룸 가이드』(시유시, 2001), pp. 23-24. John E. Prescott, Stephen H. Miller, 『세계 최강기업의 경쟁정보 베스트 프랙티스』(Sigma Insight, 2002), p. 281.

2 John E. Prescott, Stephen H. Miller, 위의 책, p. 5.

3 스티븐 M. 셰이커, 마크 P. 짐비키, 위의 책, p. 21.

4 John E. Prescott, Stephen H. Miller, 위의 책, pp. 36-37.

5 John E. Prescott, Stephen H. Miller, 위의 책, p. 4.

6 John E. Prescott, Stephen H. Miller, 위의 책, p. 6.

7 Farida Hasanali, Paige Leavitt, Darcy Lemons, John E. Prescott, 『Competitive Intelligence: 실행으로 이끄는 가치제안 베스트 프렉티스 프로세스』(3mecca, 2004), p. 28.

8 이윤석, 『경쟁정보가 울려주는 비즈니스 조기경보』(북랩, 2018), pp. 13-15.

9 파이낸셜뉴스, "美 CIA, 북핵 전담 '코리아 미션센터' 설립 확인", 2017.10.24. 동아일보, "북미협상 조율 CIA 코리아센터, 초기엔 北 체제 전복이 목표", 2020.9.15.

10 조선일보, "현대차 1차 부품사 지코 법정관리... 내연기관 부품사 몰락의 서막", 2020.9.2.

11 한경, "10년 전 중국 점유율 20%→1% '추락'…늪에 빠진 삼성폰", 2023.5.29. (https://www.hankyung.com/it/article/202305250375g)

12 뉴스투데이, "이마트·롯데마트·홈플러스의 '위드 코로나' 생존법, '거대한 이동'에 박차", 2020.8.21. (https://www.news2day.co.kr/158971)

13 연합뉴스, "미 백화점 '코로나19 줄도산'…니만마커스·JC페니 곧 파산신청", 2020.4.25. (https://www.yna.co.kr/view/AKR20200425005600072?input=1179m)

14 레너드 펄드, 『경쟁게임에서 승리하는 기술』(예지, 2007), pp. 326-327.

15 조필호, 김효진, 임흥균, 『종합상사 이야기』(명진출판, 1995), p. 19.

16 조필호, 김효진, 임흥균, 위의 책, pp. 35-44.

17 이상휘, 『기업의 정보팀과 PR활동』(어드북스, 2005), pp. 75-80. 조필호, 김효진, 임흥균, 앞의 책, p. 54.

18 디지털타임즈, "SK그룹 수펙스추구협의회 조직개편 완료", 2013.2.6. 한스경제, "삼성·SK·현대차·LG 컨트롤타워…어떻게 바뀔까", 2022.12.1.
(http://www.hansbiz.co.kr/news/articleView.html?idxno=639309)
전자신문, "롯데그룹, 지주회사 체제 전환… '롯데지주 주식회사' 출범", 2017.4.27.
(https://www.etnews.com/20170426000468)

19 BizFACT, "창립 2주년 LX그룹, 외형·내실 다 챙겼다…'구형모 승계' 작업도 속도", 2023.4.29.
(https://news.tf.co.kr/read/economy/2014863.htm)

20 한경, "'미래형 조선' 속도 내는 정기선, 현대중공업그룹에 'AI 컨트롤타워' 둔다", 2022.12.5.

21 머니투데이, "'삼성 엘리트' 미전실 임직원 250명, 어디로…", 2017.2.28. 한겨레 21, "삼성 '미전실'은 죽지 않았다", 2020.6.26.

22 동아일보, "삼성 '미래전략실 TF' 인력 상당수 계열사 복귀", 2015.3.16. 더벨, "컨트롤타워, 비서실서 'TF·이사회'로 분산, ④쪼개진 의사결정 기구, 계열사 자율 경영 강조…조직 인력변화 뚜렷", 2019.11.4. 한겨레, "로비 주도 '삼성 구조조정본부' 도마위로", 2005.8. 매일경제, "삼성그룹 전략기획실 복원 초읽기", 2010.3.24. 뉴시스, "삼성 '콘트롤타워' 전략기획실 50년만에 해체", 2008.6.25.
(https://v.daum.net/v/20080625105506828?f=o)
한경, "삼성 미래전략실 내달 해체한다", 2017.2.23. 매거진 한경, "'삼성 미래전략실' 탄생부터 해체까지", 2017.3.6.
(https://magazine.hankyung.com/business/article/201703068562b)
이코노미스트, "삼성 '미래전략실' 살려낼까…'사업지원TF' 부회장급 격상 의미", 2021.12.9. 머니투데이, "삼성사장단 산하, 업무지원실 구성과 역할은?", 2008.6.24. 노컷뉴스, "재계의 청와대 삼성전략기획실 영욕의 50년", 2008.6.25.
(https://www.nocutnews.co.kr/news/464976?c1=248&c2=527)
아시아투데이, "흔들림 없는 삼성… '미래전략실' 재조명", 2014.5.15. 등 언론기사에서 주요 내용을 발췌하여 정리하였음.

23 머니투데이, "[광화문]종합상사", 2023.5.22.
(https://news.mt.co.kr/mtview.php?no=2023052111232941456)

손영민, "시민 위한 새거제신문, 변함 없길", 새거제신문, 2012.6.30.
(http://www.saegeoje.com/news/articleView.html?idxno=191364)

24 글로벌이코노믹, "英·美 200여년 전통의 백화점들도 코로나19에 '백기'", 2020.12.5.

25 한경, "애플 '脫중국' 박차…에어팟 물량 30% 베트남으로 이전", 2020.5.10.
(https://www.hankyung.com/economy/article/2020051022201)
한국일보, "'포스트 차이나' 베트남의 외골수 방역… 기회를 위기로 만들다", 2021.9.23.

26 동아일보, "667조원 손에 쥔 IT공룡들, 스타트업 쓸어담기", 2020.7.1.
(https://www.donga.com/news/article/all/20200630/101760514/1)

27 조선일보, "월마트도 내쫓은 한국 유통업이 어쩌다… 곧 대형마트 166개 점포 사라져", 2020.3.6.

28 동아일보, "신세계, 이베이코리아 인수… 온라인 전환 가속", 2021.6.25.
(https://www.donga.com/news/article/all/20210624/107629111/1)

29 머니투데이, "롯데, 중고나라 인수…'온라인 사업' 큰 그림 그린다", 2021.3.23.

30 한경, "세계는 코로나19에 '드론 감시 체제'…美 경찰도 활용 [안정락의 IT월드]", 2020.3.22.
(https://www.hankyung.com/it/article/202003220466i)

31 전자신문, "쿠팡이츠 내달 전국 단건 배달…배송시간 단축 경쟁", 2021.3.23.
(https://www.etnews.com/20210323000228)
매일경제, "GS리테일, 배달 2위 요기요 인수한다…2400억에 지분 30% 확보", 2021.8.13.
(https://www.mk.co.kr/news/business/9989833)

32 머니투데이, "거침없는 미국의 '중국IT 공격'…다음 타깃은 알리바바?", 2020.8.7. 연합뉴스, "트럼프, 위챗·알리페이 등 8개 중국 앱에 퇴출 행정명령", 2021.1.6.
(https://www.yna.co.kr/view/AKR20210106066600009?input=1179m)

33 경향신문, "틱톡, 당신네들 앱 금지돼야. 5시간 성토", 2023.3.24.

34 연합뉴스, "미국 압박에 다급한 텐센트, 반중성향 전직의원 로비스트로 고용", 2020.9.10.

35 조선일보, "[Mint] 아마존·구글·테슬라·삼성·소니 다 뛰어들었다, 미래 승부는 AI 반도체 각종 클라우드, 자율주행… 엄청난 빅데이터 처리가 관건", 2020.8.31.

36 노컷뉴스, "삼성 vs TSMC, 美日서 파운드리 전쟁 본격화", 2023.5.20.
(https://www.nocutnews.co.kr/news/5946499)

37 연합뉴스, "현대차·애플 손잡나…'애플카' 협력 기대감에 업계·시장 출렁", 2021.1.8.
(https://www.yna.co.kr/view/AKR20210108084100003?input=1179m)

38 동아일보, "소니, 전기차 진출 선언", 2022.1.6.
(https://www.donga.com/news/article/all/20220105/111113451/1)

39 한겨레, "전기차 시대, 왜 로고부터 바꾸지?", 2021.3.11. 아시아타임즈, "폭스바겐, 신규
로고 최초 공개…'뉴 폭스바겐'", 2019.9.11.
(http://www.asiatime.co.kr/269593#_mobwcvr)

40 국제신문, "중국, 2027년 대만 침공 가능성", 2023.4.23. 한국일보, "블링컨. 중국, 2027
년까지 대만 침공 가능…방어 위해 무기 빨리 지원해야", 2023.3.23.
(https://www.hankookilbo.com/News/Read/A2023032315390005160?did=NA)

41 한국일보, "이재용·정의선·최태원·구광모, 이달 초 회동", 2020.9.23.
(https://www.hankookilbo.com/News/Read/A2020092309100002039?did=DA)

42 기업문화 정보뱅크, 『정보전쟁에서 승리하라』 (문예마당, 1994), p. 92.

43 오마이뉴스, "중고매장 품는 백화점, 소비 판도가 달라졌다. 명품 대중화 촉발시킨 MZ세
대… 시대가 만들어낸 정체성의 변화", 2022.12.2. 조선일보, "당근과 경쟁하는 백화점들,
1층에서 중고품 판다. 현대百은 한층을 통째로 '중고관' 고물가 '가성비'에다 젊은층 인기",
2022.9.16.

44 데일리안, "중고거래 플랫폼, 눈부신 성장…'수익성'은 여전히 과제", 2023.3.27.
(https://www.dailian.co.kr/news/view/1215395/?sc=Daum)

45 조선일보, "벨레티니 생로랑 CEO, 10배 성장의 비법? 한국 자주 온 거에요", 2022.9.15.

46 뉴스1, "최태원, ESG로 더 큰 수확 거두고 나누는 '빅립' 이루자", 2021.10.24.

47 녹색경제 신문, "최태원 회장, 윤석열 대통령과 '경제 단짝' 행보…SK실트론 방문, 반도
체·배터리 국가 전략사업 투자 계속", 2023.2.1.

48 한경, "4년 전 이재용의 시스템반도체 '133조' 투자 결단 통했다", 2023.4.3.

49 ASIAA, "[신년기획 ⑤전자업계] 글로벌 한파 헤쳐갈 '신성장·소프트' 파워 찾는다", 2023.1.13.
(http://www.asiaa.co.kr/news/articleView.html?idxno=111861)

50 포인트데일리, "[삼성전자, 제54기 정기 주총] 한종희 대표, 본질에 집중, 기술 통해 새로운
가치와 가능성 만들 것", 2023.3.15.

51 BizFACT, "정의선式 소통…현대차 신년회 장소·방식 싹 바꿨다", 2023.1.3. (https://news.tf.co.kr/read/economy/1990054.htm)

52 데일리안, "[신년사] 구광모 회장, 모두가 LG의 주인공…고객감동 키우자", 2022.12.20.

53 더벨, "구광모 LG그룹 회장 첫 주재 워크숍, '생존' 강조했다", 2019.9.25.

54 문화저널 21, "[신년사] 롯데 신동빈 회장, '새로운 롯데' 함께 만들자", 2023.1.2.

55 아시아경제, "정기선, 글로벌 환경규제는 韓에 기회…선별수주로 수익성↑", 2023.1.5. (https://view.asiae.co.kr/article/2023010507295422008)

56 이투데이, "최수연 네이버 대표, 포시마크 사내 설명회…다양한 기술력 접목할 것", 2023.1.10.

57 매일경제, "포시마크, 네이버 스마트렌즈 활용해 재도약", 2023.1.15.

58 Platum, "레이쥔, 샤오미 창립 10주년…꿈을 무한대로 이어가기 위한 새로운 시작", 2020.8.12. (https://platum.kr/archives/146722)

59 매일경제, "내 인생 마지막 프로젝트…애플 화웨이 이어 샤오미도 전기차 도전", 2021.3.31.

60 인공지능신문, "테슬라 일론 머스크, '인공지능 휴머노이드 로봇' 아직은 미완성…. 그러나, 그 꿈은 곧 이루어질 것!", 2022.10.02. (https://www.aitimes.kr/news/articleView.html?idxno=26156)

61 IT Chosun, "애플 주가 최고치 경신…아이폰8 출시 기대감 영향", 2017.2.14.

62 연합뉴스, "애플 자율주행차 뛰어드나…팀쿡 '많은것 연구' 암시 발언", 2021.4.6.

63 한경, "아마존 CEO, 인력 감축 내년까지 이어질 것", 2022.11.18. (https://www.hankyung.com/international/article/202211188218i)

64 조선일보, "팻 겔싱어 인텔 CEO, 반도체 생산 아시아 의존은 실수", 2023.1.20.

65 연합뉴스, "TSMC 웨이저자 CEO, 일부 국가의 수출입 금지령, 세계화 훼손", 2022.12.18.

66 연합뉴스, "日도요타 CEO, 전기차는 하나의 선택지일 뿐…정답 아직 불분명", 2022.12.19.

67 지피코리아, "폭스바겐 CEO, 수소는 승용차에 적합하지 않다", 2023.1.26.

68 뉴데일리경제, "[CES 2022] 전기차 야망 드러낸 소니… 올해 소니 모빌리티 설립", 2022.1.6.

69 동아사이언스, "일론 머스크, 3년 내 2만5000달러짜리 테슬라 전기차 내놓을것", 2020.9.23. (https://www.dongascience.com/news.php?idx=40047)
   Global Auto New, "테슬라 배터리데이, 배터리 가격 절반으로 낮추고 생산 85배 늘릴 것", 2020.9.23.

70 한국경제TV, "LG전자, 롤러블 폰 공개…'집콕' 시대 혁신 제품 선보여 [CES 2021]", 2021.1.12.

71 ASIAA, "[신년기획 ⑤전자업계] 글로벌 한파 헤쳐갈 '신성장·소프트' 파워 찾는다", 2023.1.13. (http://www.asiaa.co.kr/news/articleView.html?idxno=111861)

72 연합뉴스, " [CES 르포] 삼성전자 전시관에는 신제품이 없다?", 2023.1.5.

73 서울신문, "[Vegas DM] '무섭고 기분 나쁠 정도로 사람을 닮았다'…휴머노이드 '아메카'", 2022.1.7. 주간동아, "샤오미 휴머노이드 '사이버원', 중국판 '테슬라봇' 오명 넘어설까", 2022.8.31. 디지털데일리, "테슬라, 휴머노이드 로봇 '옵티머스' 공개…머스크, 2만 달러 이하에 판매할 것", 2022.10.1. 등 언론기사에서 주요 내용을 발췌하여 정리하였음.

74 프레드 러스트만, 박제동 옮김, 『CIA 주식회사』 (수희재, 2002), pp. 61-62.

75 J.C. 칼레슨, 조자현 옮김, 『스파이처럼 일하라』 (흐름출판, 2014), p. 43.

76 스티븐 M. 셰이커, 마크 P. 짐비키, 앞의 책, pp. 63-72.

77 스티븐 M. 셰이커, 마크 P. 짐비키, 앞의 책, p. 57.

78 스티븐 M. 셰이커, 마크 P. 짐비키, 앞의 책, pp. 161-164.

79 크리스 보스, 탈 라즈, 이은경 옮김, 『우리는 어떻게 마음을 움직이는가』 (프롬북스, 2016), p. 200.

80 크리스 보스, 탈 라즈, 위의 책, p. 212.

81 임문수, 『사람의 마음을 읽는 시간 0.2초』 (나비의 활주로, 2016), p. 23.

82 이먼 제이버스, 이유경 옮김, 『브로커 업자 변호사 그리고 스파이』 (더숲, 2010), pp. 243-244.

83 토니아 레이맨, 박지숙 옮김, 『왜 그녀는 다리를 꼬았을까』 (21세기북스, 2007), p. 311. 이먼 제이버스, 위의 책, pp. 244-245.

84 뉴시안, "호반건설, 대우건설 인수 포기", 2018.2.8. (http://www.newsian.co.kr/news/articleView.html?idxno=30099)

85 탑데일리, "대우건설 인수, 1타3피", 2023.1.4. (https://www.topdaily.kr/articles/92661)

86 김택수, 『M&A 최후의 승자는 누구인가』 (삼일인포마인, 2015), pp. 235-240, pp. 251-258, pp. 266-272.에서 주요 내용을 발췌하여 정리하였음.

87 고정식, 『지식재산 경영의 미래』 (한국경제신문, 2011), p. 93, p. 97.

88 고정식, 앞의 책, pp. 131-134.

89 정우성·윤락근,『특허전쟁』(에이콘, 2011), p. 167.

90 신무연,『특허는 전략이다』(지식공방, 2017), pp. 225-227.

91 정우성·윤락근, 위의 책, pp. 25-44. 정우성,『세상을 뒤흔든 특허전쟁 승자는 누구인가?』 (에니콘, 2012), pp. 67-99. NEWSIS, "삼성, 애플과 7년 특허전쟁 종결…얻고 잃은 것은?", 2018.6.28. 등에서 주요 내용을 발췌하여 정리하였음.

92 전자신문, "성희롱 추문에 휩싸인 우버…칼라닉 CEO 물러나나?", 2017.6.11. 서울경제, "위기의 우버, 리스 사업도 접는다", 2017.8.9. (https://www.sedaily.com/NewsView/1OJONDHCKA)

93 아시아타임즈, "소프트뱅크, 위워크 창업자 뉴먼 CEO 퇴진 추진", 2019.9.25.

94 연합뉴스, "구글 직원 수천 명, 직장 성추행 항의 세계 곳곳서 동맹파업", 2018.11.2.

95 연합뉴스, "페이스북 콘텐츠 감독위원회, 올 연말 활동 시작", 2020.7.9.

96 헤럴드경제, "내부고발자, 英 의회서 페이스북, 증오 부채질…17개 美언론, 내부 문건 보도 컨소시엄까지", 2021.10.26. 연합뉴스, "'공공의 적'이 된 페이스북…사업모델에 문제 지적도", 2021.10.27.

97 아시아타임즈, "'GS25·CU·무신사·랄라블라', '남혐 악령'에 골머리 앓는 유통가", 2021.5.5. 아이뉴스24, "유통업계 '잔인한 봄'…남양유업·GS25·무신사·아워홈까지 수장 교체", 2021.6.7. (https://www.inews24.com/view/1373927)

98 바베트 벤소산·크레이그 플레이셔, 김은경 등 옮김,『분석이란 무엇인가?』(3mecca, 2011), pp. 233-236.

99 경향신문, "유럽 전기차 배터리 '재활용' 의무화…잘 나가는 K-배터리 괜찮나", 2023.6.15.

100 마티아스 호르크스 외, 박희라 옮김,『미래에 집중하라』(비즈니스북스, 2009), pp. 114-115.

101 헨릭 베일가드,『트렌드를 읽는 기술』(비즈니스북스, 2008), pp. 55-56. 김경훈,『트렌드 워칭』(한국트렌드연구소, 2005), pp. 181-184.

102 헨릭 베일가드, 위의 책, p. 120.

103 에릭 갈랜드, 손민중 옮김,『미래를 읽는 기술』(한국경제신문, 2008), pp. 66-80.

104 김선주·안현정, 『트렌드와칭』 (21세기북스, 2013), pp. 39-52.

105 로히트 바르가바, 이은주 옮김, 『트렌드 큐레이팅 아이디어』 (Symposia, 2017), pp. 45-46.

106 로히트 바르가바, 위의 책, pp. 67-72.

107 윌리엄 하이엄, 한수영 옮김, 『트렌드 전쟁』 (북돋움, 2012), pp. 112-117.

108 윌리엄 하이엄, 위의 책, pp. 153-158.

109 김선주·안현정, 『트렌드 코드에서 비즈니스 기회 찾기』 (좋은책만들기, 2009), pp. 33-40.

110 김용섭, 『트렌드 히치하이킹』 (김영사, 2010), pp. 348-352.

111 황성욱, 『트렌드 시드』 (중앙 Books, 2012), p. 52.

112 Chosun.com, "다가올 에너지 위기 '시나리오 경영'으로 대비하라", 2011.1.8.

113 마츠 린드그랜·한스 반드홀드, 이주명 옮김, 『시나리오 플래닝』 (필맥, 2006), p. 77.

114 마츠 린드그랜·한스 반드홀드, 위의 책, p. 139-143.

115 토마스 처맥, 이영구 옮김, 『미래전략 시나리오 플래닝』 (골든어페어, 2017), p. 151-367.

116 벤저민 길라드, 황희창 옮김, 『비지니스 워게임』 (살림Biz, 2009), pp. 87-96.

117 벤저민 길라드, 위의 책, pp. 102-111, pp. 157-167. 비즈니스 워게임에 참가할 경쟁 회사를 정하고, 마치 경쟁사 CEO인 것처럼 역할을 담당하면서 경쟁사의 캐릭터를 실제와 같이 설정하고 경쟁사 전략과 관련한 의사결정에 참여한다.

118 벤저민 길라드, 위의 책, pp. 121-130.

119 벤 길라드, 김은경·소자영 옮김, 『미래를 내다보는 창』 (3mecca, 2005), pp. 67-79, pp. 79-85, pp. 92-97.

120 벤 길라드, 위의 책, pp. 283-284, pp. 298-300.

121 브라이스 호프먼, 한정훈 옮김, 『레드팀을 만들어라』 (ORNADO, 2018), pp. 49-50.

122 브라이스 호프먼, 위의 책, pp. 50-60.

123 올리비에 시보니, 안종희 옮김, 『선택설계자들』 (인플루엔셜, 2021), pp. 229-233.

124 브라이스 호프먼, 위의 책, p. 237.

125 브라이스 호프먼, 위의 책, p. 243-249.

126 조필호, 김효진, 임흥규, 앞의 책, p. 42.

127 조필호, 김효진, 임흥규, 앞의 책, p. 54.

128 매일경제, "재생에너지사업 가속도 내는 종합상사들", 2023.6.11. 국민일보, "종합상사 '변신'… 식량부터 광물·친환경까지, 공급망 갈등이 기회", 2023.6.7.

129 기업문화 정보뱅크, 앞의 책, pp. 132-133.

130 한경, "역시 버핏…日종합상사 속속 '1조엔 클럽'", 2023.5.4. 조선일보, "반도체·종합상사 日증시 상승 주도", 2023.6.6.

131 뉴스투데이, "[일본 종합상사가 눈독 들이는 미래사업은? (24)] MaaS·자율주행, 새로운 모빌리티 사업을 선도하다!③", 2023.6.16. 뉴스투데이, "[일본 종합상사가 눈독 들이는 미래사업은? (23)] MaaS·자율주행, 새로운 모빌리티 사업을 선도하다!②", 2023.6.2.

132 Farida Hasanali 등, 앞의 책, p. 43.

133 John E. Prescott, Stephen H. Miller, 앞의 책, pp. 119-120.

134 Business Post, "롯데그룹 '키맨'으로 이훈기 역할 커져, 미래 성장동력 발굴에 신유열 승계까지", 2023.6.7. 디지털타임즈, "SK그룹 수펙스추구협의회 조직개편 완료", 2013.2.6. 연합뉴스, "〈그래픽〉 삼성 미래전략실 조직도", 2016.12.7.

135 아시아경제, "삼성전자, 벤츠 디자이너 출신 이일환 부사장 영입", 2022.12.30.

136 한경, "LG, 5조 적자 스마트폰 과감히 '손절'…車전장에 미래 건다", 2021.4.5.

137 IT World, "공책에 써서 디지털로 저장한다. 몰스킨 스마트 라이팅 세트", 2016.4.7. (https://www.itworld.co.kr/news/98703)

138 브라이스 호프먼, 앞의 책, pp. 230-231.

139 매일경제, "'한국 아마존' 쿠팡, 흑자전환에도…주가 2년여만에 '반토막'", 2023.6.22.

140 어패럴뉴스, "버버리, 2021 봄여름 디지털 컬렉션쇼 선보여", 2020.9.18. (http://www.apparelnews.co.kr/news/news_view/?idx=185177)

141 Chosun Biz, "[CES 2023] '1초에 720개' 기관총처럼 씨앗 심어… '존 디어'의 자율주행 트랙터 비료 사용량 줄이는 신기술 이그잭트샷 공개", 2023.1.6.

142 알렉산더 오스터왈더, 예스 피그누어, 유효상 옮김, 『Business Model Generation』 (타임비즈, 2011), p. 20.

143 알렉산더 오스터왈더 등, 위의 책, pp. 22-23.

144 알렉산더 오스터왈더 등, 앞의 책, pp. 206-215.

145 알렉산더 오스터왈더, 예스 피그누어, 그렉 버나다, 앨런 스미스, 조자현 옮김, 『Value Proposition Design』(아르고나인미디어그룹, 2016), pp. 8-9.

146 애시 모리아, 위선주 옮김, 『Running LEAN』(한빛미디어, 2012), pp. 60-61.

147 파이낸셜뉴스, "네이버 웹툰 대표 1등 기업 확신, PPS 연간 1조 돌파 부듯", 2021.8.18. 한국경제, "'도전 만화'로 폭발적 성장⋯웹툰을 메이저산업으로 끌어올려", 2022.7.11. 일간스포츠, "[IT씨를 만나다] 웹툰 '미다스 손' 이희윤 네이버 웹툰 팀장, 비결은요⋯", 2021.7.6. (https://v.daum.net/v/20210706070153465)
서울경제, "[단독] 네이버 웹툰, AI로 창작자 시장진입 장벽 낮춘다", 2021.8.9. (https://www.sedaily.com/NewsView/22Q4FU765R)
NEWS 1, "유튜브·넷플릭스 강점 모았다⋯네이버웹툰 1위 만든 플랫폼 모델", 2021.8.25. 노컷뉴스, "1위 네이버웹툰, 압도적 사용자 규모로 초격차 확대한다", 2021.9.6. 세계일보, "네이버 웹툰, DC코믹스 '배트맨' 시리즈와 만나다", 2021.9.12. 연합뉴스, "'웹툰 협업' 언급한 SM-카카오, 하이브-네이버웹툰 대항마 만드나", 2023.2.26. 매거진 한경, "네이버 웹툰, 미국 찍고 글로벌공략 개시", 2020.7.6. NEWSIS, "북미 웹툰 사업 재편 나선 네이버⋯美 증시 상장 노리나", 2023.5.6. BizFACT, "네이버 vs 카카오⋯100조 글로벌 웹툰 시장서 정면승부", 2021.9.7. 아주경제, "이해진 유럽 성공 염원, 네이버웹툰이 이뤘다", 2021.9.10. 아시아투데이, "네이버웹툰, 프랑스 앱 만화 카테고리 1위 석권", 2021.9.10. 디지털데일리, "김준구호 네이버웹툰은 계속된다⋯성과와 향후 과제는?", 2023.6.10. 국민일보, "독일로 가자⋯ 네이버웹툰, 유럽 최대 시장 공략 나섰다", 2021.4.2. 이데일리, "네이버웹툰, 유럽 총괄 법인 설립⋯CEO는 아직, 글로벌 4각편대 완성", 2022.3.21. 등 언론기사에서 주요 내용을 발췌하여 정리하였음.

148 한경, "中 '제조업 굴기' 올라탄 화웨이, 2년여 만에 삼성 턱밑 추격", 2019.5.15.

149 조선일보, "미국 제재로 망할뻔한 중국 화웨이, 오히려 반도체 종합기업 됐다", 2022.6.26.

150 아시아경제, "[글로벌페이스]'알리바바의 살림꾼' 차이충신 상임 이사장", 2013.10.15. NEWSIS, "알리바바 창업자 마윈의 복귀?'⋯회장·CEO 측근으로 교체", 2023.6.21. 알리바바는 차이충신 부회장을 알리바바 회장으로 임명한다고 발표하였다.

151 조선일보, "'진격의 거인' 中 기업에 미국도 벌벌⋯실리콘밸리도 넘본다", 2013.11.7.

152 전자신문, "[이병태의 유니콘기업 이야기] 〈6〉우버를 물리친 '디디추싱'", 2018.2.7.

153 김희종·유채원, 『중국 스타트업처럼 비즈니스하라』 (초록비책공방, 2018), p. 92.

154 임정훈·남상춘, 『알리바바가 온다』 (더퀘스트, 2019), p. 33.

155 임정훈·남상춘, 위의 책, p. 35.

156 다나카 미치아키, 정승욱 옮김, 『미중 플랫폼 전쟁 GAFA vs BATH』 (세종, 2019), pp. 63~72.

157 윈터 니에 외, 황성돈 옮김, 『알리바바닷컴은 어떻게 이베이를 이겼을까?』 (책미래, 2012), pp. 44-61. 전자신문, "e베이, 中서 경매 수수료 인하", 2005.12.23. 매경 ECONOMY, "[CASE STUDY] (28) 세계 최대 전자상거래 기업 '알리바바' 中 쇼핑(온라인) 70% 장악…이베이·아마존도 항복", 2018.2.19. 매일경제, "'세계 최대규모 오픈마켓' 이베이, 난공불락 중국시장 재도전", 2012.11.2. 뉴스핌, "중국서 이베이도 철수, 브랜드만은 부족해 10년 투자해야", 2016.9.22. 서울경제, "농심, 중국 '타오바오' 직영 온라인마켓 오픈", 2013.3.25. 전자신문, "e베이 중국서 무료경매 서비스, 알리바바에 대응", 2006.1.23. 머니투데이, "美 인터넷 업체, "中대륙 평정 만만찮네", 2004.7.14. 한경, "미국 IT거인들 '차이나 드림' 잔혹사", 2016.8.2. 등에서 주요 내용을 발췌하여 정리하였음.

158 Chosun Biz, "美 나스닥 상장한 中 디디추싱, S&P 글로벌지수 편입", 2021.7.2.

159 헤럴드경제, "美 기업의 中시장 잔혹사… 디디추싱, 우버차이나 인수", 2016.8.2.

160 InsightKorea, "중국판 우버 디디추싱 이끄는 '자립형 금수저' 류칭 CEO", 2022.4.18.

161 헤럴드경제, "[디디추싱, 우버차이나 인수] 中토종 택시앱, 글로벌 공룡 삼키다", 2016.8.2. 파이낸셜뉴스, "디디추싱, 우버차이나와 합병.. 40兆 차량 공유기업 탄생", 2016.8.1. 이승훈, 『중국 플랫폼의 행동방식』 (와이즈베리, 2020), pp. 199-226, pp. 257-260. 리즈후이, 노만수 옮김, 『데이터를 지배하는 자가 세계를 지배한다』 (더봄, 2019), pp. 159-173. 한경, "[Global CEO & Issue focus] 청웨이 '중국판 우버' 디디추싱 CEO, 알리바바 출신 '영업의 달인'…4년 만에 중국 시장 80% 장악", 2016.6.23. 한경, "미국 우버 vs 중국 디디추싱, 투자유치 '쩐의 전쟁'", 2016.6.16. 한겨레, "중 차량 공유 서비스업체, 우버차이나 합병", 2016.8.1. 등에서 주요 내용을 발췌하여 정리하였음.

162 다나카 미치아키, 위의 책, pp. 186-190.

163 이데일리, "텐센트, 홈코노미로 쭉 성장한다", 2020.5.16.

164 뉴스1, "텐센트, JD닷컴 내세워 알리바바 아성에 도전한다", 2017.12.18. 이투데이, "중

국, IT 거인들의 전쟁⋯'BAT 삼국지'에서 '알리바바·텐센트' 양자 대결로", 2017.12.22. KOTRA 해외시장뉴스, "충칭 허마셴성 인터뷰, 지역별로 다른 입맛 공략 필요해", 2023.5.30.

165 InsightKorea, "넥슨 먹으려는 '짝퉁의 신' 마화텅 텐센트 회장의 겉과 속", 2019.3.1. 아주경제, "[강일용의 CEO열전] ⑤ 카피캣에서 호랑이로? 마화텅의 텐센트 성장 전략", 2019.6.15.

166 리즈후이, 앞의 책, pp. 228-233.

167 뉴스핌, "마화텅을 만든 인터넷 대전 5인의 '제갈량'", 2017.11.14.

168 아주경제, "[뉴욕증시] 바이두 시총 1000억 달러 돌파", 2021.2.10.

169 스마트경제, "[스마트 1분 상식] 아폴로 프로젝트란?", 2019.3.23. 베타뉴스, "자동 운전 실현 위한 바이두 중심 연합 결성, 엔비디아 참여 눈길", 2017.7.6.

170 한경, "바이두 로보택시 타보니⋯비보호 좌회전·추월도 척척", 2021.12.5.

171 뉴스핌, "텐센트 7억 엄지족 공략 써우거우 인수, 바이두·바이트댄스 정조준", 2020.7.29. 아시아경제, "중국 바이두, 모바일 신생업체들 사냥", 2013.9.30. ChosunBiz, "[차이나 비즈] 최강자들의 '검색' 대전⋯텐센트, 2위 인수해 1위 바이두 잡는다", 2020.7.28.

172 파이낸셜뉴스, "中 토종 바이두 밀어낸 MS... 데스크톱 검색시장 꿰찼다", 2023.5.23.

173 동아일보, "구글, 중국사이트 'google.cn' 철수 왜?", 2010.3.24. 매일경제, "중국 IT의 붉은 별, 바이두 리옌훙 '리더는 실패를 감싸안고 나태는 꾸짖어야 한다'", 2018.4.18. IT Chosun, "구글, 중국 철수 8년만에 검색·클라우드 재진출 도전", 2018.8.6. 아주경제, "中 바이두 리옌훙, 구글과 제대로 붙어서 이길 것", 2018.8.8. 한경, "'中 1위 인터넷 포털' 바이두는 왜 몰락했나", 2019.10.15. 헤럴드경제, "구글, 中검색시장서 설자리 잃어가네", 2012.8.22. 머니투데이, "바이두 대박 계기로 본 중국 검색시장", 2005.8.8. 중앙일보, "바이두 회장이 중국 재진출하는 구글에 한 말", 2018.8.17. 등 언론기사에서 주요 내용을 발췌하여 정리하였음.

174 한경 글로벌마켓, "글로벌 제재에도⋯틱톡 '최대 실적'", 2023.4.10. (https://www.hankyung.com/international/article/202304107113i) 뉴스핌, "틱톡, 미국 사용자 1.5억명⋯'금지' 목소리에도 증가세 꾸준", 2023.3.21.

175 아시아경제, "[뉴스ㅅ사이드] 10초짜리 동영상으로 전 세계를 흔든다", 2021.2.21.

176 한경, "독서狂 장이밍은 어떻게 '틱톡'을 키웠나", 2020.8.1.

177 ChosunBiz, "[피플] 코로나 특수로 두달새 재산 6조원 불린 '중국판 배민' 창업자", 2020.5.27.

178 한경뉴스, "[BIZ Insight] 왕싱 메이투안·디앤핑 CEO, 중국판 페북·트위터·그루폰 등 창업 다섯 번 만에 'O2O 시장' 평정", 2016.2.12.

179 한경뉴스, 위의 글.

180 머니투데이, "中 소셜커머스도 합종연횡…1위 메이투안이 싹쓸이할까?", 2016.9.8.

181 Platum, "메이투안 디엔핑, 모바이크 인수합병… 인수가 2.9조 원", 2018.4.5. (https://platum.kr/archives/98267)
머니투데이, "디디추싱 사건 여파…메이퇀 차량호출 사업 확장 보류", 2018.9.6.

182 ChosunBiz, "한 달 주문 17억 건…중국 빅테크 음식배달 전쟁", 2023.2.20. Platum, "[중국 비즈니스 트렌드&동향] 中도 배달앱 수수료 갈등…10분의 1 수수료 서비스 등장", 2020.5.11.
(https://platum.kr/archives/141123)

183 한경 글로벌마켓, "中 배달시장 '경쟁 심화'…메이투안도 보수적 접근 필요", 2023.2.9.

184 이데일리, "화웨이·샤오미의 힘..체면 구긴 애플, 中스마트폰 시장서 '5위'", 2017.7.26.
공감신문, "전세계 스마트폰 판매량, 14년만에 첫 감소…화웨이·샤오미는 성장세", 2018.2.23.
(https://www.gokorea.kr/news/articleView.html?idxno=39125)

185 ZDNETKorea, "中 샤오미 'MIUI6', 대놓고 iOS 베끼기?", 2014.8.18.
(https://zdnet.co.kr/view/?no=20140818141542)

186 이데일리, "[Zoom人] '샤오미 돌풍' 뒤엔 그들이 있었다", 2014.8.26. 아주경제, "글로벌 IT기업 성공 스토리]④시작된 레이쥔 성공 시대, 샤오미만의 생태계를 구축하라", 2015.12.30.

187 파이낸셜뉴스, "삼성전자 모바일, 2·4분기에도 반도체 적자 메워줬다", 2023.7.7.

188 동아일보, "난립하던 中 공유자전거 시장, '3대 빅테크' 계열로 재편[글로벌 현장을 가다]", 2023.3.16. ChosunBiz, "[차이나 비즈] 공유 자전거 무덤서 살아 남은 파란 자전거, 美 상장한다", 2021.3.17. 아시아경제, "'4대 발명품' 中 공유 자전거 넘어진 이유…

낮은 문화의식", 2019.11.9. 글로벌이코노미, "中 공유 경제 흔들? 공유자전거업체 파산 봇물... 경쟁 격화와 시장 포화상태 지속이 도산 '직격탄'", 2017.11.30. 서울경제, "[글로벌Why-빨간불 켜진 中공유자전거] '바람 빠진 자전거' 된 오포, 예정된 추락? 신경제 성장통?", 2018.12.21. Platum, "모바이크 창업자 후웨이웨이, 대표 사임 6일 만에 자전거 제조기업 임원으로", 2019.1.4. 아주경제, "업계 3위 '블루고고' 파산으로 본 중국 공유자전거 시장", 2017.11.20. 아시아경제, "몰락하는 1위 공유자전거 오포의 꼼수", 2019.3.5. 아주경제, "중국의 유니콘 '오포(ofo)'는 어쩌다 파산 위기에 놓였을까", 2019.7.31. 한국일보, "[글로벌 Biz리더] 창업 1년여 만에 유니콘 만든 '공유자전거의 여신'", 2018.10.27. NOWnews, "[여기는 중국] 中 공유자전거 오포 파산 신청…보증금 돌려줘 북새통", 2018.12.17. 산업일보, "중국 공유자 전거 산업, 이용자 증가로 시장 경쟁 가속화", 2017.6.25. NEWSIS, "中, 공유 자전거 시장 규모 170억…이용자 2억명 넘어", 2018.8.15. ChosunBiz, "바퀴 빠진 공유 자전거 '오포'", 2018.12.9. 서울경제, "[브리핑+백브리핑] 中 공유자전거 양대 축 오포·모바이크 합병설", 2017.9.28. 등 언론 기사에서 주요 내용을 발췌하여 정리하였음.

189 머니투데이, "우버, 인도 배달업체에 '우버이츠' 인도사업 매각 협상", 2019.12.1. 한국 M&A 경제신문, "동남아 음식배달앱 시장의 무서운 성장세 …M&A 늘까?", 2021.4.29. THE GURU, "'삼성·미래에셋 투자' 인도 음식배달앱 스위기, 소셜 커머스 시장 진출", 2021.10.13. (https://www.theguru.co.kr/news/article.html?no=26233) Platum, "[중국 비즈니스 트렌드&동향] 인도 음식배달 플랫폼 '스위기'에 투자한 한국 기관투자사들", 2020.4.13. 머니투데이, "우버, 인도 '음식배달업'도 접어…현지업체에 매각", 2020.1.21. 글로벌이코노믹, "소프트뱅크 투자 인도배달 스타트업 스위기, 기업가치 100억달러로 '데카콘' 달성", 2022.1.25. ChosunBiz, "새벽 2시에 커리·아이스크림 척척… '배달의 천국' 인도", 2019.7.8. 로봇신문, "인도 푸드테크 전문업체 '조마토', 드론 배송 추진", 2018.12.12. 브리지경제, "인도 식자재 배달앱 '푸드판다' 자동차 공유앱 'OLA' 투자받아 전국 배송 네트 구축", 2018.2.17. 브리지경제, "우버 이츠(Uber Eats), 인도서 월 50% 성장하며 매일 40곳 식당 추가", 2018.5.8. 글로벌이코노믹, "소프트뱅크 비전펀드2, 인도 음식배달 스타트업 스위기에 최대 5억 달러 투자", 2021.4.17. 아이뉴스24, "온라인 음식배달 서비스, 외식 업계 성장에 촉매제될까?", 2021.6.13. 등 언론 기사에서 주요 내용을 발췌하여 정리하였음.

190 빌 올렛, 백승빈 옮김, 『스타트업 바이블』(비즈니스북스, 2014), pp. 22-24.

191 조선일보, "모든 학문은 AI로 통하라, MIT의 교육혁명", 2019.1.1.

192 Decenter, "크리스티 경매 올라온 '비플' NFT…역대 최고가 790억 원에 낙찰", 2021.3.15. (https://decenter.kr/NewsView/22JTHX7BI3)

193 머니투데이, "논문도 쓴 챗GPT, 이번엔 美 하원 연설문까지…의원들도 몰랐다", 2023.1.31.

194 문화저널 21, "구글은 오픈AI 대적할 수 있을까…구글, 챗봇 AI 바드 출시", 2023.5.11. 아시아경제, "한달 넘긴 MS와 구글간 AI 대전 …검색엔진은 아직 구글천하", 2023.3.21.

195 한겨레, "반도체·희토류 공급 대응…일본, '경제안보 담당부서' 신설한다", 2021.12.12.

196 빅터 차, "대선 후보들, 한국의 '경제안보'에 관심 있는가?", 조선일보 칼럼, 2021.11.22. 빅터 차는 동 칼럼에서 일본에서 신설된 경제안보담당상 직책의 역할로 산업에 필수적인 물자의 공급이 중단되지 않게 하는 일, 사이버 절도와 해킹에서 국내 산업을 보호하는 일, 외국인 투자에 대한 신중한 심사, 수출통제 체제의 개선 등 네 가지를 강조하였다.

197 아시아경제, "美법무부, 中 경제적 간첩행위 급증…산업스파이 찾아낼 것", 2018.11.2.

198 머니투데이, "中 D램 개발 자신감…알고보니 삼성 인력 빼내기", 2020.5.20. The Public, "中 반도체 업체의 '인력 싹쓸이'에 기업들 비상…삼성맨 장원기전 사장도 떠났다", 2020.6.14. KBS 뉴스, "'세계 최초 개발' 반도체 장비 중국으로... 4명 구속", 2022.5.16.

199 유현석, 『국제정세의 이해』 (한울, 2017), p. 76.

200 유현석, 위의 책, p. 82.

201 녹색경제신문, "독일과 협력해 '세계의 공장'에서 '혁신의 메카'로", 2017.5.4.

202 IT Chosun, "화웨이, 반도체 사재기에 전세기 투입…가격 일시 급등", 2020.9.14.

203 JTBC, "바이든, 내 임기 중에 중국이 최강국 되는 일은 없을 것", 2021.3.26. 바이든 대통령은 백악관 공식 기자회견에서 "중국은 세계를 선도하는 국가, 세계에서 가장 부유하고 강력한 국가가 되려는 목표를 갖고 있으나 내가 보는 앞에서 그런 일은 일어나지 않을 것"이라며 "미국은 앞으로 계속 성장하고 확장할 것이기 때문"이라고 말했다.

204 매경 Economy, "정부 인사 영입 전쟁 불붙은 日 기업…후지쓰·파나소닉 '경제 안보 조직' 박차", 2022.3.4.

205 Chosun Biz, "'중국이 대만 침공하면 군사 개입'…바이든 돌발 발언에 中 격분", 2022.5.23.

206 서울경제, "시진핑, 국제사회 협력, 공급망 안정 함께 노력하자", 2022.3.25. 중앙일보,

"윤석열-시진핑 통화는 뭘 말하나", 2022.3.28.

207 이데일리, "러시아 SWIFT 퇴출, 중국 위안화 국제화 힘 받나", 2022.2.28.

208 NEWSIS, "美, 동맹국과 러시아 석유가격 상한선 부과 진행 점검", 2022.9.21.

209 이데일리, "애플, 러시아 손절에…개찰구 난리난 모스크바 지하철역 상황", 2022.3.3. 디지털데일리, "구글, 러시아 추가 제재…유료 앱 다운로드·업데이트 차단", 2022.5.6.

210 NEWSIS, "美 애플·엑손모빌·포드 등 러시아 사업 중단…기업들 제재 동참(종합)", 2022.3.22. 조선일보, "유럽 천연가스값 1년새 8배 폭등… 애플·포드·보잉은 러 사업 중단", 2022.3.3.

211 연합뉴스, "러시아 가스 잠글라…유럽, 에너지 대란 막으려 비상대응", 2022.1.28.

212 글로벌경제신문, "삼성·SK, 한시름 덜어…美, 두 회사 中 공장엔 반도체장비 수출통제 1년 유예", 2022.10.12.

213 BizFACT, "지원금 받으려면 이익 공유…美 반도체지원법에 삼성·SK '한숨'", 2023.3.3. 연합뉴스TV, "반도체 보조금 받아도 중국서 증산 허용…美에 요구", 2023.5.24.

214 연합뉴스, "中 1분기 반도체 수입액 27% 줄어…경제둔화·美규제 영향", 2023.4.14. 조선일보, "美의 제재 통했다… '반도체 굴기' 中 공장 신설 중 스톱", 2023.4.14.

215 조선일보, "[WEEKLY BIZ] 탈탄소 핵심 원료로 가치 급등 '새로운 석유' 구리… 신재생 바람에 귀한 몸 됐다", 2023.3.10.

216 연합뉴스, "美 주도 핵심광물 안보파트너십 개최…공급망 안정·다변화 모색(종합)", 2022.9.23.

217 굿모닝 경제, "전기차 핵심소재 중국 의존도↑…IRA 시행 앞두고 '발등의 불'", 2023.1.24.

저자 소개

엄태윤

학력
- 한국외국어대 터키어과·무역학과 학사
- University of Wisconsin-Whitewater MBA(전공: 국제경영)
- 미국 Pace University 경영학 박사(전공: 국제경영)
- 한국외국어대 국제관계학 박사

경력
- 대통령자문 동북아시대위원회 과장
- 주 보스턴 총영사관 영사
- 주 미국 한국대사관 참사관
- 통일연구원 초빙연구위원
- 제주평화연구원 객원연구위원
- 현재 한양대 국제학대학원 글로벌 전략·정보학과 대우교수
- 현재 한국외국어대 대학원 국제관계학과 특임강의 교수
- 현재 아주경제신문 칼럼니스트(엄태윤 칼럼)
- 현재 K-24 Intelligence(경영컨설팅) 대표

※ 저자의 강연, 교육 프로그램 및 컨설팅 관련 문의는
  st127y@gmail.com으로 연락해 주세요.

기업경쟁정보

초판발행　　　2023년 9월 29일

지은이　　　　엄태윤
펴낸이　　　　안종만·안상준

편　집　　　　김다혜
기획/마케팅　　박부하
표지디자인　　Ben Story
제　작　　　　고철민·조영환

펴낸곳　　　　(주) **박영사**
　　　　　　서울특별시 금천구 가산디지털2로 53, 210호(가산동, 한라시그마밸리)
　　　　　　등록　1959. 3. 11. 제300-1959-1호(倫)

전　화　　　　02)733-6771
f a x　　　　02)736-4818
e-mail　　　　pys@pybook.co.kr
homepage　　www.pybook.co.kr
ISBN　　　　979-11-303-1850-9　93300

정　가　　　　22,000원